U0076973

JR輕井澤站南口即到

走吧！來去日本最大級的度假型暢貨中心

輕井澤 王子購物廣場

案內帖

Fashion

Goods

Souvenir

有許多可帶寵物同行的店家！

會標示出寵物可否入內

Gourmet

Sweets

也有適合幼童的設施！

≫CONTENTS

哈日情報誌 輕井澤

●使用二維條碼時，隨著該設備的合約內容，各電信公司會收取費用。所連結的各項服務，
　可能未經預告而變更或結束。

●禁止未經許可的轉載、複製。

一目瞭然 MAP

佔地26萬㎡的日本最大級度假型購物中心。廣大腹地內有將近240家店舖進駐,不妨先掌握各區域的特色,再有效率地逛街購物吧。

CM
離輕井澤站最近的區域
CENTER MALL
→P.6

E
運動&戶外活動迷的最愛
EAST
→P.11

♠舊輕井澤
🚏 輕井澤站入口
🚏 碓冰峠
18
輕井澤站

P4　P5　P7
P6
(地下停車場)
草坪廣場

🚏 免費接駁巴士停靠站
⇦ 巴士行進方向
━ 棕線
━ 綠線

GM
名牌店家一字排開
GARDEN MALL
→P.6

NE
國內外人氣品牌齊聚
NEW EAST
→P.10

以完善的服務
提供舒適購物享受

Free Wi-Fi
區域內可免費使用Wi-Fi。
①選擇SSID「-SHOPPING_PLAZA」
②開啟瀏覽器後點擊「Connect to the Internet」
※有部分場所無法使用

租借嬰兒車
可至服務中心免費租借嬰兒車。(僅限出生後3個月~48個月的嬰幼兒)

宅配服務
除了服務中心和GARDEN MALL的「MOM'S REFORM」有提供宅配服務外,各區域的便利超商也能受理。(付費)

ACCESS

避開塞車的祕訣
每逢暑假、黃金週等旺季,從碓冰輕井沢IC往王子通方向都會出現大塞車。若要迴避車潮,建議選擇從附近的松井田妙義IC經由縣道51號和國道18號舊道的路線,所需時間約35分。

🚗 開車	🚌 高速巴士	🚃 電車
練馬IC	**新宿、池袋、橫濱、羽田機場**	**東京站**
關越自動車道、上信越自動車道 約1小時40分	西武巴士※需事先預約 從新宿車程約3小時 從橫濱車程約4小時	北陸新幹線「白鷹號」「淺間號」約1小時10分
碓冰輕井沢IC	西武巴士座席中心 ☎03-5910-2525 (9:00~19:00)	**輕井澤站**
縣道92號、43號 約15分	**ショッピングプラザ前**	從南口步行即到
	步行即到	

輕井澤王子購物廣場

◆かるいざわプリンスショッピングプラザ
輕井澤王子購物廣場
☎0267-42-5211

🕐10:00~19:00 (有季節性變動) 休不定休 所輕井沢町輕井沢 🅿約3500輛 (2小時300日圓,之後每小時100日圓。消費滿2000日圓以上可免費停3小時,消費滿30000日圓以上可免費停一天)
MAP 附錄② P.7 B-4

到寬敞的 **草坪廣場** 放鬆一下吧!

GARDEN MALL和TREE MALL的前面有一大片草坪廣場。可以暢玩遊樂器材或是待在樹蔭下休息,在購物的空檔享受悠閒的野餐氣氛。

FC 想輕鬆吃美食就來這兒

FOOD COURT

➡P.15

AJ 可飽嘗7家名店的佳餚

AJINOMACHI

➡P.14

中輕井澤 新軽井沢

信濃鐵道

北陸新幹線

NW 掌握流行趨勢的必逛區域

NEW WEST

➡P.8

王子通

P1

W 能與小朋友同享逛街樂趣

WEST

➡P.7

P2

🚌 碓氷軽井沢IC

在廣大腹地內 **就搭免費接駁巴士** 移動吧!

運行於購物廣場內各區域間以及輕井澤皇家王子大飯店的接駁巴士,每天都有運行。能輕鬆在廣大腹地內自由移動,不妨多加利用。區域內的運行路線請參閱MAP。

SC 選購輕井澤伴手禮的好去處

SOUVENIR COURT

➡P.12

TM 選貨店與寵物相關商店集結

TREE MALL

➡P.5

冬季的**浪漫燈飾** 也很引人目光!

11～3月期間會舉辦「冬季幻彩點燈」活動。於GARDEN MALL前草坪廣場的湖畔點亮近10萬顆的燈飾,營造出羅曼蒂克的氛圍。

享受**超值**的購物樂趣

善用WEB折價券!
只需向店家出示手機畫面的Web折價券,即可獲得優惠折扣。參加店鋪與利用方法請上輕井澤王子購物廣場的官網查詢。

官網由此進➡

瞄準折扣季!

4～5月	黃金週特別優惠
6月	父親節禮物祭
7月	輕井澤・夏季特賣
11月	輕井澤・白金特賣
12月	真心耶誕
1月	輕井澤・冬季特賣
2月	情人節禮物祭
3月	白色情人節禮物祭

主題 1

與女性友人 一起血拼！
盡情購物去

NEW WEST有許多廣受女性喜愛的人氣服飾品牌，絕不可錯過。高檔品牌齊聚的GARDEN MALL也很值得一逛。

★推薦區域 (NW) (GM)

↻陳列著眾多高級化妝品的「THE COSMETICS COMPANY STORE」 →P.6

↻提供簡約洗鍊穿搭風格的「GALLARDAGALANTE」 →P.8

推薦區域一覽！

主題別
攻略重點

雖然要想逛遍所有的區域，但是得花上不少時間。針對這樣的旅客，以下將依照不同的狀況，介紹推薦的區域及購物之餘的其他樂趣！

主題 2

適合闔家同遊
有遊樂場可玩又能購物

推薦兒童用品店、居家雜貨店集中的WEST，還設有能讓小朋友玩得開心的遊戲區。

★推薦區域 (W)

兒童樂園
「兒童樂園」位於FOOD COURT旁的草坪廣場，有軟呼呼的超大布偶熊、溜滑梯之類的好玩遊具。

⏰10:00～16:30（天候不佳時會暫時關閉）💴15分鐘400日圓～（同行的家長免費）🐾NG

遊戲館
2017年4月於NEW WEST開張的親子室內樂園，不需擔心季節、天候的影響可以盡情地暢玩。
☎0267-46-8947
💴兒童（1歲～小學六年級）15分鐘400日圓～、成人（20歲～）15分鐘200日圓 🐾NG

還可以搭乘湯瑪士火車！
「Flower Kids Factory」的中庭有可實際搭乘的湯瑪士蒸汽火車，很受小朋友歡迎（付費）。 →P.7

主題 3

情侶可相約
一起開心購物

不妨到女性&男性&中性商品一應俱全的店家為對方挑選衣物，對運動有興趣的人則一定要逛EAST。

★推薦區域 (NE) (E)

↻有愛好打扮的情侶必逛的選貨店，可入手最新流行的商品 →P.10

⬆「COLUMBIA SPORTSWEAR」的中性款式商品相當豐富 →P.11

主題 5

與寵物一同
逛街購物

購物廣場內也有些店家允許狗狗入店，能和寵物一起逛街也是亮點之一。

↻各店鋪的寵物入店資訊請瀏覽這張貼紙

DOG DEPT+CAFÉ
☎0267-31-6610
來自加州聖塔莫尼卡的狗狗品牌，有牽繩、小飾物、玩具等多樣商品。還附設咖啡廳（→P.16）和狗狗活動區。

↻草坪廣場內附設有無使用時間限制的狗狗活動區（收費）

↻有販售五顏六色的寵物衣服，可與毛小孩一起穿搭同款服飾

主題 4

沒有充裕
時間的人！

因之後的行程或趕著要搭新幹線而時間所剩無幾的人，建議可前往離車站最近的區域體驗短暫的購物樂趣。

★推薦區域 (CM) (TM)

←「FEILER Factory Outlet」的可愛包包很吸睛 →P.6

↻有許多高品質服飾的「SHIPS OUTLET」 →P.5

PET-SPA
☎0267-41-4561
位於TREE MALL內的寵物沙龍，能提供同遊寵物美容與短時間安親的貼心服務。寵物食品及相關產品也很充實。

TM 高品質商品與產品齊聚一堂
TREE MALL

環繞著草坪廣場的沉穩氛圍空間，有多家提供高感度流行商品的選貨店進駐。

CHECK話題店家！
區域別
購物指南

以服飾和流行雜貨為中心，共分成了7大區域，無論男女老幼、各世代族群皆能享受購物樂趣。以下會依各區域介紹其中的話題店家。

ÉDIFICE IÉNA OUTLET STORE

📞0267-41-3097　OK（抱著or裝袋or推車）

獨創性十足 展現自我風格的穿搭

由ÉDIFICE和IÉNA合作的提案型暢貨中心，推出具潮流感的高品質原創系列與進口服飾的混搭風格。

⇨灰色的耐水洗V領針織衫，各種風格皆可以自由搭配

Ladies　Ladies

從正式到休閒等多樣風格的穿搭我們都能提供。

⇧仿麂皮的飛行夾克伸縮性佳，穿起來很舒服

PLAZA OUTLET

📞0267-41-3177　NG

尋找中意商品 令人期待萬分

販售從世界各國精選而來的進口生活雜貨，有零食、文具、化妝品等眾多能豐富生活品味的商品。

從創意雜貨到人氣卡通人物商品，應有盡有。

⇨水果造型的砧板放在桌上也很時尚

⇨可在五顏六色的筆盒貼上喜歡的貼紙裝飾

有賣口香糖的補充包⇧附搖擺跳跳馬的口香糖機，也

⇧以收納小東西的儲存盒當成居家布置

SHIPS OUTLET

📞0267-41-1506　OK（僅限裝袋）

擁有許多長年忠實顧客的老字號選貨店

以款式基本又時尚有型的服飾大受歡迎的老牌選貨店，陳列著從國內外精選而來的商品以及原創設計商品。

Ladies

⇨永不退流行的短風衣外套，一定要擁有一件

⇦衣襬處可打成蝴蝶結的女用襯衫，選用較不易皺的聚酯纖維材質

⇨海軍藍條紋裙，腰圍為鬆緊帶式的設計

Ladies　Ladies

GINZA Kanematsu

📞0267-42-2077　OK

讓雙腳散發迷人魅力的優雅鞋款

追求舒適度與優雅風格的原創鞋子品牌，簡潔線條的鞋款更能凸顯出女性的美感。

⇧蟒蛇皮紋尖頭高跟鞋，紅色跟部為整體的亮點

Ladies

⇨薄紗上施以刺繡的平底鞋，閃亮的蝴蝶結也很可愛

FEILER Factory Outlet
☎0267-46-8861 📷NG

美麗的雪尼爾織品 系出德國名門的品牌
以德國傳統工藝雪尼爾材質製成的小物極受歡迎，除了熱門的包包和手帕外，還有小袋、錢包之類的商品。

↑朦朧中透出貓咪圖案的小袋，裡面是面紙收納包

◑可愛圖案的肩背包是較少見的商品，若能看到就太幸運了

店內蒐集了各式各樣、不分年齡層的設計商品。

◑與雪尼爾織束口袋成套販售的塑膠包，最適合夏天使用！

WINE SHOP ENOTECA
☎0267-41-3157 📷NG

嚴選自世界各國的 葡萄酒一字排開
收集世界各地超過600種以上的酒款，從日常葡萄酒到精品葡萄酒應有盡有。另設有划算的大量採購區與暢貨區，超有人氣。

◑智利出產的紅葡萄酒「Montes Classic Series」（375ml）972日圓

適合當成伴手禮送人的小包裝葡萄酒種類也很豐富。

◑來自義大利的「Bellavista Alma Gran Cuvée Brut」3996日圓

◑大尺寸木製墜飾搭配金色粗款金屬棒的耳環，令人眼睛為之一亮

◑能為髮型增添華麗感的髮棒是目前話題最夯的產品

◑讓鎖骨線條更添幾分華麗感的金銅色頸鍊

AneMone
☎0267-41-6782 📷OK（僅限裝袋）

擁有獨特世界觀的 時尚飾品
自全世界引進具原創性、成熟中又帶點玩心設計的女性飾品，原價品與暢貨品皆有販售。

CM 佇立於輕井澤站南口的前方

CENTER MALL

離輕井澤站最近的區域，設有服務中心。人氣店家並排而立，其中也有首次進駐暢貨中心的商店。

URBAN RESEARCH Make Store
☎0267-41-6735
📷OK（抱著or裝袋or推車）

人氣品牌商品 集結於一堂
以URBAN RESEARCH所引進的複數品牌人氣商品為中心，同時也有販售雜貨的複合式選貨店。

Ladies

◑麂皮雙面裙，內側的顏色為海軍藍

Ladies

◑Lee與ROSSO合作推出的牛仔外套，短版的剪裁更顯女人味

◑線條優美的垂墜風女裝襯衫，裝飾鈕扣也很吸睛

另有提供網路上架商品的取貨服務，十分受到好評。

Ladies

◑拉鍊裡面設計成錢包的小肩包，實用性很高

GM 雲集眾多令人憧憬的高級名牌

GARDEN MALL

有來自全世界的奢華品牌店林立，面水池與草坪區的開闊視野也極具魅力。

THE COSMETICS COMPANY STORE
☎0267-41-1242 📷NG

女生非逛不可的 人氣國外化妝品
販售「ESTEE LAUDER」、「M·A·C」、「CLINIQUE」、「BOBBI BROWN」等國際化妝品的專門店，也有許多超值套組可供選擇。

↑「CLINIQUE」的護膚套組中有美白美容液、面膜等產品

↑針對日本女性所開發的「ESTEE LAUDER Micro Essence Lotion」

↑「M·A·C」的口紅、腮紅、唇蜜套組

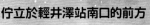

W 雜貨和兒童用品齊聚
WEST

販售時尚生活雜貨、兒童服飾、嬰幼兒用品之類的店家林立，有帶小孩同行的旅客一定要來這區逛逛。

JIRO MONDO
☎0267-42-8270
🚼OK（抱著or裝袋or推車）

選購各季節的超值商品

女性、男性、兒童的休閒服等當季商品羅列，冬天還會推出滑雪服裝之類的季節性品項。

Ladies

⤴也有引進日本罕見的義大利品牌「SPH」的滑雪服裝

⤵西班牙品牌「Desigual」充滿個性的女裝印花襯衫

Ladies

Better Living
☎0267-42-8198
🚼OK（抱著or裝袋or推車）

增添生活樂趣的廚房用具

店內羅列著充滿玩心的廚房用品和進口雜貨，五彩繽紛的商品光看就讓人覺得開心。

⤴繪有獨特動物插圖的手工小碟

⤴「63」的不鏽鋼手沖咖啡濾壺

Sumiya
☎0267-42-8441
🚼OK（抱著or裝袋or推車）

增添生活色彩的和風雜貨眾多

店內陳列著日式餐具、居家雜貨等以和風為主題的商品。餐具是直接向窯廠採購而來，因此能提供優惠的價格。

⤴據說放在玄關就能招來福氣的貓頭鷹裝飾品

⤴紗布巾手帕的柔和觸感很受歡迎

⤴擁有美麗配色的津輕玻璃清酒杯，風格韻味各有不同

Flower Kids Factory
☎0267-42-0878 🚼OK

有湯瑪士蒸汽火車的兒童用品專賣店

集結日本與國外等30多個人氣品牌商品的童裝選貨店，行駛於中庭的湯瑪士蒸汽火車（→P.4）也不妨搭乘看看吧。

⤴附可愛動物立體繡花的連身衣，也很適合當禮物送人

⤵可愛青蛙圖案的水陸兩用鞋。具有快乾＆防滑效果，可以恣意地玩水

Sylvanian Families/ Master Piece
☎0267-41-6076
🚼OK（抱著or裝袋or推車）

廣受眾人喜愛的可愛動物們

可愛動物的娃娃屋系列「Sylvanian Families」以及拼圖玩具的專賣店，限定商品也不容錯過。

⤵輕井澤店限定販售的白絲瀑布300片拼圖，很適合買來做紀念

⤴小鹿寶寶套組是Sylvanian Families專賣店的限定商品

JINS

☎0267-42-1611
☎OK（抱著or裝袋or推車）

展現出個人
時尚品味的眼鏡

以包含鏡片費用在內的暢貨店價格，供應兼具時尚與機能性的原創設計眼鏡和太陽眼鏡。更換鏡片當日即可取件的服務也很方便。

↗從基本款到流行款都有，種類多元豐富

尤其推薦與設計師Jasper Morrison合作推出的鏡框。

↙抗UV率99%以上、能保護眼睛的太陽眼鏡是夏天的必備品。

LOWRYS FARM/ GLOBAL WORK

☎0267-41-3500
☎OK（抱著or裝袋or推車）

清新自然風格的
少女服飾羅列

販售耐看不退流行的基本款式與混搭流行元素的休閒服，以容易搭配的品項為大宗。

↓領口與袖口皆為波形褶邊的人氣上衣

Ladies

Mens

拼接口袋裝飾的襯衫

單穿就很有型

JILL by JILLSTUART

☎0267-41-6651
☎OK（抱著or裝袋or推車）

融合細緻女人味與
流行的趨勢

網羅以女性特質為核心，結合優雅與休閒的元素，在傳統中又帶有潮流感的商品。

↘小花刺繡與白領給人典雅感覺的格紋洋裝

Ladies

NW 女生必逛！店舖數量最多的區域

NEW WEST

購物廣場內店舖數量居冠的區域，以女性消費群為中心的潮流商品齊聚。

AJINOMACHI FOOD COURT　CENTER MALL
輕井澤站
北陸新幹線
NEW WEST　　EAST（地下停車場）
WEST　TREE MALL　NEW EAST
SOUVENIR COURT　GARDEN MALL

GALLARDAGALANTE

☎0267-41-6425
☎OK（抱著or裝袋or推車）

追求優雅洗鍊的
穿搭風格

風格兼具傳統與新潮的人氣品牌。不受流行左右、展現個人獨到品味的服飾，廣受成熟女性族群的支持。

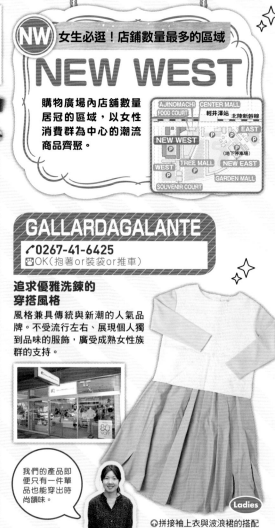

我們的產品即便只有一件單品也能穿出時尚韻味。

↗拼接袖上衣與波浪裙的搭配

Ladies

NANO·UNIVERSE

☎0267-41-6245　NG

創造高感度
流行風潮的店家

提供以歐洲傳統為基礎，同時導入最新流行元素的商品。賣場空間寬敞，能悠閒地慢慢選購。

Ladies

春季節的穿搭

→五分袖的蝙蝠袖高領套衫，也很適合早領

Ladies

↘營造出成熟休閒風的男士牛仔襯衫

Mens

↗設有兩處腰帶位置，剪裁寬鬆的綁繩長褲

Samantha Thavasa NEXT PAGE

☎0267-42-1571　📷NG

襯托出女人味的華麗皮包很有人氣

以可愛氣息與女人味廣受各年齡層女性青睞的品牌。有皮包、皮革小物等豐富品項以及多款顏色，魅力十足。

◐風格別緻的緞帶造型長皮夾，多卡層的設計相當實用

◐以鎖扣為亮點的皮包，另附肩帶，可自行變換成肩背包

Afternoon Tea LIVING

☎0267-42-3450　📷OK（抱著or裝袋or推車）

讓生活變得豐富多彩的時尚雜貨一字排開

導入最新穎、最流行的元素，能為日常增添繽紛色彩的生活方式店。廚房、客廳、衛浴用品等各領域商品一應俱全。

◐保溫效果極佳的不鏽鋼馬克杯，有附杯蓋，因此也很適合在辦公室使用

◐保溫便當盒，可搭配馬克杯一起使用

◐摺疊後輕巧好收納的環保袋也是很熱銷的伴手禮

LE CREUSET

☎0267-41-1519　📷OK（抱著or裝袋or推車）

讓每一天的料理和餐桌增添時尚感

來自法國的廚具品牌。人氣商品為能發揮食材天生美味的琺瑯鑄鐵鍋，多彩繽紛的外觀也十分討喜。

◐可用於燉煮料理、水煮麵類之類的多用途湯鍋

◐選用採圓弧壺身設計的茶具組，增添午茶時光的享用樂趣

Ciaopanic BY PAL GROUP OUTLET

☎0267-41-0462　📷OK（抱著or裝袋or推車）

集結都會風與高流行感度的商品

店內羅列著「Ciaopanic」為首的PAL GROUP各品牌商品。以基本款為中心，講究材質與舒適度的產品廣受歡迎。

從休閒風格到正式造型等各種各樣的商品應有盡有。

Ladies

Ladies

Mens

◐方形領羅紋針織衣能露出迷人的肩頸線

◐可搭配簡單上衣的小碎花裙

◐經典休閒款的立領棒球外套很有時尚感

niko and…

☎0267-42-3301　📷NG

提供全方位的生活提案

販售講究素材的自然風服飾與居家雜貨的複合式選貨店，男性用品的種類也很豐富。

會針對喜好與氛圍品味為各位提供搭配的建議。

Ladies

Ladies

◐充滿少女氣息的V領寬鬆針織衫

◐臀圍部分剪裁合身的寬版牛仔褲具有腿長的效果

◐印有商標的基本款托特包實用性高，頗受好評

CA4LA

☎ 0267-42-5923

📷 OK（抱著or裝袋or推車）

擁有獨創世界觀的人氣帽子品牌

不只販售原創的產品，還有從世界各地精選而來的進口帽。一定能在形形色色的商品中找到一頂最適合自己的帽子。

除了暢貨商品外，店內還陳列了新作以及合作設計的帽款。

↰側邊設著有透氣孔，通風效果極佳的貝雷帽，一年四季皆宜

↰材質富光澤感的棒球帽，無論任何風格都很搭

NE 想追求潮流的情侶必逛

NEW EAST

集合多家最新流行發信地的人氣選貨店和海外品牌店，高品味的雜貨與小飾品也很豐富。

NOLLEY'S

☎ 0267-41-1024

📷 OK（抱著or裝袋or推車）

具流行元素的基本款

以經典樣式為基本，引進風格簡潔、搭配性佳的服飾商品。充滿玩心的小飾品類也相當豐富。

↰圓領開襟毛衣，材質輕薄，很適合初春時節的穿搭

↱V領條紋襯衫，以雪紡紗材質展現出女人味

Ladies

↰淺灰色九分褲，窄版的剪裁穿起來很合身

Ladies

Ladies

Spick and Span JORNAL STANDARD OUTLET STORE

☎ 0267-41-3015

📷 OK（抱著or裝袋or推車）

高品質的人氣商品聚集

集合兩個人氣品牌商品的暢貨店，提供潮味十足的原創產品與進口商品的混搭風格。

↱水洗V領套衫是很好搭配的單品

Ladies

↱可隨意搭在T恤外的仿麂皮騎士外套

Ladies

↰走起來波動搖曳的華麗不規則下擺中長裙，也有修飾腿長的效果

Mens

Lindt Chocolat Cafe

☎ 0267-41-0377 📷 NG

來自瑞士的高級巧克力

創業於1845年，深得全世界消費者喜愛的瑞士巧克力品牌。以重量計價的Lindor軟心巧克力是店內的人氣商品，另外也有賣巧克力甜點。

↱巧克力冷飲各669日圓，巧克力霜淇淋各699日圓

Lindor軟心巧克力會視購買重量再提供折扣，相當物超所值。

↰Lindor軟心巧克力從基本款到季節口味共有約20種，一律採秤重方式計價

BEAMS OUTLET

☎ 0267-41-2021

📷 OK（抱著or裝袋or推車）

廣受各年齡層青睞的人氣選貨店

原創＆進口服飾與雜貨羅列的選貨店。從當季到過季各式商品一應俱全，在各年齡層間都很受歡迎。

除了女性和男性商品外，兒童用品的種類也十分充實。

Ladies

↑寬鬆剪裁的長版開襟毛衣，是時髦女孩很愛的穿搭單品

↱格子貝雷帽可讓整體的造型更有層次感

AIGLE

📞0267-42-0610
🚼OK（抱著or裝袋or推車）

法式休閒風格的戶外用品

1853年創業的品牌，由職人手工製作的雨靴以及服飾、戶外用品等時尚有型的設計款式都很受歡迎。

Ladies

⬆彎月造型極具AIGLE特色的經典包款，質地輕又方便好用

⬅廣受大眾喜愛的橡膠雨靴，顏色和款式的選擇性也很豐富

⬆外套以透溼防水性極佳的MTD材質製成，屬於平常穿也很適合的設計款式
Unisex

THE NORTH FACE/ HELLY HANSEN

📞0267-42-0701
🚼OK（抱著or裝袋or推車）

將設計性與機能性在高次元層面融合為一

兩大人氣戶外用品品牌的產品一字排開。鮮明活潑的用色與簡潔洗練的設計，用於平常穿搭也十分搶眼。

⬆成套的外套與長褲具有防水性，可於初春登山時著用
Mens

Ladies

⬆HELLY HANSEN的卑爾根外套，可摺疊輕巧收納，很適合旅行時攜帶

Columbia Sportswear

📞0267-42-1435
🚼OK（抱著or裝袋or推車）

日常生活中也很實用的多元領域商品

誕生於美國奧勒岡州的品牌。販售以戶外用品製造商獨有的技術研發而成，具高機能性的服飾、鞋子等產品。

➡「Mountain Hardwear」配色時尚的防水外套

Unisex

➡尼龍材質的防風外套，丹寧布的色調平日也可以穿

⬅健行用的防水球鞋，只要備有一雙，即便突然下雨也不需擔心
Unisex

Unisex

E 運動&戶外用品專門店齊聚

EAST

集結了國內外的運動&戶外用品品牌，愛好戶外活動的人當然要逛個徹底才行。

L.L.Bean Factory Store

📞0267-42-6464
🚼OK（抱著or裝袋or推車）

人氣戶外用品均以定價再打七折～三折的價格販售。

粉絲遍布全世界的老字號品牌

1912年創業於美國的戶外用品品牌。賣場佔地約150坪，為日本最大規模，運動服飾和相關產品十分豐富。

Mens

⬆永遠的經典商品獵鴨靴，卓越的機能性正是人氣的祕訣

➡皮革提手的托特包，為睽違約20年度復活的產品

Coleman Shop

📞0267-41-2571
🚼OK（抱著or裝袋or推車）

產品琳瑯滿目的戶外用品專門店

幾乎將露營和戶外用品一網打盡的美國品牌。除了帳篷和烤肉用具外，也有服飾、包包等商品。

⬆可摺疊收納的軟式保冷袋，保冷效果佳

2017年12月才重新整修，商品數量也增加了不少。

➡粉紅色的水桶型烤爐，質地輕巧，攜帶方便

Coleman

A 輕井澤蜜紫花豆
594日圓
選用輕井澤高原產的紫花豆，能品嘗花豆的自然甜味

A 涩皮栗子布丁
270日圓
口感層次豐富的濃郁布丁，裡面有一整顆保留涩皮的栗子

信州美味伴手禮

伴手禮店齊聚一堂！

信州和輕井澤擁有琳瑯滿目的名產品和甜點。不妨將信州美味帶回家當作旅遊的回憶，無論是自用還是送人的伴手禮都很適宜。

A 信州蘋果地瓜燒
9個裝1080日圓
以信州香甜烤蘋果為內餡的地瓜點心

B 寒天雜燴粥
5袋裝960日圓
注入熱水後寒天會膨脹還原，變成飽足感十足的雜燴粥

C 輕井澤特製番茄羅勒醬
454日圓
加了蘋果醬提味的「白樺堂」濃醇風味醬汁

C 輕井澤產藍莓果醬
（150g）756日圓
僅使用輕井澤產藍莓製成的果醬，為輕井澤品牌的認定商品

B 小包寒天麵
5款裝790日圓
有中華風、豬排、咖哩、和風醬油、擔擔麵風等五種口味

C 輕井澤塔
5個裝702日圓
口感濕潤綿密的人氣商品，有杏仁、核桃、乳酪三種口味

D 常溫乳酪蛋糕
250日圓
可常溫保存外帶回家的人氣No.1乳酪蛋糕，冷藏後也很好吃

E 義式溫沙拉
（160g）864日圓
以大量義大利產蒜頭和鯷魚製成的特製醬料

B 寒天湯
6袋裝507日圓
除了竹筍＆青江菜外，還有甜玉米、鴻喜菇等五種口味

D 常溫覆盆子巧克力蛋糕 250日圓
內含大量的調溫巧克力，覆盆子的酸味也很可口

E 野澤菜明太子拌橄欖油
432日圓
將野澤菜和明太子以橄欖油拌勻，最適合配飯一起吃

SC **SOUVENIR COURT**
B かんてんぱぱショップ
☎0267-41-6834 ❌NG
以健康與手工製作為宗旨的寒天製造商直營店，販售使用寒天做成的雜燴粥、湯品等品質講究的食品。

SC **SOUVENIR COURT**
A ◆かるいざわしゅんすい
輕井沢 旬粹
☎0267-41-1114 ❌NG
店內擺滿著蕎麥麵、信州代表美食、甜點等商品，最適合邊走邊吃的蕎麥可麗餅和薄餅也很熱賣。

SC **SOUVENIR COURT**
E ◆かるいざわりぞーとまーけっと
輕井沢りぞーとまーけっと
☎0267-41-2211 ❌NG
店內集結了信州傳統名店的各式商品，還能買到只在限定地區販售的品項。

SC **SOUVENIR COURT**
D ◆かるいざわカドカド
輕井沢Cadeau Cadeau
☎0267-42-8423 ❌NG
店名在法文中意為禮物的西式點心店。以真心誠意製成的甜點一字排開，也很適合做為禮品送人。

SC **SOUVENIR COURT**
C しらかば
☎0267-42-6911 ❌NG
白樺堂（→本書P.57）的直營店，販售於輕井澤站前的自家工廠所製造的果醬、糕點、醬汁等商品。

F 野澤菜茶漬
756日圓
只需拌入熱騰騰的
白飯就成了野澤菜
風味飯

**H 信州蘋果
年輪蛋糕**
1620日圓
蛋糕體裡面有一整顆蜜
漬熬煮的信州富士蘋果

H 手工蘋果派蛋糕
1393日圓
以大量信州產蘋果烤成
的蘋果派,吃起來口感
酥脆

F 無添加 信濃路
475日圓
以信州產丸大豆與信州
產白米製成的味噌,以
帶甜味的口感為特徵

F 野澤菜漬
378日圓
信州伴手禮的熱門選
項,有山葵漬、泡菜等
各種口味的野澤菜漬

I 醋飲
(紅葡萄／石榴)
(460㎖)各1058日圓
無添加砂糖、能品嘗果
汁甜味的醋飲,也可兌
水或蘇打水喝

G 草莓果醬
(125g) 681日圓
還保留碩大草莓的形體
與味道的果肉風味果醬

J 食用高湯醬油
(140g) 594日圓
以國產黃豆與米麴為材料
釀製,可以淋在蔬菜、冷
豆腐或生蛋拌飯上享用

G 紅玉蘋果奶油醬
(125g) 486日圓
以結蜜度高的紅玉蘋果
與國產奶油製成,味道
香濃馥郁

I Niagara Blanc
(720㎖) 1620日圓
能品嘗麝香葡萄原始風味
的果香白酒

J 蜂斗菜味噌
(140g)518日圓
將蜂斗菜拌入油味
噌製成帶微苦味道
的配菜味噌,與白
飯十分對味

K 野澤菜昆布山葵
540日圓
野澤菜漬和根室昆布混
合後的黏糊口感,搭配
熱飯吃最美味

K 水果醬汁

(220g) 626日圓
內含10多種水果,淋在
鬆餅、冰淇淋上也很好
吃

J 豆腐甜甜圈

1個130日圓～
使用信州產豆腐製作的
健康甜甜圈,也很適合
邊走邊吃

SC SOUVENIR COURT
H Heart Memory
☎0267-42-8159 📷NG
有許多使用信州產水果製作的甜點和輕
井澤伴手禮,以當地吉祥物等為主題的
雜貨也很吸睛。

SC SOUVENIR COURT
G SAWAYA ◆さわや
☎0267-41-0074 📷NG
以「國產原料、無添加、自家工廠手工製
作」為宗旨的果醬專賣店,能品嘗水果
本身的風味。

SC SOUVENIR COURT
F 味蔵 ◆あじくら
☎0267-42-8520 📷NG
漬物工廠的直營店。新鮮漬物的種類繁
多,還可試吃,也有販售信州蕎麥麵、味
噌、當地食品等豐富商品。

NW NEW WEST
K Karuizawa Farmers' gift ◆かるいざわファーマーズギフト
☎0267-41-1147 📷NG
店內羅列著以大量天然食材製成的果
醬、水果醬汁等食品,用色鮮明的包裝
也很適合當作禮物送人。

NW NEW WEST
J 久世福商店 ◆くぜふくしょうてん
☎0267-31-0929 📷NG
集結全日本各地美味的食品選貨店,能
買到味噌、醬油之類的和風食材與信州
伴手禮。

NW NEW WEST
I ST. COUSAIR WINERY
☎0267-42-0074 📷NG
於長野的自然風土中孕育而生的原創葡
萄酒極具人氣,果醬、醬料之類的特選
商品也很多元。

{ AJ AJINOMACHI }

位於購物廣場內的美食區。共有7家精緻講究的餐廳，晚間時段也有營業，可慢慢享用佳餚。

AJINOMACHI FOOD COURT / CENTER MALL / 輕井澤站 北陸新幹線 / NEW WEST / EAST / (地下停車場) / WEST / TREE MALL / NEW EAST / SOUVENIR COURT / GARDEN MALL

↑店內以現代風格為主題，午間時段還有沙拉吧

── MENU ──
貽貝蛤蜊義大利麵
1680日圓

放入大量貽貝和蛤蜊，吸取滿滿海鮮精華的義大利麵

能品嘗當季食材的細緻義式料理

義大利菜 COURMAYEUR
📞 0267-41-6311

能輕鬆享用口感彈牙的生義大利麵、石窯燒烤披薩等餐點的餐廳。選用長野縣產的蔬菜烹調，可飽嘗食材的鮮甜美味。

| 🍴 1700～2000日圓 | 👶 有 | 🪑 60席 | 🐾 OK(僅限裝袋) |

↑以輕井澤假期為設計概念的明亮空間

將肉質的甜美完全釋放出來的熟成肉

── MENU ──
AGING招牌稀少部位牛肉
5種拼盤(200g)
4104日圓

提供一頭牛只能取數公斤的稀少部位牛肉，每日會更換內容

燒肉 熟成和牛燒肉 AGINGBEEF
◆じゅくせいわぎゅうやきにくエイジングビーフ
📞 0267-46-8581

能吃到以乾式熟成製法費時進行熟成的和牛燒肉。稀有部位的選擇性也很豐富，濃郁滑嫩的口感只要嘗過一次就會上癮。

| 🍴 午餐2000～3000日圓、晚餐4000～6000日圓 | 👶 有 | 🪑 62席 | 🐾 OK(僅限裝袋) |

↑融合復古與新穎的簡約洗鍊空間

刺激五感的新型態西餐料理

── MENU ──
精選美饌&漢堡
1960日圓(稅另計)

包含漢堡、奶油雞肉咖哩等人氣餐點的盤餐

西餐 門前洋食 藤屋
◆もんぜんようしょく ふじや
📞 0267-41-1800

由長野善光寺門前的名店所經營的餐廳。以「TRAD&NEW」為主題概念，提供與柴燒釜灶炊煮的米飯搭配的佳餚，能品嘗味覺和視覺都令人驚豔的西餐。

| 🍴 2000日圓 | 👶 有 | 🪑 60席 | 🐾 NG |

超夯人氣餐點大集合！

大飽口福美食
GOURMET GUIDE

能悠閒享用多元料理的餐廳、可輕鬆用餐的美食街等，以下依類型為大家介紹其中的美食店家。

| 💴 平均預算 | 👶 兒童餐 | 🪑 座位數 | 🐾 寵物 |

豬排 ソースかつ丼 明治亭
◆ソースかつどんめいじてい
📞 0267-41-1112

以長野縣駒根的名物「醬汁豬排丼」為招牌料理。白飯上鋪滿著高麗菜絲與鮮嫩多汁的里肌豬排，再淋上大量的特製醬汁一起享用。

↑店內也有販售獨家特製的醬汁

| 🍴 1500日圓 | 👶 無 | 🪑 65席 | 🐾 NG |

分量飽滿的在地美味 醬汁豬排丼

── MENU ──
醬汁豬排丼
1447日圓

以200g國產豬肉製成的里肌豬排丼，也有提供搭配信州蕎麥麵的套餐組合

和食 御曹司 きよやす庵 輕井澤店
◆おんぞうしきよやすあんかるいざわてん
📞 0267-31-0048

為六本木和鎌倉都有展店的高級和食料理姊妹店，信州牛的牛排御膳、引起話題的「御曹司 松六家」牛肉三吃御膳等都很有人氣。晚上還可悠閒享受小酌時光。

悠然自在的沉穩氣氛

| 🍴 2000～3000日圓 | 👶 有 | 🪑 50席 | 🐾 NG |

入口即化的特選牛肉三吃

── MENU ──
松六家的
牛肉三吃御膳
3024日圓

放上多片稍微炙燒過的牛肉，再加入高湯、佐料，品嘗清爽的好滋味

※能輕鬆享用8家店舖的餐點

{ FC FOOD COURT }

AJINOMACHI CENTER MALL
FOOD COURT
輕井澤站 北陸新幹線
EAST
NEW WEST P P
(地下停車場)
WEST TREE MALL NEW EAST
GARDEN MALL
SOUVENIR COURT

牛排、烏龍麵等人氣店並排而立。有些餐點也提供外帶的服務，相當方便。

🪑 500席　🐾 僅限露天座OK

Karuizawa Flatbreadz
三明治　◆かるいざわフラットブレッズ

📞 0267-41-2400

大量使用新鮮蔬菜與嚴選食材的美味三明治店，麵包則是來自「BOULANGERIE ASANOYA」（→本書P.34）的現烤特製麵包。

點餐後才燒烤製作的極致美味牛肉
➜ 以熔岩石燒烤而成的極品烤牛肉三明治

↑空間寬敞，座位數高達500席，還設有兒童遊戲區

➜天氣好時也可在露天座享用用餐時光（冬季暫停開放）

吃得到滿滿季節蔬菜的特製咖哩飯

➜搭配十穀米飯的農場蔬菜咖哩1058日圓

信州ぐるめ農場
丼飯・咖哩　◆しんしゅうぐるめのうじょう

📞 0267-41-6641

使用位於信州白樺高原的長門牧場特製咖哩醬，再加上12種當季時蔬煮成。以當地雞蛋烹調的親子丼也很受歡迎。

戸田亘のお好み焼き さんて寛
御好燒　◆とだわたるのおこのみやきさんてかん

📞 0267-41-6867

御好燒的風味傳承自大阪的人氣店「きじ」，輕鬆就能享用招牌牛筋御好燒等正宗名店的味道。

在輕井澤品嘗道地的大阪御好燒
➜在御好燒的肉餡加入麵條就成了分量飽滿的豬肉摩登燒1058日圓

購物廣場內的美食

↑位於久世福商店旁，店內空間寬敞明亮

MENU
信州炸肉排定食
1800日圓
信州牛與信州豬的混合絞肉口感濕潤多汁，點定食即可免費享用蔬菜吧

久世福食堂
NW NEW WEST　和食　◆くぜふくしょくどう

📞 0267-42-5039

能將隔壁久世福商店（→P.13）販售的商品變得更加好吃的餐廳，供應烤蔬菜、天麩羅等菜色的蔬菜吧也很有人氣。

能大快朵頤全國食材逸品的餐廳

🪑 1800日圓　🐾 有　🪑 142席　僅限露天座OK

↑充滿隱密氛圍的店內，晚上還可點單品料理搭配當地酒享用

MENU
豆腐豬排煮膳
1944日圓
將蛋液倒入信州產豆腐製成的豬排、雞肉鬆與特製高湯內，不僅健康又有飽足感

出汁と信州ごはん 佐久屋本店
GM GARDEN MALL　和食　◆だしとしんしゅうごはんさくやほんてん

📞 0267-31-6446

提供將信州食材原有美味發揮極致，百吃不膩的和食料理。備有5種主菜和2種米飯、高湯風味濃郁的特製關東煮，每一樣都是值得細品嘗的好滋味。

大啖一年四季種類豐富的信州食材

🪑 1800日圓　🐾 有　🪑 47席　🐾 NG

らーめん 福栄
E EAST　拉麵　◆らーめんふくえい

📞 0267-41-2101

使用鄰近佐久市傳來的安養寺味噌製作的拉麵，廣受歡迎。慢慢熬煮而成的湯頭擁有甘甜圓潤的口感，深得女性消費者的青睞。

🪑 1000日圓　🐾 無　🪑 54席　🐾 NG

MENU
福栄味噌拉麵　950日圓
（半碗炒飯和餃子的套餐+630日圓）
店家招牌的味噌拉麵，上面還附軟嫩的自家製叉燒等配料

↑寬敞整潔的店內也很適合家庭客群利用

帶有熟成安養寺味噌濃郁風味的醇厚湯頭拉麵

Resort Buffet Style Restaurant -Hare terra-
NE NEW WEST　自助百匯　◆かるいざわこうげんビュッフェはれたそらのテラス

📞 0267-41-2466

採自助百匯吃到飽的方式，提供約60道以信州產蔬菜為中心的熟食佳餚。還有搭配主菜的套餐料理，也很值得推薦。

🪑 2200日圓　🐾 有　🪑 130席　🐾 NG

MENU
自助百匯吃到飽
成人2200日圓、小學生1400日圓、3歲以上800日圓
另附軟性飲料無限享用，用餐時間限時80分鐘

↑店內也有販售新鮮的蔬菜

集合各式各樣對身體無負擔的自然蔬食百匯

在廣大區域內來回移動，偶爾也需歇會兒才有力氣繼續逛。下面介紹幾家可在購物之餘放鬆身心的咖啡廳，還能品嘗店家的招牌甜點和輕食。

🪑 座位數　🐾 寵物

(TM) TREE MALL
與狗狗同享午餐和甜點的美好時光

☕CAFE DOG DEPT+CAFÉ
📞0267-31-6610

狗狗用品專賣店(→P.4)附設的咖啡廳。可帶毛小孩一起入店，品嘗漢堡、義大利麵等餐點或是輕井澤店限定的自家製甜點。

🪑80席　🐾OK

↑好天氣時不妨選擇露天座，店家也備有寵物專用的菜單

MENU
戚風蛋糕594日圓
（附飲料的套餐918日圓）
可在自家製戚風蛋糕上塗滿鮮奶油享用

(NW) NEW WEST

提供現烤麵包和美味三明治的咖啡廳。點餐後才製作的人氣特製三明治共有12種口味，麵包可從4種類任選。

☕CAFE Délifrance
📞0267-42-0995

🪑109席　🐾NG

→彌漫著現烤麵包香氣的寬敞店內

特製三明治

配料和麵包皆可自選的

MENU
酪梨&蝦仁三明治 600日圓
（附飲料的套餐860日圓）
有彈牙的蝦仁、酪梨等飽滿內餡，麵包可由可頌、長棍等種類中任選

(E) EAST

提供分量超大的夏威夷式漢堡，以熔岩石慢慢燒烤的頂級牛肉排絕對令人讚不絕口。

☕CAFE KUA`AINA
📞0267-41-1881

🪑158席　🐾僅限夏季期間的露天座OK

→店內空間明亮寬敞，也設有露天座

將鮮甜味完全鎖住的絕品漢堡

放在熔岩石上燒烤

MENU
厚切切達乳酪酪梨漢堡1258日圓
（附飲料的套餐1473日圓）
頂級牛肉與切達乳酪、酪梨的絕品組合是人氣No.1的餐點

(CM) CENTER MALL

在購物廣場內也能喝到舊輕銀座的人氣咖啡，一杯一杯細心沖泡的咖啡都是無與倫比的極致饗宴。名物摩卡霜淇淋也可外帶享用。

☕CAFE Mikado Coffee
◆ミカドコーヒー
📞0267-42-0549

🪑32席　🐾NG

→就位於輕井澤站旁的沉穩氛圍空間

MENU
迷你摩卡霜淇淋&咖啡套餐 800日圓
「舊輕通」綜合咖啡與摩卡霜淇淋的超值套餐組合

人氣摩卡霜淇淋和極致咖啡的奢侈套餐

(CM) CENTER MALL

最受歡迎的產品是以大量當季水果裝飾而成的新鮮蛋糕，藝術感十足的蛋糕與花草茶十分搭配。

☕CAFE Café Comme ca
📞0267-41-6758

🪑68席　🐾NG

MENU
各種蛋糕 1片800日圓～
能直接品嘗新鮮時令水果美味的蛋糕

↑位於CENTER MALL內靠近輕井澤站的絕佳地點

宛如藝術作品般的美麗蛋糕

輕井澤
karuizawa

可以拆下使用！

特別附錄 1
輕井澤
王子購物廣場
案內帖

特別附錄 2
輕井澤兜風&
逛街地圖

1　2

請詳細閱讀下列事項

◆本書刊載的內容為2017年9月～2018年3月採訪、調查時的資訊。
本書出版後，餐飲店菜單和商品內容、費用等各種資訊可能會有變動，也可能因為季節性的變動和臨時公休等因素而無法利用。**由於消費稅的調高，各項費用可能會有變動，因此有的設施會以消費稅，另計的金額標示**，進行消費時請務必再次確認。此外，因本書刊載內容而造成的糾紛和損害等，敝公司無法提供補償，請在確認此點之後再行購買。

◆各類資訊以下列基準刊登

📞…電話號碼
本書標示的是各設施的洽詢用號碼，因此可能會出現非當地號碼的情況。使用衛星導航等設備查詢地圖時，可能會出現和實際不同的位置，請特別留意。

🕐…營業時間‧開館時間
標示實際上可使用的時間。餐飲店為開店至到最後點餐時間；設施則是標示開館至可以入館的最晚時間。

📅…公休日
原則上只標示公休日，基本上省略過年期間、黃金週、盂蘭盆節和臨時修業等情況。

💰…費用‧價位
●各種設施的費用，基本上標示1位成人的費用。
●有些菜單或商品也會標示價格。
●住宿費用標示的是該飯店一般客房的費用。若附餐，原則上標示的是2人1間房內的1人份費用。標示的費用雖然已包含服務費、消費稅，但隨著季節與週間或週末、房型的差異等，費用會有所異動，預約時請務必確認。

📍…所在地
各設施的所在位置。若是自然環境，只能標示大致的位置，設定衛星導航時還請多留意。

🚃…交通方式
原則上標示最近的車站。所需時間為粗估時間，有可能隨著季節與天候、鐵路運行時刻更改而有大幅度的變動。特別是冬季請預留充分一點的時間。

🅿…停車場
無論是收費或免費，只要有停車場皆會標示可停車數。若無停車場則標示「無」。

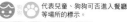
代表兒童、狗狗可否進入餐廳等場所的標示。

◆關於本書介紹的料理和商品
餐飲店的菜單和費用皆為採訪、調查當時的資訊，但內容、價位可能會依時節的不同而有變動。書中所介紹的商品，也有可能已經售罄或視情況而變更、停止販售。此外，本書也有介紹一些與酒類相關的店家，法律上已明文規定禁止酒駕，請自駕者要特別注意。

◆依介紹主題區分成下列範疇

景點　玩樂　美食　購物　咖啡廳　溫泉

◆使用二維條碼時，隨著該設備的合約內容，各電信公司會收取費用。所連結的各項服務，可能未經預告而變更或結束。

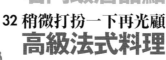

日本神社與寺院之旅

從日本為數眾多的神社與寺院中精挑細選,並分門別類呈現給讀者。編輯超推薦此生必訪!

精美的大張圖片,好美!還有詳細解說、參訪＆交通資訊、周遭的觀光景點。

介紹日本知名的大型祭典、神社與寺院的建築知識、宗派等,美感度＆知識性含金量都超高!!眾目亮睛!

一輩子一定要去一次!

修身 休憩

祈福 療癒

日本
神社與寺院之旅

Shrines and Temples with Scenic Views in Japan

一輩子一定
要去一次!

人人趣旅行
What am I feeling here?

紅葉、白雪、山水、庭園
精選日本絕美神社與寺院!
超美大圖搭配詳細好懂的說明!
美感度＆知識性兼具!
更有詳細地圖和周邊觀光景點指南

行程範例、交通方式、參拜重點、
伴手禮、重要祭典×周邊景點…
依季節、依主題走訪超過130間的神社與寺院!
超經典的參拜探訪指南

系列姊妹作:
《日本觀光列車之旅》《日本絕景之旅》
定價450元

昭文社

Japan.
Endless
Discovery.

免費　超值優惠券

App Store
下載

下載就上
Google play

日本旅遊攻略APP!

收錄東京、大阪、京都、北海道、九州、沖繩等20個熱門旅遊區域!

網羅了可以"體驗日本"的季節、
地域等各方面的最新資訊

搜尋→出發→實際感受!!
有了它,安心暢快一把抓

支援Online‧Offline兩種使用方式!
下載版本運作快速

超划算美食!購物!遊玩!
讓你的日本之旅更加超值的
優惠券大集合

繁體
中文

日本旅遊情報網站

DiGJAPAN!

深度挖掘日本好玩、好吃、好看的旅遊資訊!!
無論您是旅遊日本的入門者還是重度使用者
DiGJAPAN! 都將帶給您最新鮮、有趣的精彩內容!

✔ 最新資訊滿載

人氣景點、觀光資訊、日本國內話題
商品以及賞櫻、賞楓等季節性活動,
快速掌握和發送日本最新且精彩
的旅遊情報。

✔ 高CP值行程規劃

多樣主題性的周遊行程規劃。教您
如何在有限的旅遊天數內,有效地
使用電車或巴士觀光、購物和享用
美食。

✔ 豐富的旅遊資訊

羽田機場到東京的交通方式、迴轉
壽司如何吃才道地、還有鞋子衣服
尺寸對應表,無論初次或多次旅遊
日本都可方便使用的實用資訊。

| DiGJAPAN! | Search |

https://digjapan.travel/zh_TW/

馬上來看DiGJAPAN!
精彩的日本旅遊資訊

 粉絲突破40萬人!每日發送日本最新旅遊情報!
日本旅遊達人, MAPPLE   https://www.facebook.com/mapple.tw

這樣的地方

熱門觀光景點的寶庫！
舊輕井澤 P.38
きゅうかるいざわ

● 交通 ● JR輕井澤站搭巴士4分，舊輕井沢下車；或是步行20分
🚗 距碓氷輕井沢IC約12km（至舊輕銀座入口）

以 輕井澤的主要大街「舊輕銀座通」為中心的繁華區。不僅可享購物樂趣，還有許多教堂和熱門觀光景點，旺季期間遊客總是川流不息。

↑輕井澤最古老的教堂，由被譽為「輕井澤之父」的加拿大傳教士A.C.蕭等人所創設
輕井澤蕭紀念禮拜堂 P.13

舊三笠飯店 P.16
一窺昔日的輝煌風華，創業於明治時代的飯店，可

舊輕銀座通 P.38
精美的瓶裝食品、果醬等琳瑯滿目

↑能一次滿足購物和美食需求的主要街道

購物、美食一應俱全
輕井澤站周邊 P.50
かるいざわえきしゅうへん

雲場池 P.12

● 交通 ● JR輕井澤站步行即到
🚗 距碓氷輕井沢IC約11km

身 為輕井澤的入口，雖然鄰近車站卻擁有舒適宜人的清新綠意。除了實力派美食和商店聚集的輕井澤本通外，飯店交誼廳、時尚咖啡廳等休憩景點的選項也很多。

輕井澤王子購物廣場 附錄①

佔地遼闊，相當於6座東京巨蛋的日本最大級暢貨中心，設有7大商場以及美食區、伴手禮區

↑輕井澤的代表景點之一，可在池塘的四周悠閒漫步

↑從輕井澤站到舊輕井澤間的沿路上，雜貨鋪、餐廳、咖啡廳等店家林立
輕井澤本通 P.50

輕井澤在這裡！
★輕井澤
群馬 栃木
長野 埼玉 茨城
山梨 東京 神奈川

↑白根、萬座 ↑草津
146
長野原町

鬼押出園
北輕井澤

群馬縣
高崎市

白絲瀑布

淺間山
白絲Highland Way

安中市 高崎站

長野縣
輕井澤町
146

SEZON現代美術館
榆樹街小鎮
輕井澤高原教堂

舊三笠飯店

舊輕銀座

中輕井澤
中輕井澤站

追分宿
信濃追分站

輕井澤站
輕井澤王子購物廣場

碓氷峠

輕井澤站周邊
18

松井田妙義IC

18
御代田站 北陸新幹線 信濃鐵道
輕井澤塔列辛
輕井澤バイパス

南輕井澤

御代田站

佐久平站

碓氷輕井沢IC
上信越道

佐久IC

5個人氣區域一覽！

輕井澤 是

輕井澤的每個區域都各有特色。先掌握整體的位置關係，
再依照各區的遊逛重點安排專屬於自己的美好旅程吧！

輕井澤 旅遊知識 ① 輕井澤是這樣的地方

盡享雄偉的自然景觀與戶外活動！
北輕井澤 P.88
きたかるいざわ

交通 ● JR輕井澤站搭巴士40分，鬼押出し園下車
距碓氷輕井沢IC約28km（至鬼押出園）

綿 延於淺間山北麓的高原度假區。有名為「鬼押出園」的奇勝和牧場、森林遊樂設施等諸多能感受大自然壯闊的景點，可充分享受健行與戶外活動的樂趣。

鬼押出園 P.89

↑因淺間山火山噴發而形成的世界三大奇景之一

白絲瀑布 P.88

亦為能吸收滿滿的負離子、勝地。亦為欣賞新綠和紅葉的名

四周盡是蔥鬱林木的療癒空間
中輕井澤 P.58
なかかるいざわ

輕井澤野鳥之森 P.64

交通 ● JR輕井澤站搭巴士15分，星野溫泉トンボの湯下車
距碓氷輕井沢IC約15km（至榆樹街小鎮）

位 於星野度假區的榆樹街小鎮廣受歡迎，是不容錯過的景點。教堂、美術館之類的文化設施以及有機餐廳、溫泉等，全都籠罩在美麗的綠意之中。

↑廣大森林內有大量野生動物和鳥類棲息，建議參加生態之旅。在春榆樹群與河川的環繞下，有美食餐廳、商店等15家店鋪進駐

榆樹街小鎮 P.58

藝術與適合闔家同樂的景點聚集
南輕井澤 P.74
みなみかるいざわ

美食咖啡廳 P.83

交通 ● JR輕井澤站搭巴士13分，塩沢湖下車
距碓氷輕井沢IC約15km（至輕井澤塔列辛）

鹽 澤湖周邊有輕井澤塔列辛、繆思之森等藝術景點散布其間，洋溢著度假的悠閒氛圍。還有多家知名的法國餐廳，吸引絡繹不絕的饕客們前來光顧。

↑除了以鹹可麗餅為招牌的「Cachette」外，還有多家道地講究的咖啡廳區。被水池和綠意包圍的複合式度假園區，美術館、運動設施也很豐富

輕井澤塔列辛 P.76

稍微走遠一些

深受文豪喜愛的城下町
小諸 [こもろ] P.94
從輕井澤搭電車25分，開車則需35分

與真田幸村有淵源的城市
上田 [うえだ] P.96
從輕井澤搭電車55分，開車則需60分

日本三大名湯之地
草津 [くさつ] P.98
從輕井澤搭巴士78分，開車則需70分

旅遊 Q&A

Q 到輕井澤要多久？
A 從東京搭新幹線約1小時10分，開車的話約2小時
東京到輕井澤可搭北陸新幹線，從東京站出發約1小時10分。若自行開車，從練馬IC出發約2小時。

詳細交通指南請參閱 P.108

Q 帶小小孩同行也能玩得盡興嗎？
A 當地有許多適合闔家同歡的景點
近來造訪輕井澤的家庭遊客也越來越多了，本書會在餐飲店的介紹頁面中標示出小孩是否可入店。

請CHECK此圖示

Q 想帶狗狗一起去旅行
A 有些餐廳和飯店可以允許狗狗入內
輕井澤當地有多間能與寵物同樂的餐飲店，不僅開放讓狗狗進店，有的還會提供狗狗專屬菜單。

請CHECK此圖示

Q 淡季時須注意哪些事項？
A 要留意有的店家會在冬天長期休業
除了黃金週和暑假以外，也有些店家會提早關店或是不定期公休。尤其是11～3月的冬天期間有的店家會選擇長期休業，請務必事先確認清楚。

出遊 NAVI

春

夏

輕井澤蕭祭

8月1日

◆輕井澤蕭祭紀念禮拜堂
☎0267-42-2468
（輕井澤蕭祭實行委員會）

↑為讚揚發掘避暑勝地輕井澤的亞歷山大‧克羅夫特‧蕭傳教士及前人們所舉行的町民祭（→P.13）

瀑布在投影燈光秀中呈現出夢幻朦朧的氛圍

觀光旺季正式到來，街道上遊客如織、好不熱鬧。除了輕井澤高原教堂以燭光營造出如夢似幻的情境外，白絲瀑布也有夜間點燈活動。

白絲瀑布於7月下旬～8月下旬期間會點上燈飾，還能欣賞投影燈光秀（→P.88）

7月下旬～
8月下旬

輕井澤‧白絲瀑布幻影燈光秀

◆白絲瀑布
☎0267-31-0070
（白絲Highland Way）

輕井澤若葉祭

◆町內各地
☎0267-45-8579
（輕井澤町觀光經濟課）

4月下旬～
6月上旬

有半程馬拉松之類的運動賽事、野鳥觀察等各式各樣的活動，詳情請瀏覽觀光協會的網站或導覽手冊

輕井澤的冬天冗長，春天來得較遲。於枝頭綻出嫩芽和新綠的4月下旬～6月中旬期間，町內一帶會舉辦運動賽事、健行等多采多姿的活動。

4月下旬～
5月上旬

輕井澤皇家王子大飯店的櫻花

輕井澤的櫻花季比東京要晚一些。輕井澤皇家王子大飯店的腹地內有約300株櫻花樹，可供住客自由賞花

◆輕井澤皇家王子大飯店
☎0267-42-1111

確認各季節的天氣 & 服裝

輕井澤的海拔約1000m。作為避暑勝地，氣溫當然比東京來得低，請慎選適合的衣物。

氣溫
（℃）

2月 1月 12月 11月 10月 9月 8月 7月 6月 5月 4月 3月

氣溫
（℃）

30
25
20
15
10
5
0
-5

■ 東京的平均氣溫
● 輕井澤的平均氣溫

30
25
20
15
10
5
0
-5

‧冬天的服裝‧
積雪量雖不算太多，但氣溫幾乎與札幌差不多。須穿著毛衣和厚大衣，做好萬全的禦寒工作。

厚外套
毛帽
暖暖包
手套
圍巾
長褲

‧秋天的服裝‧
9月的平均氣溫約16℃，涼爽的程度與東京10月下旬相差無幾。別忘了攜帶一件較厚的外衣。

厚外衣
長褲
長袖衫

‧夏天的服裝‧
平均氣溫20℃左右，比東京低約7℃涼爽許多。早晚偏涼，最好多準備一件可以外披的衣物。

T恤
備用的開襟毛衣
長褲

‧春天的服裝‧
雖說是春天，輕井澤氣溫還是滿低的，千萬不可大意。須備妥薄外套和運動衫，穿得暖和些再出門吧。

運動衫
薄外套
長褲

何時出發？哪個季節去最好？

一年四季

輕井澤無論什麼時候造訪皆有自然美景可賞。為了享受舒適愜意的旅程，以下將介紹行前必備的基本資訊。也別忘了確認每個季節的活動行事曆，好讓旅遊的樂趣多更多。

秋 輕井澤紅葉祭

◆町內各地
☎0267-45-8579
（輕井澤町觀光經濟課）

9月下旬～11月上旬

輕井澤秋天的紅葉景觀美不勝收。擁有雲場池、舊三笠飯店、舊碓冰峠見晴台等眾多賞景名所。9月下旬～11月上旬，輕井澤町內一帶還會舉辦輕井澤紅葉祭。

還提供健行之類的各式各樣活動，請前往觀光服務處索取詳載優惠資訊的導覽手冊。

夏日燭光夜 ※2018年的活動期間

◆輕井澤高原教堂
☎0267-45-3333

8月13～17日

↑輕井澤高原教堂四周布滿著無數的燭台燈，構成了一幅夏日風情畫。期間中還能聆聽到福音歌曲（→P.70）

↓園內有2000株玫瑰美麗綻放，還可參加欣賞暨琴演奏、乘船從湖面觀賞玫瑰的遊覽行程（→P.86）

◆輕井澤湖畔花園
☎0267-48-1608

輕井澤湖畔花園「玫瑰花季」

6月中旬～7月中旬

冬 輕井澤耶誕城 ※2018年的活動期間

◆星野度假區各地
☎0267-45-5853
（榆樹街小鎮）

11月17～12月25日

不只能玩雙板滑雪和單板滑雪，星野度假區還推出了輕井澤耶誕城。至2月中旬前另有輕井澤冬季嘉年華的活動，街道上隨處可見繽紛的燈飾。

以榆樹街小鎮為首的星野度假區全都籠罩在美麗的燈海間，能感受滿滿的耶誕氣氛

實用旅遊資訊請來這裡索取！

到了當地若想蒐集旅遊資訊，到觀光服務處準沒錯。備有各種導覽手冊和當地的地圖，不妨多加利用。

設在輕井澤站北口附近，下了新幹線馬上就能看到！

輕井澤觀光服務處
（輕井澤站內）
●かるいざわかんこうあんないじょかるいざわえきない
☎0267-42-2491
MAP 附錄② P.7 C-4

9:00～17:30（有季節性變動）　無休　輕井沢町輕井沢1178　JR輕井澤站內　P無

附設於信濃鐵道中輕井澤站輕井澤觀光服務處

輕井澤觀光服務處
（沓掛露台內）
●かるいざわかんこうあんないじょくつかけテラスない
☎0267-45-6050
MAP 附錄② P.12 D-4

8:30～17:00（有季節性變動）　無休　輕井沢町長倉3037-18　信濃鐵道中輕井澤站即到　P有（町營停車場）

舊輕銀座內的古典建築物輕井澤觀光會館

輕井澤觀光會館
●かるいざわかんこうかいかん
（→P.38）
☎0267-42-5538
MAP 附錄② P.8 D-2

9:00～17:00（有季節性變動）　無休　輕井沢町輕井沢739　JR輕井澤站搭巴士4分，舊輕井沢下車，步行5分　P無

輕井澤本通上的觀光據點

輕井澤町觀光振興中心
●かるいざわまちかんこうしんこうセンター
☎0267-41-5001
MAP 附錄② P.7 B-2

9:00～17:00　12月28日～1月4日　輕井沢町輕井沢470-3　JR輕井澤站步行20分　P無

其他活動地 不可錯過！

★輕井澤雨傘天空2018
6～7月　榆樹街小鎮（→P.58）
☎0267-45-5853（榆樹街小鎮）

頭頂上高掛著100支五顏六色的雨傘，每逢下雨即可欣賞漂浮在露台上的雨中藝術等展覽，享受雨天特有的樂趣。

★紅葉圖書館
9月下旬～11月上旬　星野度假區 櫸樹廣場
☎0267-45-5853（榆樹街小鎮）

紅葉季節時可在戶外感受閱讀樂趣的青空圖書館。各種領域的書籍羅列，能享受開闊感十足的閱讀空間。

★矢崎公園煙火大會、諏訪神社煙火大會
8月中旬　矢崎公園（→P.56）、諏訪神社（→P.46）

8月於輕井澤所舉辦的煙火大會。16日先在矢崎公園施放，能欣賞美麗的水上煙火和盆舞大會。20日會在舊輕井澤的諏訪神社施放，除了煙火和神樂表演外，還有夜間攤販可逛。

認識 輕井澤 的 10 個關鍵字

KARUIZAWA KEYWORD

KEY 1 漫步森林

KEY 2 教堂

KEY 3 榆樹街小鎮

KEY 4 咖啡廳

KEY 5 舊輕銀座

KEY 6 暢貨中心

KEY 7 復古建築

KEY 8 藝術

KEY 9 騎自行車

KEY 10 駕車兜風

輕井澤是日本屈指可數的觀光地，擁有自然風光、觀光名勝、美食、購物等無窮魅力。以下將透過各關鍵字一一介紹輕井澤的推薦玩法！

KEY 1 漫步森林

隨季節更迭變換不同表情
美麗的綠洲水池

↺ 環繞池塘周圍的步道很適合悠閒漫步，走一圈約20分鐘

↺ 池塘四周有悠游於水面的野鴨，以及一大群形形色色的野鳥

●くもばいけ

雲場池

MAP 附錄② P.7 A-2
☎ 0267-42-5538(輕井澤觀光會館)

因過去曾有天鵝飛來此地而被暱稱為「天鵝湖」，為輕井澤的代表性景點。一年四季變化萬千的自然景觀，以及倒映著天空、如鏡面般的水面都是不可錯過的絕景。

▣ 自由參觀　▣ 輕井澤沢町六本辻
▣ JR輕井澤站車程5分
Ｐ 30輛(步行5分)

以御膳水(→P.56)為源流的縱長型池塘，為輕井澤當地著名的觀光景點

↺ 也是輕井澤著名的紅葉景點，秋天總是遊客如織

輕井澤站周邊

●かるいざわやちょうのもり 中輕井澤

輕井澤野鳥之森

MAP 附錄② P.12 D-2 **→P.64**

↺ 還可參加由專業嚮導帶領的森林生態之旅

有大量野鳥和動物棲息其間的天然森林

輕井澤隨處可見綠意盎然的景點，最具代表性的就是四季皆有不同風貌、自然景緻美不勝收的「雲場池」、「輕井澤野鳥之森」等地也很值得一遊。不妨輕鬆漫步享受從樹梢間灑落的陽光，吸取空氣中滿滿的負離子。

離輕井澤站不遠 視野絕佳的廣大公園

↺ 園內有座巨大水池，晴朗好天氣時可同時眺望到淺間山和離山

●やがさきこうえん

矢崎公園

MAP 附錄② P.7 C-4 **→P.56**

輕井澤站周邊

12

樸實的木造平房建築令人印象深刻，讓來訪者能感受到安詳寧靜的氛圍

↑溫潤木質色調的禮拜堂內鋪著大紅的地毯，瀰漫著神聖莊嚴的氣息

↖從大正時代使用至今，極為珍貴的美國製風琴
↗教堂前還立有亞歷山大・克羅夫特・蕭的銅像

長年來深受當地居民愛戴輕井澤的象徵性地標

●かるいざわせいパウロカトリックきょうかい

輕井澤 聖保羅 天主教教堂

MAP 附錄② P.9 C-1

➡ P.46

↑出自知名建築師安東尼雷蒙之手的嶄新建物

靜靜佇立於山林間輕井澤最古老的教堂

2 教堂

1 895（明治28）年由加拿大傳教士亞歷山大・克羅夫特・蕭等人創建，為輕井澤的第一座教堂。與基督教文化淵源流長的輕井澤當地有許多優美的教堂，參觀時請遵守禮儀保持安靜。

●かるいざわショーきねんれいはいどう

舊輕井澤

輕井澤 蕭紀念 禮拜堂

MAP 附錄② P.6 B-2 ☎0267-42-4740

舊教堂座落在舊輕銀座通的盡頭，四周林木環繞，由被稱為「輕井澤開發之父」的加拿大傳教士亞歷山大・克羅夫特・蕭等人於1895（明治28）年所建。

🕘9:00～17:00（冬季為～16:00）　休不定休
¥免費　⬛輕井沢町輕井沢57-1　🚃JR輕井沢站搭巴士4分，舊輕井沢下車，步行10分
P無

↗以三角屋頂為特徵的歷史教堂，每個週日都會舉辦福音禮拜

中輕井澤

●かるいざわこうげんきょうかい

輕井澤 高原教堂

MAP 附錄② P.12 D-2

➡ P.70

與繽紛綠意融合為一眾多文人聚集的教堂

↗8月和12月會舉辦點亮整座教堂的燭光夜活動

KEY 3 榆樹街小鎮

被河川沿岸森林環繞
現代時尚風格的小鎮

中輕井澤

榆樹街小鎮
MAP 附錄② P.12 D-2 → P.58

以「輕井澤的日常」為設計概念。個性店家和餐廳並排而立

◎「Sajilo Café Linden」能品嘗到道地尼泊爾的溫和口味咖哩

◎可以待在河畔邊的露天座聆聽潺潺流水聲。邊小歇片刻或享用午餐

◎到北歐古董羅列的「NATUR」逛逛高品味的雜貨

◎「Karuizawa Vegetable Kokopeli」選用當令食材所打成的果昔

高水準的餐廳、店鋪等設施林立，是星野度假區內不容錯過的熱門景點。川邊還規劃了可供休息的露台，不妨外帶美食或甜點來享受自在愜意的時光。

KEY 4 咖啡廳

採用獨特的烘焙技術
散發濃郁香氣的咖啡

店內有約翰藍儂的相關展示，即便不是粉絲也很值得參觀

◎位處於閒靜的別墅區，能在沉穩安靜的氛圍中品味咖啡

◎還能買到高品質的咖啡豆，種類豐富挑選起來也樂趣十足

南輕井沢

約翰藍儂深愛的秘境咖啡廳

在咖啡風氣越來越興盛的輕井澤當地，有多間可在散步途中順道造訪的精緻咖啡廳。不妨選個露天座吹著清爽的涼風，度過優雅的午茶時光吧。接下來為各位介紹兩家長年廣受好評的代表性名店。

露台區最裡面的位置就是約翰藍儂偏好的老位子

● りざんぼう
南輕井沢

離山房
MAP 附錄② P.11 C-1
☎0267-46-0184

OK （僅限露台OK）

為約翰藍儂夫妻倆經常上門光顧的咖啡廳。不妨點杯他們愛喝的藍莓汁邊欣賞生氣盎然的大自然，體驗一下約翰藍儂曾享受過的悠閒時光。

◎皇家香草冰淇淋800日圓與藍莓汁

🕙10:00～17:00（8月為9:00～）
🈺週三（會有臨時休業，12～3月為冬季休業）
💴離山房特製藍莓汁800日圓
🏠輕井澤町長倉820-96
🚉JR輕井澤站車程10分　P8輛

● まるやまこーひーかるいざわほんてん
南輕井沢

丸山珈琲
輕井澤本店
MAP 附錄② P.10 E-1
☎0267-42-7655

OK　NG

發源於輕井澤的咖啡專門店。由老闆親自遠赴海外直接採買高品質的咖啡豆，並以能發揮豆子本身風味的獨特技術進行焙煎，能品嘗到口感豐富又多層次的咖啡韻味。

咖啡會以法式濾壓壺端呈上桌。建議搭配隨季節變換口味的蛋糕一起享用

◎改裝自民宿餐廳的溫暖空間

🕙10:00～18:00　週二（逢假日和8月照常營業）
💴法式濾壓壺咖啡596日圓～、各式蛋糕420日圓～
🏠輕井沢町輕井沢1154-10
🚉JR輕井澤站車程5分　P11輛

14

KEY 5 舊輕銀座
きゅう かる ぎん ざ

一次滿足美食與購物需求
輕井澤的主要大街

舊輕井澤銀座通曾作為中山道輕井澤驛站而繁榮一時。如今則是餐廳、店家林立，成了輕井澤當地最熱鬧的街區。不僅可以盡情選購各種伴手禮，還能享用多樣外帶美食。

綿延約550m的大街上店家並排而立，人潮絡繹不絕氣氛熱鬧非凡

↖「輕井沢芳光 本店」陳列著許多很適合當伴手禮的精緻瓶裝美食
→P.36

↑「Bon Okawa」的輕井澤松露巧克力蛋糕1顆260日圓，位於教堂街輕井澤購物商場內
→P.39

↑「大坂屋家具店」的現代風格輕井澤雕小飾品，也可以作為禮物送人
→P.41

↖「輕井澤觀光會館」地處主街的中段位置，可以查詢觀光資訊或當成休憩空間使用
→P.11、38

↓「NICO cafe」位於輕井澤聖保羅天主教教堂的附近，能享用品質講究的咖啡及甜點
→P.45

↖來到舊輕銀座一定要嘗嘗「Mikado Coffee 輕井澤舊道店」著名的摩卡霜淇淋
→P.39

↑現烤麵包極具人氣的「Bakery & Restaurant SAWAMURA舊輕井澤」
→P.35、42

↑可至附設餐廳品嘗使用多樣信州食材製成的包餡披薩等佳餚

↗添加大量特選發酵奶油的招牌可頌

KEY 6 暢貨中心

佔地面積全日本規模最大的巨型購物中心

↖平日也能輕鬆穿搭的「Columbia Sportswear」防水夾克
→附錄①P.11

↖春裝必備的「nano·universe BASEMENT」披肩式衣袖套頭衫
→附錄①P.8

↖色系豐富的「LE CREUSET」茶具組
→附錄①P.9

↓腹地內還有水池、草坪區等諸多可享購物以外樂趣的設施

↖讓人不禁期待雨天到來的「AIGLE」橡膠製雨靴
→附錄①P.11

座落在輕井澤站南口正前方的「輕井澤王子購物廣場」，是進駐了約240間店鋪的巨大購物中心。除了廣泛多元的店家、美食餐廳外，兒童和寵物設施也十分完善，能感受有如置身於度假村般的氣氛。

輕井澤站周邊

●かるいざわプリンスショッピングプラザ
輕井澤・王子購物廣場
MAP 附錄② P.7 B-4　→附錄①

負責迎接訪客的阿爾卑斯館建於1936（昭和11）年，設有大廳、咖啡廳等設施，和洋融合的建築風格令人印象深刻

想來住一次看看創業120餘年的名門飯店

舊輕井澤

KEY 7

復古建築

History

萬平飯店

以「龜屋飯店」之名於1894（明治27）年開業，1902（明治35）年遷移至現址。1936（昭和11）年阿爾卑斯館落成，同時更名為「萬平飯店」。

●まんぺいホテル

萬平飯店

MAP 附錄② P.6 C-2

☎0267-42-1234

1894（明治27）年創業的名門飯店。也因約翰藍儂一家曾經下榻而名聞遐邇，飄散著古雅氛圍的建物如今依舊深受各界人士喜愛。

🕐自由參觀（史料室為7:30～22:00）　🈳無休　🏠輕井沢町輕井沢925　🚃JR輕井澤站車程5分　🅿90輛

Cafe Terrace請參閱 **P.30**
住宿請參閱 **P.103**

伴手禮 首選！

蘋果派
2020日圓
◯Cafe Terrace的人氣招牌，可以外帶回家好好品嘗

商店販售中

歷

輕井澤逐漸發展成為日本的避暑勝地。顧客中不乏名流的「萬平飯店」和「三笠飯店」是西式飯店的始祖，不妨前往參觀仍保留當時樣貌的歷史建物，感受一下昔日作為重要社交場所的氛圍。

經明治到昭和時期，

優美典雅的社交場所訴說著時代的風華

佇立於落葉松林間的美麗建物，可一窺當年的輝煌歷史風華

●きゅうみかさホテル

舊輕井澤

舊三笠飯店

MAP 附錄② P.6 A-1

☎0267-42-7072

明治時代由日本人自行設計的純西式木造飯店。選用當時最先進、最高級的設備，廣受眾多政經、文化界人士的青睞。1980（昭和55）年已被指定為國家重要文化財。

🕐9:00～16:30（17:00閉館）　🈳無休　💰成人400日圓，高中生、中小學生200日圓　🏠輕井沢町輕井沢1339-342　🚃JR輕井澤站搭巴士8分，三笠下車即到　🅿30輛

History

三笠飯店

1906（明治39）年由實業家山本直良所創設。因作為現代西洋文化的象徵而擁有高人氣，至1970（昭和45）年飯店結束營業為止，一直廣受眾人愛戴。

伴手禮 首選！

售票處販售中

馬克杯　各600日圓
◯印有三笠商標的萬用馬克杯

KEY 8 造 藝術

訪蒐集名作和傑出藝術品的特色美術館，也是輕井澤的觀光樂趣之一。以下介紹2間以現代藝術為主題的美術館，就算是門外漢也能看得津津有味。巧妙運用自然環境的展示手法也很值得注目。

世界級藝術品羅列 四周蓊鬱翠綠的美術館

雕刻作品散布其間的回遊式庭園，綠意和藝術完美地合而為一

認識輕井澤的10個關鍵字

●セゾンげんだいびじゅつかん 【中輕井澤】

SEZON 現代美術館

MAP 附錄② P.13 C-1 ☎0267-46-2020

展示安迪・沃荷和羅依・李奇登斯坦等世界級大師以及日本新銳藝術家的作品。庭園內隨處可見彷彿融入於扶疏綠葉中的雕刻作品，不妨悠閒漫步細細品味。

🕐10:00～17:30（11月為～16:30）休週四（8月無休，11月下旬～4月上旬休館，展示替換期間會有臨時休館）💴成人1500日圓，高中生、大學生 1000日圓，中小學生500日圓 ⛩軽井沢町長倉芹ヶ沢2140 🚌信濃鐵道中輕井澤站搭巴士8分，千ヶ滝温泉入口下車，步行7分 🅿30輛

收藏了從20世紀初到現代共計約500件的作品

安迪・沃荷的作品在整面牆上一字排開，令人嘆為觀止

推薦商品 首選！

館藏型錄 2600日圓
獨創的館藏型錄中還附有精闢的解說

吸引全世界的目光 日本本土的現代藝術

●かるいざわげんだいびじゅつかん 【中輕井澤】

輕井澤 現代美術館

MAP 附錄② P.12 E-4 ☎0267-31-5141

展示草間彌生、田中敦子、奈良美智等獲得全球好評的日本藝術家作品。館內為陽光自然灑落、開放感十足的空間，若與人物同框則允許拍照，可別錯過了在鍾愛作品前拍照留念的機會。

🕐10:00～17:00 休週二、三（逢假日則開館，黃金週、夏季無休，11月下旬～4月中旬為冬季休館）💴成人1000日圓，年長者、高中生、大學生800日圓，中小學生500日圓（附飲品和點心）⛩軽井沢町長倉2052-2 🚌信濃鐵道中輕井澤站車程4分 🅿20輛

寬敞的展示室內擺滿了現代藝術愛好者必看的作品

入館費中還包含了飲品和點心的服務，可以坐下來休息片刻

推薦商品 首選！

鑰匙圈 3024日圓
以草間彌生的代表作「南瓜」為設計主題的鑰匙圈

原創托特包 3900日圓

迷你小袋 1200日圓
與皮革工房「hands trust」共同合作的商品，顏色的選擇性也相當豐富

靜靜佇立於大自然中的美術館。2樓設有藝廊，並提供購買展示作品的服務

萬平飯店 吸睛焦點一覽！

大廳
擺放曾於大正時代使用過的復刻家具，營造出沈穩氛圍的大廳
大廳還裝飾有彩繪玻璃，描繪著驛站時代的輕井澤風景

彩繪玻璃

史料室的鋼琴
連約翰藍儂喜愛的鋼琴也展示在史料室內

舊三笠飯店 吸睛焦點一覽！

大廳
大廳仍維持著昔日社交場所的原貌
換算成現在的金額1晚約要價20萬日圓的大套房

大套房

2樓走廊
2樓走廊有復古時尚的美麗拱形牆，別有一番氣氛

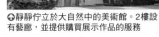

← 遵守交通規則和行車禮儀，享受安全的單車騎乘趣

自行車MAP、租賃資訊請參閱
（附錄②）
P.18

KEY 9

騎自行車

若要巡訪各觀光名勝，則推薦騎自行車出遊。吹著颯爽涼風、穿越林蔭隧道，心情也跟著舒暢了起來。輕井澤有很多自行車租賃店，甚至還提供可兩人共騎的協力車，不妨嘗試看看吧。

能聽到河川水聲的相思樹林蔭道

筆直的道路一路通往名門飯店

輕井澤站周邊

● まんぺいどおり
萬平通
MAP 附錄② P.7 C-1

連結輕井澤本通與萬平飯店的道路。可以聆聽野鳥的啁啾聲，一窺輕井澤古老美好的氛圍

● ささやきのこみち
輕井澤站周邊
細語小徑
MAP 附錄② P.7 C-1

矢崎川沿岸的步道，也曾在堀辰雄的著作《美麗村》中出現。潺潺的流水聲讓人聽得心曠神怡。

行經別墅區的散步道能感受輕井澤的道地風情

● みかさどおり
舊輕井澤
三笠通
MAP 附錄② P.6 B-2

從舊輕銀座通入口延伸至舊三笠飯店的道路，長約2km。落葉松林蔭道綿延，為典型的輕井澤風景

北輕井澤

可順道一遊的兜風景點首選！

← 高3m、寬70m的瀑布，如絹絲般滑落而下的水流極具美感

白絲瀑布
● しらいとのたき
MAP 附錄② P.14 C-3
→P.88

KEY 10

駕車兜風

從輕井澤市中心出發往北輕井澤的方向前進。一面開車兜風、一面眺望雄偉的淺間山，享盡馳騁的快感。還能造訪「白絲瀑布」、沿著鬼押HIGHWAY前往「鬼押出園」等知名景點，以及體驗各種高原戶外活動。

小心駕駛安全上路！

● おにおしハイウェー
北輕井澤
鬼押HIGHWAY
MAP 附錄② P.14 B-3 **→P.88**

邊遙望淺間山
邊享受暢快奔馳

鬼押出園
● おにおしだしえん
MAP 附錄② P.14 A-2
→P.89

↑由火山熔岩所形成的奇岩怪石，大自然的鬼斧神工令人震懾不已

與馬兒一起開心拍照

↑有提供出租馬具裝備的服務，空手前來即可體驗騎馬的樂趣

Asama Clair Riding Circle
→P.90
● あさまクレールライディングサークル
MAP 附錄② P.14 C-2

↑至群馬縣嬬戀村為止全長約16km的收費道路，沿路可眺望淺間山

信濃鐵道的車站復活再生

舊站舍搖身一變成為「懷舊與新穎的車站」

擁有歷史價值的舊輕井澤站舍紀念館保存了原本的建物和典雅設計，於2017年10月正式以信濃鐵道輕井澤站之姿對外亮相。除了新增咖啡廳、可供孩童玩樂的休息室等設施外，2018年3月又陸續推出了小小孩遊戲區以及購物區。

しなのてつどうかるいざわえき

信濃鐵道輕井澤站

MAP 附錄② P.7 B-4　☎0267-42-6257
🕐6:00～22:00（窗口營業時間）
所軽井沢町軽井沢1178
Ｐ無

©EIJI MITOOKA +
DON DESIGN ASSOCIATES

1備有各式各樣遊具的休息室「森林的小松鼠兒童俱樂部」。入館費1名大人＋1名孩童300日圓（每追加1名大人200日圓，每追加1名孩童100日圓）　2可至咖啡廳「茶菓幾右衛門」（→P.57）品嘗「桜井甘精堂」的栗子甜點　3明亮氛圍的月台

4由保留明治時代風貌的舊輕井澤站舍紀念館改建而成的舊站舍口　5觀光列車「ROKUMON」的候車室，改裝自原先紀念館內的貴賓室　62018年3月開幕當時的新空間示意圖

非吃不可的輕井澤吐司

試吃評比各家的獨特口味

輕井澤的法式吐司「輕井澤吐司」，從數年前開始人氣逐漸高漲。各式各樣的店家也紛紛推出精心調製配方的輕井澤吐司，不妨多嘗試幾家找出自己最愛的風味吧。

ELOISE's café
→P.23

まんぺいホテルカフェテラス

萬平飯店
Cafe Terrace
→P.30

Cafe Le
Petit Nid 3
→P.83

1「萬平飯店 Cafe Terrace」的法式吐司1901日圓　2「ELOISE's cafe」傳教士最愛的法式吐司1058日圓　「Cafe Le Petit Nid 3」的預約制法式吐司1000日圓

約翰藍儂的淵源地

在輕井澤尋訪約翰藍儂的足跡

揚名全世界的音樂人約翰藍儂，曾在1970年代與家人多次來輕井澤度假。「萬平飯店」和「離山房」、「French Bakery」等都是約翰藍儂喜愛的場所，不妨親臨造訪懷念一下巨星的丰采吧。

まんぺいホテル

萬平飯店
→P.16、30、103

French Bakery
→P.34

離山房
→P.14　りざんぼう

1在約翰藍儂經常下榻的「萬平飯店」內仍保留著他曾彈奏過的鋼琴，還能品嘗應約翰藍儂的要求特別調配出的皇家奶茶　2「French Bakery」的法國麵包是他的最愛　3「離山房」展示有約翰藍儂的親筆素描、實際使用過的杯子等物品

19

超充實行程

走訪拍照景點與
滿足購物慾望

一石二鳥的旅遊路線

利用公共交通工具遊遍各大觀光名勝的行程。不僅有許多必訪的拍照景點，還能盡情採買伴手禮、將暢貨中心逛個夠。

8 個關鍵字達成！

KEY 1 漫步森林	KEY 2 教堂	KEY 3 榆樹街小鎮
KEY 4 咖啡廳	KEY 5 舊輕銀座	KEY 6 暢貨中心	KEY 7 復古建築	KEY 8 藝術

第 2 天

9:30 START！輕井澤站

巴士 5 分

10:00 中輕井澤

KEY 8 藝術
輕井澤現代美術館
欣賞藝術
→ P.17

↑只要與人物同框即允許拍攝作品是該美術館的特色亮點

巴士 15 分

12:30 中輕井澤

KEY 3 榆樹街小鎮
榆樹街小鎮
購物&午餐
→ P.58

↑可在悠哉的氛圍中，享受逛雜貨、吃美食的樂趣

步行 5 分

15:00 中輕井澤

KEY 2 教堂
參觀輕井澤高原教堂
→ P.70

↑完全融入翠綠林木間的三角屋頂教堂很適合取景拍照

巴士 20 分

16:00 輕井澤周邊

KEY 6 暢貨中心
輕井澤王子購物廣場
逛街採買
→ 附錄①

↑要在腹地廣大的暢貨中心購物，最好先鎖定目標再開始逛

步行即到

18:00 GOAL！輕井澤站

第 1 天

10:00 START！輕井澤站

巴士 4 分

10:30 舊輕井澤

KEY 5 舊輕銀座
舊輕銀座
購物&午餐
→ P.38

輕井澤 川上庵 本店

↑店內羅列著各種蕾絲布和雜貨（→P.41）

大城レース 夏の店

↑容器也很可愛的布丁果醬，可買來當伴手禮（→P.36）

grocery court Cerfeuil 輕井沢銀座店

↑午餐就到輕井澤首屈一指的名店享用信州蕎麥麵（→P.28）

步行 5 分

13:00 舊輕井澤

KEY 2 教堂
參觀輕井澤蕭紀念禮拜堂
→ P.13

↑輕井澤最具代表性的教堂，佇立盎然綠意間，宛如一幅畫般

步行 5 分

13:30 舊輕井澤

KEY 4 咖啡廳
在旧輕井沢Cafe涼の音品味咖啡時光
→ P.25・45

↑由已登錄為國家有形文化財的建築物改裝而成，並且沿用舊有的暖爐和家具

步行 10 分

14:30 舊輕井澤

KEY 7 復古建築
造訪萬平飯店
→ P.16

↑輕井澤著名的老字號飯店，不妨到Cafe Terrace休息坐坐吧

步行 20 分

16:00 輕井澤站周邊

KEY 1 漫步森林
悠閒遊逛矢崎公園
→ P.56

淺間山　離山

↑天氣晴朗時從遼闊的園內能同時眺望到淺間山和離山

步行 3 分

17:00 輕井澤站 → 前往飯店 Check in！

透過騎自行車和開車
延伸觀光範圍

盡享戶外活動的旅遊路線

推薦給喜歡騎自行車或親近大自然等喜愛動態活動的人。可以騎著自行車或自駕兜風，除了能夠玩遍輕井澤的著名觀光景點外，也能充分享受動態活動！

7個關鍵字達成！

| KEY 1 漫步森林 | KEY 3 榆樹街小鎮 | KEY 4 咖啡廳 |
| KEY 5 舊輕銀座 | KEY 7 復古建築 | KEY 9 騎自行車 | KEY 10 駕車兜風 |

將**關鍵字**排列**組合**

2天1夜

以下是將代表輕井澤觀光重點的關鍵字排列組合後的推薦行程，初次造訪輕井澤的旅客請務必參考看看。

第2天

9:30 *START !* 輕井澤站

開車15分

第2天改**開車**出遊!
租車資訊 ➡ 附錄②P.15

KEY 10 駕車兜風

10:00 中輕井澤

KEY 1 漫步森林

輕井澤野鳥之森 參加生態之旅
➡ P.64

↷在專業嚮導的解說下，體驗親近大自然的樂趣

步行即到

12:30 中輕井澤

KEY 3 榆樹街小鎮

榆樹街小鎮 享用午餐
➡ P.60

il sogno

↑到榆樹街小鎮內的人氣店品嘗高水準的義式午餐

開車20分

13:30 北輕井澤

Asama Clair Riding Circle 體驗騎馬
➡ P.90

↷在教練細心的指導下，即便初學者也能學會基本的騎馬技巧

開車15分

15:00 北輕井澤

造訪白絲瀑布
➡ P.88

↷能欣賞新綠、紅葉、雪景等四季各自不同的瀑布風情

開車25分

16:00 南輕井澤

TSURUYA 輕井澤店 選購伴手禮
➡ P.79

↑為當地居民的御用超市，自有品牌商品種類豐富

開車15分

17:00 *GOAL !* 輕井澤站

第1天

10:00 *START !* 輕井澤站

自行車10分

第1天先騎**自行車**出遊!
自行車租賃資訊 ➡ 附錄②P.18

KEY 9 騎自行車

10:15 輕井澤站周邊

KEY 1 漫步森林

徒步遊逛雲場池
➡ P.12

↷漫步在景色優美的池畔，吸收滿滿的負離子

自行車20分

11:15 舊輕井澤

KEY 7 復古建築

參觀舊三笠飯店
➡ P.16

↷輕井澤的代表性歷史建築物之一，能感受古老美好的時代氛圍

自行車10分

12:30 舊輕井澤

KEY 5 舊輕銀座

舊輕銀座 享用午餐
➡ P.38

舊輕銀座通一到夏天會禁止自行車通行，請多加留意行走路線

Sajilo Cafe forest

↑午餐來份辣味溫和的尼泊爾咖哩為身體補足能量(→P.42)

自行車35分

14:00 南輕井澤

輕井澤ICE PARK 玩樂去
➡ P.82

↷全年皆開放使用的日本最大規模冰壺館，能體驗看看目前很夯的冰壺運動

自行車10分

15:30 南輕井澤

KEY 4 咖啡廳

到離山房度過咖啡時光
➡ P.14

↷深得約翰藍儂青睞的咖啡廳，能眺望整片的綠意邊輕鬆小憩

自行車20分

17:00 輕井澤站 ➡ 前往飯店 *Check in !*

認識輕井澤的10個關鍵字

2天1夜玩遍輕井澤!

依主題
分類介紹
輕井澤的美食

美味可口

幸福好滋味

Happy Gourmet

輕井澤有各式各樣的魅力美食齊聚。不妨倘伴在高原清新宜人的空氣中,從早餐到午餐、晚餐盡享嚴選的道道佳餚,感受幸福的美好滋味。

機會難得,早點起床吧

極具特色的

早餐

來到涼爽的高原度假豐不浪費時間,當然從一大早就要享受美食呀!不妨比平常早一點起床,出門享用美味的特色早餐,每一家店都很熱門,因此必須事前預約。

蓬鬆外觀十分吸睛的雞蛋泡泡芙,口感外酥內軟。附湯的套餐價1200日圓

靜謐森林中的獨棟咖啡廳為掀起輕井澤早餐風潮的始祖

店內空間採木質調的風格,森林綠意圍繞的露天座位則可帶寵物同行

別墅地,排隊候位和停車的時候,請保持安靜座落在森林間的閑靜

班尼迪克蛋附馬鈴薯塊

1100日圓

供應時間 6:30~12:30
(11~3月為7:00~)

荷蘭醬是關鍵的紐約知名美食。副菜為馬鈴薯塊,還能吃到大量的蔬菜

中輕井澤站周邊

Breakfast & Café
CABOT COVE

MAP 附錄② P.5 B-3 📞 0267-31-5078

位居幽靜林間別墅地的獨棟咖啡廳。可於沉穩氛圍的露台和店內,品嘗店主夫妻倆曾在美國當地吃過的班尼迪克蛋等傳統美式早餐。

⏰6:30~12:30 (11~3月為7:00~。黃金週、旺季期間採完全預約制,而且僅提供套餐)
🈳週三、四 (逢假日、黃金週、盂蘭盆節則營業)
💴鬆餅套餐1200日圓 (若點附飲品的套餐,飲品可折價100日圓) 🚃輕井沢町追分78-26 🚕信濃鐵道信濃追分站車程10分
🅿8輛 (有臨時停車場) 👶OK 🐾(僅限露台)OK

陽光穿過樹梢灑入,整片綠意近在眼前的開放式空間

如西班牙開胃菜般盛放在小容器內的前菜和甜點,繽紛的色彩讓心情也跟著雀躍起來

中輕井澤

No One's Recipe

MAP 附錄② P.13 C-2
📞 0267-46-6200

四周被高原綠意和陽光包圍的餐廳。品嘗飄散濃郁蕎麥香氣的鹹可麗餅、自助餐桌上五顏六色的前菜和沙拉,也為晨間的清新時光增添一抹繽紛,清爽晨光。

⏰7:00~9:30 🈳無休
🏠輕井沢星野 星野集團Karuizawa Hotel Bleston Court內 🚃JR輕井澤站搭巴士15分,星野溫泉トンボの湯下車,步行5分 🅿160輛
👶OK 🐾NG

法式早餐

3456日圓 (服務費另計)

供應時間 7:00~9:30 (最後入店)
※須事前預約

附季節時蔬的鹹可麗餅,可依法國布列塔尼地方的習慣搭配蘋果酒一起享用

在充滿綠意與陽光的空間品嘗豪華的全餐式早餐

中輕井澤
BELL'S CABIN
Cafe and Guest House

MAP 附錄② P.12 E-3 　☎0267-45-1963

能吃到招牌商品BLT三明治、Q軟鬆餅的居家風格咖啡廳。就在舒適宜人的空間，搭配一杯原創的特調咖啡迎接一天的開始吧。

🕐6:30～11:00（10～6月為7:30～）
休週四、第4週三
¥咖啡480日圓
所輕井澤町長倉2348-12
🚉信濃鐵道中輕井澤站步行12分
P12輛

😊OK　🐾（僅限露台）OK

BLT & EGG 三明治
620日圓
供應時間 6:30～11:00
（10～6月為7:30～）
自家製培根與大量蔬菜、荷包蛋的絕搭組合，與鬆餅同為早餐人氣首選

↑宛如到朋友家作客般輕鬆自在的氛圍

↑2樓是營業中的旅館，老闆夫妻倆的服務親切，極受好評

可以脫下鞋好好放鬆休息，享用家庭式咖啡廳的著名BLT

南輕井澤　シェリダン
SHERIDAN

MAP 附錄② P.11 C-3 　☎0267-31-6005

重現芝加哥傳統風味的早餐＆早午餐專門店。以烤箱烘烤的蛋包飯和鬆餅份量飽滿，讓人一早就吃得心滿意足。

🕐6:30～14:00（11～3月為7:30～）
休週三（11～3月為週三、四）
¥咖啡、紅茶各500日圓，瑞士風俄羅斯酸奶牛肉560日圓
所輕井澤町發地1166-50
🚉信濃鐵道中輕井澤站車程15分
P10輛

😊OK　🐾（僅限露台）OK

↑店家位於別墅區。每當早晨的陽光灑落進來，溫暖祥和的氛圍也油然而生

加了奶油鮭魚蛋包酪的煙燻鮭魚蛋包酪 1180日圓

自製培根與荷包蛋的鑄鐵鍋料理
1280日圓
供應時間 6:30～14:00
（11～3月為7:30～）
在馬鈴薯泥和大量蔬菜的上面鋪上培根與荷包蛋，分量十足可供分食享用

超級吸睛的美式分量！菜色多元的芝加哥名物

在悠閒的早餐時光品味一流廚師的道地法國菜

鬆軟蛋包飯佐法式燉菜
1800日圓
供應時間 7:30～10:00
（冬季為10:00～11:30）
口感蓬鬆的蛋包飯與法式燉菜一起吃十分對味！另附可頌、沙拉、優格和飲料

輕井澤站周邊　キッチンアンドカフェパスティス
Kitchen&Cafe
PASTIS

MAP 附錄② P.7 C-4 　☎0267-27-0908

老闆兼主廚曾任職當地飯店的副料理長，能在輕鬆的氛圍中享用正統法國菜。除了早餐外，選用帶骨鴨腿肉、信州蓼科豬肉為食材的午餐菜色也廣受好評。

🕐7:30～18:00（有季節性變動）
休週二（逢假日則營業）
¥午餐1300日圓～
所輕井澤町輕井澤東32-17
🚉JR輕井澤站步行5分
P無

😊國中生以上OK　🐾（僅限露台）OK

↑矢崎公園就近在眼前，從輕井澤站過來交通十分便利

↑店內環境明亮整潔。早餐菜單中的法式吐司（1000日圓，附咖啡）也很受歡迎

南輕井澤
ELOISE's cafe

MAP 附錄② P.10 E-2 　☎050-5835-0554

咖啡廳改裝自建築師吉村順三所設計的「Harmony House」。可在北歐家具與大片落地窗營造的開闊空間中，享用法式吐司、班尼迪克蛋等美味早餐。

🕐8:00～14:30（15:00打烊）
休無休（1月中旬～3月中旬為冬季休業）
¥信州蘋果汁734日圓、班尼迪克蛋1382日圓
所輕井澤町輕井澤1067-9 Harmony House
🚉JR輕井澤站車程5分
P10輛

😊OK　🐾（僅限露台）OK

傳教士最愛的法式吐司
1058日圓
供應時間 8:00～14:30（最後點餐）
將傳教士引進的麵包做成蓬鬆柔軟的法式吐司，蜂蜜＆鮮奶油搭配咖啡一起品嘗實為絕配

↑座落於四周林木蒼翠的自然環境中，室外還設有寵物可以同桌的露天座

↑店內置有北歐設計的古董椅，呈現出簡約時尚的空間感

由音樂館改裝而成佇立於山林間的咖啡廳

蛋糕套餐 **950日圓**
提供2、3種甜點，口味則是每日替換。餐具選用Wedgwood之類的高級品牌，營造出優雅的氛圍

區塊主題。各個空間有不同風格的設計，區分成幾個個室內裝潢。十分漂亮店內空間分成幾個歐洲風格的設計

南輕井澤
Café L'Abeille

 MAP 附錄② P.11 C-2 ☎0267-41-6575

以選用全國各地講究食材為自豪特色的庭園咖啡廳。正如法文中意為蜂蜜的店名，會在料理中添加蜂蜜當作提味之用。每日替換的手作甜點也相當具有人氣。

🕐11:00～17:00 休週二（9、10月為週二、三公休，6月、11月下旬～4月下旬休業）¥午間盤餐套餐1550日圓～、和牛菲力牛排套餐3650日圓 所輕井沢町長倉764-25 🚙JR輕井澤站車程10分 Ⓟ8輛
😊OK 🐾（僅限露台）OK

宛如來到別墅作客般洋溢著優雅氣息的咖啡廳

從舒適的露天座能放賞各個季節的美麗風景

享受緩慢流逝的恬意時光

綠意療癒的咖啡廳

咖啡廳的四周被美不勝收的新綠與從樹梢灑落的陽光環繞，充滿輕井澤的風格特色。可在沉穩氛圍的店內或視野開闊的露天座感受大自然的療癒力量，同時享受輕鬆自在的片刻時光。

從簡約沉穩色調的店內可以遠眺淺間山

宛如置身於北歐鄉村般視野絕佳的週末咖啡廳

肉桂捲 **378日圓**
帶有濃郁小豆蔻香氣的北歐風肉桂捲。使用當季果物製成的水果塔也很暢銷

南輕井澤 カフェアンミ
CAFE ammi

MAP 附錄② P.11 A-3
☎0267-31-5181（ひゅーまにあ軽井沢）

高質感藝廊「RATTA RATTARR」僅於週六日以咖啡廳之姿對外營業。可在北歐風格擺設的精美店內，品嘗以當地食材製成的開放式三明治和自製甜點。

🕐11:30～16:00（16:30打烊）休平日、假日（12月上旬～4月中旬為冬季休業）¥開放式三明治1296日圓、咖啡540日圓 所輕井沢町長倉950 🚃信濃鐵道中輕井澤站車程10分 Ⓟ12輛
😊OK 🐾（僅限露台）OK

（→P.86）鄰近Le Vent美術館，腹地內還設有雜貨鋪

在寬敞的露天座悠閒享用美味的戚風蛋糕

⬆附屋頂的木板露台即便下雨天也無妨，寵物也可一同入座

戚風蛋糕 **630日圓～**
口味每天不同，隨時備有3～4款任君挑選。搭配飲料的套餐為1150日圓，提供種類豐富的紅茶等品項

輕井澤站周邊
Magnolia

MAP 附錄② P.6 A-3 ☎0267-41-1330

位於離山通沿路上的咖啡廳，開放式的露天空間令人印象深刻。與紅茶一起享用的蛋糕套餐廣受歡迎，手作戚風蛋糕的鬆軟口感加上輕盈滑順的鮮奶油簡直是絕配。

🕐11:00～18:00 休週三（逢假日則營業，11月中旬～4月中旬為冬季休業）¥義大利麵1380日圓～ 所輕井沢町輕井沢1245-2 🚶JR輕井澤站步行15分 Ⓟ5輛
😊OK 🐾（僅限露台）OK

美味可口
幸福 好滋味

在森林中的藝廊咖啡廳，透過波斯菊畫和大自然撫慰心靈

↑在小鳥嘰喳聲不絕於耳的寬敞露天座，可以忘卻時間的流逝好好放鬆休息一下

置身於隱密氣氛圍的咖啡廳，感受古老美好的輕井澤風情

綠意療癒的咖啡廳

↑能在盎然綠意環繞的露天座享受悠閒自在的時光

南輕井澤　ギャラリーカフェフォレストコスモス

ギャラリーカフェ
Forest cosmos

MAP 附錄② P.11 B-3　☎0267-44-6540

畫家Araki Yumi的藝廊咖啡廳，透過波斯菊表達出心象風景的創作獲得極高評價。裝飾著畫作的挑高室內以及面朝綠蔭森林的露天座，皆為開闊感十足的空間。

🕐10:00～17:00（冬季為～15:00）
休不定休（有臨時休業和冬季休業，需洽詢）💰蛋糕套餐864日圓
所輕井澤町長倉193-143
🚋JR輕井澤站車程12分 Ｐ10輛

小學生以上 OK
僅限露台OK（需繫繩）

↑能脫下鞋子好好放鬆的店內，也有販售畫集之類的波斯菊相關商品

巧克力蛋糕 540日圓
（附飲料的套餐為864日圓）
外層裹上濃郁巧克力醬的蛋糕，杯盤的款式也與店家氣氛相當契合

中輕井澤周邊　みかげちゃや

MIKAGE·CHAYA

MAP 附錄② P.5 A-3　☎0267-45-2275

咖啡廳位於追分的別墅區內。在綠葉扶疏的幽靜空間內品嘗自家焙煎的特調咖啡別有一番風味，小米善哉紅豆湯等與咖啡十分對味的日式甜食和鹹食餐點也都很受歡迎。

🕐11:00～17:30（18:00打烊）
休週一、第4、5週二（冬季有不定休）💰本日咖啡550日圓、小米善哉紅豆湯750日圓 所輕井澤町追分89-2 信濃鐵道信濃追分站車程5分 Ｐ8輛

OK
僅限露台OK

甜點套餐 950日圓
迷你白玉鮮奶油餡蜜加上蕨餅的套餐，還附咖啡或紅茶相當超所值

↗靜靜地流瀉著爵士樂的空間。店內還提供販售咖啡豆的服務

刻劃下輕井澤的歷史 登錄為有形文化財的咖啡廳

位於林木間的露天座，可以邊欣賞古老建物邊享受片刻寧靜

舊輕井澤

旧軽井沢Cafe
涼の音

きゅうかるいざわカフェすずのね

MAP 附錄② P.8 F-3　☎0267-31-6889

咖啡廳改裝自已登錄為國家有形文化財的建築物，歷史可追溯至明治末期～大正初期。在昔日風貌依舊的復古氛圍中，點杯五彩繽紛的飲品好好悠閒一下吧。

🕐9:00～17:00 休週三（夏季無休，12～3月為冬季休業）💰咖啡540日圓、午間餐點1080日圓～ 所輕井澤町旧輕井澤972（旧サロモン別莊）
🚋JR輕井澤站搭巴士4分，旧輕井澤下車，步行10分 Ｐ無

OK
僅限露台吧檯座OK

香橙塔 648日圓
除了餘韻清爽的香橙塔外，還有4款蛋糕可選。顏色鮮豔的檸檬水為648日圓

←可一窺當年輕井澤成為新興別墅區的歷史氛圍

Spaghetti alla partinove
1296日圓

番茄奶油醬搭配酥炸蝦卵的滑順口感，簡直是絕品！分量充足，連男生也能吃得很飽

味道和分量都讓人滿意！
總是大排長龍的超人氣義式餐廳

↑於2018年邁入20周年的人氣餐廳，還會舉辦有趣的活動以及推出限定菜色

↓以鐵板盛盤讓披薩保持在熱呼呼的狀態（照片中為Esperto披薩1782日圓）

輕鬆享用
美饌佳餚

午餐人氣店

輕井澤聚集了許多魅力十足的餐廳，有和食、西餐、野味全都一應俱全。接下來將針對最值得推薦的午餐的不妨挑選推薦午餐的好味道。

以高價一點的法國菜等素食、有稍微高價一點的法國菜等店家。本店一一介紹名店的好味道。

輕井澤站周邊
Trattoria Primo　義大利菜

MAP 附錄② P.7 A-2　☎0267-42-1129

不接受預約，旺季期間的午晚時段會按先後順序只限200人入店，因此每每在開店前就已經大排長龍。種類豐富的鐵板披薩和義大利麵風味絕佳，的確有排隊的價值。

⏰11:30～14:45、17:00～21:15（不可預約。午間、晚間時段皆依先來後到入座，各限定200名顧客）　休不定休　¥義式沙拉918日圓　所輕井沢町輕井沢330-8　➡JR輕井澤站步行15分　P17輛

OK　NG

↑店內的桌位間距寬敞，空間極具開放感

輕井澤站周邊　アトリエドフロマージュかるいざわピッツェリア
Atelier de Fromage　義大利菜
輕井沢PIZZERIA

MAP 附錄② P.7 B-3　☎0267-42-0601

從料理到甜點皆使用廣受國內外好評的自家製乳酪為食材，超薄餅皮與濃郁乳酪完美融合的披薩更是非吃不可。

⏰11:30～15:00、17:00～20:00（有季節性變動）　休週四　¥披薩1620日圓～、乳酪火鍋1728日圓　所輕井沢町輕井沢東22-1　➡JR輕井澤站步行6分　P無

OK　僅限露台OK需洽詢

↑店內走樸實溫暖的木屋風格，猶如進到了乳酪工房般

咬下口感酥脆的披薩
享盡自家製乳酪的美味

是盛況空前，若想避開人潮，最好一想午餐時段每天都開店就上門

午間套餐
(2名)4968日圓

包含沙拉、披薩、義大利麵or咖哩的套餐，能大飽口福店家最自豪的乳酪。每道餐點都可從3～4種類中任選

Vegibier
漢堡排三明治
1836日圓

鹿肉＆野豬肉漢堡排搭配滿滿的高原蔬菜！營養滿點又低熱量，還能欣賞美麗的橫切面

野味肉排＋高原蔬菜的三明治
即便大快朵頤也健康無負擔！

輕井澤站周邊　かるいざわベジビエ
KARUIZAWA Vegibier　野味料理

MAP 附錄② P.7 B-4　☎0267-41-6939

以高原蔬菜和野味製成的餐點種類十分多元的咖啡餐酒館。健康和分量兼具的三明治也提供外帶服務，晚上還能享受小碟料理、葡萄酒的酒館氛圍。

⏰11:00～14:30、17:30～21:30（各為1小時後打烊，時間可能會有變動）　休週四　¥Vegibier鹿肉咖哩1512日圓　所輕井沢町輕井沢東184-1　➡JR輕井澤站步行15分　P5輛

OK　部分OK

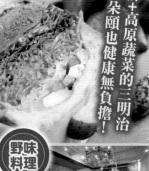

↑店內環境舒適，並設有適合晚上小酌一杯的吧檯座

↑能輕鬆品嘗野味料理，還不時會推出季節菜色

午餐人氣店

兼顧美味口感
又不造成身體負擔的全素料理

時令高原蔬菜與
小番茄的
純素法式鹹派

1674日圓

不加蛋只使用全麥餅皮和豆腐、高麗菜製成的健康鹹派，另附義大利蔬菜湯

中輕井澤周邊　アールケーガーデン
RK GARDEN

全素
料理

⬆餐廳就位在園「FLOWER FIELD」一隅

MAP 附錄② P.5 B-2　☎0267-31-5330

有機餐廳內只提供完全不使用動物性食材的全素料理。光置身在裝飾著各式各樣花草如同森林般的店內，彷彿就有促進身心健康的功效。

🕐9:00～15:00（夏季需洽詢）
休週二（11～3月為冬季休業）
¥咖啡432日圓、豆漿覆盆子全素慕斯1080日圓
所輕井沢町追分1138-1
🚉信濃鐵道信濃追分站車程3分
🅿20輛（利用追分宿停車場）

添加素肉和豆漿的紅醬千層麵1566日圓（附天然酵母麵包）

意⬇店內皆為露天座因此沒有窗戶，能充分感受綠意、涼風等大自然的氣息

🐾OK
🐾OK

午餐時段不到5000日圓就能享受！ ⭐ 吃法國餐犒賞自己 ⭐

在知名的民宿餐廳享受
正統派法國菜的五感饗宴

午間全餐
3900日圓（服務費另計）
主餐其中一例的松露風味香煎小牛肉。選用嚴選食材烹調的全餐菜色，無論任何季節來訪都會有不同的驚喜

輕井澤站周邊
Auberge de Primavera

MAP 附錄② P.7 B-3　☎0267-42-0095

創業迄今將邁入第23年的知名法國菜民宿餐廳。能品嘗結合主廚精湛技藝與品味的道地法國菜，大啖自家農園的無農藥蔬菜、產地直送的海鮮等季節美味。

🕐12:00～13:45、17:30～21:00
休第3週三（夏季無休，冬季會有休業）
¥晚餐9800日圓～
所輕井沢町輕井沢1278-11
🚉JR輕井沢站步行10分
🅿20輛

👤10歲以上OK
🐾僅限露台OK

⬆前菜的其中一例，以自家農園無農藥蔬菜製成的醃漬信州鮭魚

⬆前菜的其中一例，多彩高原蔬菜與螯蝦的法式肉凍

南輕井澤　むさいあんいけだ
無彩庵 池田

MAP 附錄② P.11 C-1　☎0267-44-3930

能吃到使用無農藥蔬菜和信州鮭魚等當地產的食材，加上曾於名店磨練廚藝的主廚所打造的創意法國菜。盎然綠意、自然光環繞的溫暖空間也很吸引人，能感受季節的更迭變化。

🕐11:00～13:00、17:00～20:00　休週二
¥晚間全餐5500日圓～
所輕井沢町長倉1891-50
🚉JR輕井沢站車程6分
🅿5輛

👤OK（旺季期間NG）
🐾NG

⬆隱身在扶疏綠蔭之間，充滿秘境般的氛圍

午間全餐
3300日圓（服務費另計）
融入日式食材和調味料、跳脫傳統法國料理框架的全餐菜色吸睛度十足

發揮食材原本的特性
充滿玩心的創意法國菜

⬆陽光恣意地灑入店內，窗外的自然景色就好似一幅畫作般

⬇佇立於能欣賞輕井澤四季景致變化的大自然中

⬆能眺望美麗的中庭景色，池塘邊布滿著如天鵝絨般的青苔

⬆連細部都相當講究，房型皆為小套房格局的住宿空間

美饌佳餚 輕鬆享用！

午餐 人氣店

↑能吃到蕎麥顆粒口感的自家製蕎麥味噌730日圓，搭配日本酒很對味

↓充滿優雅時尚感的店家外觀，晚間時段的餐酒館形式也很受歡迎

天麩羅蒸籠蕎麥麵（上）
2257日圓
午間餐點的人氣No.1。兩支極具視覺效果的帶頭尾特大號炸蝦搭配多款蔬菜天麩羅，吃起來相當有飽足感！

←與輕井澤風景和諧相融的講究空間

充滿時尚氣息和小菜類也很齊全
單品料理和小菜類也很齊全的蕎麥麵店

舊輕井澤 かるいざわかわかみあんほんてん

輕井澤 川上庵 本店　蕎麥麵

MAP 附錄② P.9 A-4　☎0267-42-0009

能在簡約空間風格的名店內，品嘗香氣濃郁、入口滑順的招牌蕎麥麵。不妨將豐富的單品料理當成下酒佳餚搭配信州當地酒或葡萄酒享用，最後再來一碗蕎麥麵收尾。

🕐11:00~21:00（旺季期間為~22:00）
休無休　¥在地現採蔬菜沙拉1296日圓、核桃醬汁蒸籠蕎麥麵1296日圓
所輕井沢町輕井沢6-10　🚃JR輕井澤站搭巴士4分，舊輕井下車即到
P午間時段無（17:00~才有）

👶OK　🐾僅限露台OK

南輕井澤 とうま

東間　蕎麥麵

MAP 附錄② P.10 F-4
☎0267-44-6566

當店自豪的蕎麥麵為粗磨蕎麥粉製成的細切麵條，口感滑順、搭配麵汁超對味。與蕎麥麵的人氣度不相上下的酥炸牛蒡、高湯雞蛋捲等單品料理，也很值得一嘗。

🕐11:00~15:00、18:00~21:00（以預約客人為優先）　休週二（夏季無休）
¥蕎麥麵880日圓~、單品料理500日圓~、晚間的火鍋全餐4000日圓~
所輕井沢町發地1398-58　🚃JR輕井澤站車程6分　P13輛

👶OK　🐾僅限露台OK

6備有包廂的店內充滿悠閒的氣氛，讓人感覺舒適自在

露天座←能在綠意環繞的庭園品味蕎麥麵也是輕井澤特有的享受

盛蕎麥麵
880日圓
能品嘗到蕎麥麵原本風味與清爽口感的必點招牌，以現刨柴魚片煮成的麵汁也毫無雜味

在一片盎然綠意的露天座享用滑溜順口的細切蕎麥麵

搬家遷址後仍然不變的好味道
以秘傳醬料為美味關鍵的雞肉料理

烤雞椀
1290日圓
炭火烤雞肉的彈牙口感與秘傳醬料讓人食慾大開的招牌菜，還提供外帶990日圓的服務

→沾上特製辣味醬料享用的「Mushiri」990日圓

輕井澤站周邊

わかどり　烤雞

MAP 附錄② P.7 B-1
☎0267-42-4520

排隊人潮絡繹不絕的人氣老字號雞肉料理店，2017年12月才從網球場通遷移到輕井澤本通上。以特製窯爐蒸烤而成的烤雞肉串及名為「Mushiri」的烤雞大腿，依舊是極品美味！

🕐12:00~14:00、17:00~20:00
休週二（冬季為不定休）休
¥烤雞肉串2支400日圓、炸雞塊650日圓　所輕井沢町輕井沢3-4　🚃JR輕井澤站步行18分
P4輛

👶OK　🐾NG

↑遷移至從舊輕井澤圓環往輕井澤本通方向走約200m的場所

←以吧檯座為主的店內利用溫潤的木質色調營造出明亮氣氛

以大量信州食材料理的和食
讓人釜鍋飯一口接著一口

→酢重信州五彩拼盤2721日圓,可以一次吃到信州鮭魚、時節蔬菜等信州食材

和食

黑醋拌炒多彩時蔬與信州豬肉
（附白飯的午間套餐）
1944日圓
信州豬肉搭配彩椒和糯米椒、配色豐富的一道熱門菜色,溫和風味的黑醋醬十分下飯

→店內以黑色為基調,晚間則成了能享受多款當地酒、葡萄酒的日式餐酒館

→店面位於舊輕井澤圓環的附近,隔著街道的對面就是酢重正之商店

舊輕井澤 レストランすじゅうまさゆき
レストラン酢重正之
MAP 附錄② P.9 A-4 ☎0267-41-2007

由製造味噌、醬油的老店酢重正之商店（→P.36）所經營的餐廳。能品嘗銅釜鍋炊煮的圓潤白米,以及與日本酒和葡萄酒都很搭、選用信州產食材烹調的多道和食佳餚。

⏰11:00~21:00（旺季期間為~22:00）休無休 ¥酢重紅酒牛肉飯1490日圓、鐵鍋燉煮漢堡排2365日圓 所輕井沢町輕井沢6-1 交JR輕井沢站搭巴士4分,舊輕井沢下車即到 P午間時段無（17:00~才有）

👶OK 🐾NG

中輕井澤 そんみんしょくどう
村民食堂 **和食**
MAP 附錄② P.12 D-2 ☎0267-44-3571

位於「星野度假區」內的休閒風餐酒館。除了品嘗季節食材加上一點巧思佐以味噌、鹽麴等醬料調味的料理外,還能享用當地酒、啤酒等充滿信州魅力的美味。

⏰11:00~22:00 休無休 ¥信州繽紛御膳2980日圓、熟成味噌燉煮漢堡排定食1700日圓 所輕井沢町星野 交JR輕井沢站搭巴士15分,星野溫泉トンボの湯下車即到 P200輛（度假區內）

→彷彿融入在一片綠意盎然的大自然間

→店內如同露天座般充滿開放感,能在大自然的圍繞下享受用餐時光

👶OK 🐾NG

↑凱撒沙拉980日圓,可以一次大口咬下清脆的萵苣與培根、半熟蛋

好好大飽口福一頓
以當季食材做成的魅力佳餚

味噌山賊燒定食
1700日圓
將大塊雞肉豪邁下鍋酥炸的中信地方鄉土料理,以味直叫人食指大動信州蘋果味噌醃漬過的風

在一片恬靜的景色中享用柴火土灶飯的定食

山藥泥湯御膳（午餐）
1450日圓
有添加信州味噌的山藥泥湯、燉煮料理、野澤菜天麩羅、炒牛蒡絲等多款和風小菜!晚餐時段也有供應

→甜品的種類也很豐富,加了抹茶淇淋、牛奶布丁的冰淇淋640日圓

南輕井澤 みくりや
御厨 **和食**
MAP 附錄② P.4 D-3 ☎0267-41-6741

以稻鴨農法栽種的無農藥米煮成的柴灶飯為自豪特色。店內的格局有如山腳下的古民家般,能讓旅客感受到溫暖的氛圍。口感溫和的和食及甜點,從早到晚都吃得到。

⏰8:00~20:00（14:00~17:00不供餐只提供飲品）休無休 ¥早餐山藥泥湯1250日圓、蕎麥麵830日圓~ 所輕井沢町発地2127 交JR輕井沢站車程15分 P25輛

👶OK 🐾僅限露台OK

→合將稻鴨共生農法耕種的稻米用土灶炊煮,再放入木製飯桶端上桌 →設有地爐和日式迴廊的店內,挑高的空間讓人十分放鬆

沉浸在淡淡的優雅氛圍中

美味可口 幸福 好滋味
Happy Gourmet

名門飯店 甜點

在歷史悠久的飯店品嘗經典美味 感受極致享受的幸福時刻

輕井澤代表性名門飯店內的午茶餐廳，水準也是超級一流！不妨來份以時令水果為食材的甜點師傅拿手甜點搭配香氣馥郁的紅茶，在輕井澤特有的自然綠意空間度過優雅時光吧❤

❷能盡享避暑勝地氣氛、設計時尚的木棧板露台座

蘋果派 856日圓
皇家奶茶 998日圓
選用信州產蘋果製作的蘋果派甜度適中，還可點杯正統英國風味的奶茶一起品嘗

圖，是與比利時鬆餅老店「Maison Dandoy」合作推出的商品

「傳統」1782日

舊輕井澤　まんぺいホテルカフェテラス

萬平飯店
Cafe Terrace

MAP 附錄② P.6 C-2　☎0267-42-1234

輕井澤最古老名門飯店的露天咖啡座。可以邊享用傳統甜點與約翰藍儂親自傳授配方的皇家奶茶，邊享受綠意涼風圍繞的片刻悠閒時光。

⏰9:30～18:00　休無休
¥蛋糕套餐（附咖啡或紅茶）1509日圓、法式吐司1901日圓　所輕井沢町軽井沢925
🚉JR輕井澤站車程5分
🅿90輛　　😊OK　🐾僅限木棧板區OK

萬平飯店 請參閱 P.16·103

➜散發名門飯店沉穩氣息的店內還設有沙發座

中輕井澤　ほしのリゾートかるいざわホテル プレストンコートザラウンジ

星野度假區
Karuizawa Hotel Bleston CourtCafe Terrace
THE LOUNGE

MAP 附錄② P.13 C-2　☎0267-46-6200

THE LOUNGE擁有視野遼闊的開放式露台和大沙發。於2018年春天新推出的餐點「森林下午茶」，主廚的精湛手藝以及玩心設計都讓人滿心雀躍。

⏰10:00～19:30（供應時間視餐點而異）　休無休　¥蛋糕套餐1296日圓～、甜點套餐3780日圓（服務費另計）
所輕井沢町星野　🚉JR輕井澤站搭巴士15分，星野溫泉トンボの湯下車，步行5分　🅿160輛

😊OK　🐾NG

星野集團 Karuizawa Hotel Bleston Court 請參閱 P.104

➜在能忘卻日常生活喧囂的空間裡，好好享受度假的氣氛吧。

森林下午茶 4860日圓～（服務費另計）
在木製的野餐盒中，裝滿了洋溢著輕井澤四季風情的可愛點心和輕食

可愛度破表的新餐點真叫人捨不得咬下口

❹四周陽光灑落，舒適愜意的開放式露台也很受歡迎

鹿島森林酒店
Maple Lounge

MAP 附錄② P.6 A-2　📞0267-42-3535

置身於翠綠森林中的庭園露天座，耳裡只聽得到小鳥的啁啾聲和清風拂過樹梢的沙沙聲。卡士達布丁、芭芭露亞蛋糕等甜點都還保留著傳統的古早風味。

🕐9:30～16:30（冬季為10:00～16:30）（冬季有休業）　休無休　💴紅茶750日圓、鬆餅900日圓、卡士達布丁650日圓　所輕井沢町輕井沢1373-6　🚉JR輕井澤站車程8分　🅿50輛

😊OK　🐾需洽詢

↑坐在映襯著森林綠意的白色遮陽傘下，度過自在悠閒的時光吧

↑能眺望庭園景致的靠窗座位是人氣首選，晚間時段則搖身一變成了瀰漫著成熟大人味的酒吧

鹿島森林酒店
請參閱 P.107

＊水果芭芭露亞蛋糕＊
850日圓
添加了綜合莓果醬的芭芭露亞蛋糕，與鬆餅、泡芙同為人氣居高不墜的甜品選項

在森林的庭園露天座
享受高原的涼風和傳統甜點

甜點主廚的季節甜品
✳540日圓・※照片為示意圖
使用當季水果、雞蛋等當地食材，打造出充滿季節感的蛋糕。也提供外帶服務

到交誼廳或露天座
品味歐風飯店的典雅氛圍

舊輕井澤音羽之森飯店
Restaurant "KEIKI" 交誼廳

MAP 附錄② P.7 C-2　📞0267-42-7711

與自然融為一體的古典風格飯店，令人眼睛為之一亮。可以在散發沉穩氣息的交誼廳、綠意盎然的中庭和露天座，享用兼具視覺饗宴與季節感的蛋糕、甜點。

🕐10:00～20:30　休無休　💴甜點師特製蛋糕套餐1188日圓～（視季節會有變動，需洽詢）　所輕井沢町輕井沢1323-980　🚉JR輕井澤站步行12分　🅿65輛

😊OK　🐾NG

舊輕井澤音羽之森飯店
請參閱 P.107

↑面中庭的古典沙發座是交誼廳內最受歡迎的空間

↑能更加貼近輕井澤自然風貌的中庭和露天座（夏季限定）

不可錯過的活動!

輕井澤甜點散步

來一趟創作甜點之旅吧!

每年於春秋兩季舉辦的甜點活動。能品嘗來自輕井澤町內各知名飯店、餐廳、咖啡廳的甜點師傅們，依照主題所精心設計的創作甜點。活動期間還會實施收集戳章的活動，一定要來參加喔。

輕井澤甜點散步事務局
（株式会社アルファメディックス）
📞0267-46-9155

※照片為示意圖　官網由此進進→

輕井澤瑪羅德酒店
SYMPHONY

MAP 附錄② P.7 C-3　📞0267-42-8444

從林間穿透的陽光灑落在交誼廳內，營造出一股放鬆的氛圍。不妨品嘗看看深得世界一流飯店青睞、來自德國Ronnefeldt公司的濃郁香氣紅茶，再來份季節蛋糕好好享受愜意的美好時光。

🕐10:00～20:00　休無休　💴紅茶600日圓、蛋糕套餐900日圓　所輕井沢町輕井沢1178　🚉JR輕井澤站步行10分　🅿60輛

😊OK　🐾NG

細心沖泡的全葉紅茶、現磨現沖的咖啡，均以壺裝方式供客人慢慢品味

↑氣氛悠閒的時尚風格交誼廳，也有寬敞舒適的沙發座

甜點師招牌蛋糕
✳500日圓～※照片為示意圖
季節感十足的甜點師特製蛋糕，推薦點附飲料的套餐900日圓相當超值

在交誼廳享用的高級紅茶香氣與口感皆獲國際公認!

選用信州湧水孕育出的食材
透過五感品嘗法國菜的風味

肉料理

⇧汁多肉嫩又無羶味的烤小羊肉

甜點

⇧由草莓、乳酪和豌豆冰淇淋組合而成的甜點

前菜

⇧鯉魚竹筍前菜。鯉魚佐塔塔醬搭配竹筍、山菜，口感充滿野趣

⇧店內的桌數有限，可以在典雅奢華的空間中享用料理

晚間全餐
18000日圓
（菜色一例）
午間時段不供應
※消費稅、服務費另計

中輕井澤

Bleston Court yukawatan

MAP 附錄② **P.13 C-2** ☎ 050-5282-2267

追求能喚起日本人感性的新式法國料理名店。從肉、魚、蔬菜甚至是葡萄酒，都堅持只選用由信州清澈水質孕育出的食材。

🕐17:30～ 🈳無休（採完全預約制）📍輕井沢町星野 星野集團Karuizawa Hotel Bleston Court腹地內 🚌JR輕井澤站搭巴士15分，星野溫泉トンボの湯下車，步行5分 🅿160輛

> 星野集團
> Karuizawa Hotel
> Bleston Court
> 請參閱 P.104

NG　NG

⇧以野花裝飾的冷盤前菜，繽紛色彩表現出大自然之美

前菜

Chef
料理長
松本博史先生

在東京的餐廳擔任副主廚累積經驗後，於2015年進入了Karuizawa Hotel Bleston Court。2017年起就任總料理長。

稍微打扮一下再光顧

高級

法式料理

不妨到輕井澤當地屈指可數的名店品嘗美味的法式大餐吧！展現主廚精湛手藝的全餐佳餚，每一口都充滿了驚喜與新意，能讓人享受身心都融化般地極致幸福時光。

親自登門試吃！

✦ 輕井澤 的正統法式料理初體驗

料理和氣氛都很迷人！真的是一大享受！

3 陶醉在美味的料理饗宴

餐點會依照開胃菜、前菜、湯品、主菜、甜點的順序端上桌。每一道的擺盤都很精美，讓人心情也隨之愉悅起來。

4 享受大飽口福後的幸福氛圍！

整套吃完約需2.5～3小時，不妨放慢用餐速度細細品嘗。喝著餐後咖啡邊沉浸在味覺的餘韻中，也是一件很幸福的事。

2 令人緊張的點酒過程

挑選葡萄酒更是一項高難度的挑戰，若有不懂的地方都可以詢問侍酒師。只需告知預算，對方就會推薦適合的葡萄酒。

總給人高門檻印象的法式料理，在度假區卻能以稍微輕鬆的心情光顧正是其魅力所在。機會難得，來挑戰試試吧！

1 於門口等候帶位再進入店內！

基本上所有的店家都必須事前預約。著裝方面女性請穿洋裝，男性請挑帶領衫搭配長褲，即使不是正式服裝也OK。短褲、涼鞋的裝扮則不宜，請留意。

⇧本次造訪的餐廳是Karuizawa Hotel Bleston Court的主餐廳「yukawatan」

メイン

晚間全餐
8000日圓
(菜色一例)
午餐5000日圓
※已內含服務費

⇨採購自宮崎的西米良鮭魚與輕井澤蔬菜的醃漬料理

前菜

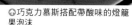

甜點

⇨巧克力慕斯搭配帶酸味的燈籠果泡沫

中輕井澤

Restaurant efu a

MAP 附錄② P.12 D-4　☎0267-41-0239

於2016年開幕的餐廳,唯一的選項只有無菜單的全餐料理。主廚夫妻倆曾經在「Hermitage de Tamura」學藝過,將嚴選食材魅力發揮極致的料理蔚為話題。

🕐11:30～13:30、17:30～20:00 🈺不定休(採完全預約制) 📍輕井沢町長倉2913-5輕井沢ハウス1F 🚃信濃鐵道中輕井澤站步行5分 🅿3輛

NG　NG

鈴木章之先生
鈴木安祐美小姐
先生自調理師專門學校畢業後進入「Hermitage de Tamura」工作,2016年4月與同餐廳認識的廚師太太共同創設了這家店。

⇨以開放式廚房呈現居家氛圍的店內,與主廚聊天互動也很有意思

充分發揮食材的魅力
新銳主廚的經典美味

⇧以低溫慢烤,完整鎖住鮮味的信州深雪豬肩胛里肌肉
⇩香烤夏隆鴨胸肉,搭配酥炸下仁田蔥與根莖蔬菜

置身於昭和的知名建築中
享受地產地銷的極品美味

主菜

晚間全餐
10000日圓～
(菜色一例)
午餐為5500日圓～
※無服務費

中輕井澤周邊

Domaine de Mikuni

MAP 附錄② P.5 A-3　☎0267-46-3924

由三國清三(Mikuni Kiyomi)擔任老闆的名店。能在移築自昭和著名建築「舊飯箸邸」的優質空間,品嘗當地出產或產地直銷食材烹調的多樣料理,感受「世界級Mikuni」的美味饗宴。

🕐11:30～14:30、17:30～21:00 (1月16日～2月15日為冬季休業) 🈺不定休(採完全預約制) 📍輕井沢町追分小田道下46-13 🚃信濃鐵道中輕井澤站車程5分 🅿2輛

需洽詢　需洽詢

前菜

⇧將蘑菇鮮味濃縮成一盤的信州蘑菇法式薄餅

甜點

葛臉頰
凍草莓
冰淇淋
與莓果

佐以開心果醬汁的紅

老闆 Chef
三國清三先生
經過多家米其林三星餐廳的歷練後,於1985年在東京創設了本店。2015年被授予法國榮譽軍團勳章,為法國政府所頒授的最高榮譽勳章。

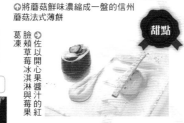

在別墅區靜靜坐落的餐廳,沉穩的空間、氛圍令人感到舒適

南輕井澤

Hermitage de Tamura

MAP 附錄② P.11 C-1
☎0267-44-1611

餐廳的低調氛圍與意涵為「隱密」的店名相當貼切。料理的口感纖細又溫和,尤其招牌菜的桃子濃湯更是讓人驚豔、感動莫名。

🕐12:00～13:00、17:30～19:30 🈺週一、二(1月下旬～2月為冬季休業) 📍輕井沢町長倉820-98 🚃JR輕井澤站車程7分 🅿10輛

高中生以上OK　需洽詢

主菜

晚間全餐
16200日圓
(菜色一例)
午餐為9180日圓～
※服務費另計

餐盤上洋溢著滿滿的季節感!
善用當令食材的法式料理

能品嘗活螯蝦特有口感與甜味的烤螯蝦

⇧店內落地窗環繞視野開闊,能欣賞綠葉扶疏的中庭景致

前菜

⇧採入小黃瓜泥製成的手打義大利細寬麵

⇨將葡萄做成慕斯和果凍的甜品

老闆兼主廚 Chef
大塚哲也先生
師事前老闆田村良雄先生。歷經同店和東京、法國等地的智藝後,在輕井澤開設了自己的店。於2017年接任田村先生的職位成為老闆兼主廚。

甜點

↪內用區也有供應燉牛肉之類的西餐

↪陳列架上麵包一字排開的畫面真讓人雀躍不已！

美食 伴手禮

說到旅途中的醍醐味，選購伴手禮絕對是其中之一。輕井澤有現烤麵包、瓶裝食品、乳製品、甜點等多樣美味，以下是最值得推薦的精選好物一覽。

舊輕井澤 ●ブランジェあさのや

BOULANGERIE ASANOYA

MAP 附錄② P.8 D-2　📞 0267-42-2149

擁有85年歷史的老店。使用嚴選食材、傳統製法與西班牙製石窯烘烤的麵包，口感酥脆香氣十足！不妨就在內用空間馬上品嘗剛出爐的麵包吧。

🕗8:00～18:00（夏季為7:00～21:00、1～3月為9:00～17:00）　休無休
🏠輕井沢町輕井沢738
🚌JR輕井澤站搭巴士4分，舊輕井沢下車，步行5分　🅿無

內用菜單也要CHECK! ▶ P.43

麵包以外的商品也很推薦！

商標的輕井澤限定商品，有紅色和藏青兩款
印上ASANOYA

托特包
1620日圓～

風味油（50g）
454日圓～

↪除了麵包外也適用於沙拉、義大利麵等餐點相當方便，共有4種風味可選

可搭配咖啡350日圓、信州產蘋果汁420日圓等飲料享用

內用也OK!

請現場嘗嘗剛出爐的麵包！窯烤麵包的種類十分豐富

加入蔓越莓的麵糰與奶油乳酪的組合實屬絕配

鄉村麵包
○ 蔓越莓&乳酪
335日圓

● 番茄莫扎瑞拉乳酪麵包　**238日圓**
內餡為濃稠的乳酪和小番茄，建議在店內享用剛出爐的好味道！

● 水果裸麥麵包　**1253日圓**
加入大量葡萄乾、核桃及橙皮的招牌人氣商品

○ 巧克力麵包　**476日圓**
在可可風味的麵糰內添加巧克力脆片，是巧克力愛好者的人氣首選

現烤麵包

輕井澤因清澄的空氣與水而成為最適合做麵包的環境。遊客是為了麵包專程前來造訪，接下來就為各位介紹這個烘焙激戰區的一流名店與招牌麵包。也有不少坊可以選擇在店內現場享用！

連約翰藍儂也曾來買過的熱門長銷麵包，外皮酥脆、裡面Q軟

● 法國麵包（半條）
194日圓

以大量的牛奶和雞蛋做出溫和的口感，不論男女老幼都愛吃

● 鮮奶餐包　**421日圓**

↪現烤麵包搭配咖啡或紅茶各281日圓，享受旅途中的美好早餐時光

● 培根麥穗麵包　**238日圓**
將自豪的法國麵包麵糰捲入培根內餡，吃起來很有飽足感

即使每天吃也不會膩 堅持傳統的老店口味

該店原創的可頌麵包，微微的鹹香搭配餐點也很對味

麵包以外的商品也很推薦！

野生藍莓果醬（270g）
1080日圓～

↪野生種藍莓製成的果醬甜度適中，與麵包的契合度極佳

○ 鹽可頌麵包　**162日圓**

↪以經典口味為主的商品羅列，還可以看到麵包的製作過程

↪以綠色遮陽棚為明顯標誌的店家位於舊輕銀座通上，上門的客人絡繹不絕

內用也OK!

舊輕井澤

French Bakery

MAP 附錄② P.8 D-2　📞 0267-42-2155

曾任萬平飯店烘焙主廚的初代店主所研發的食譜配方一直傳承至今，為廣受輕井澤當地人愛戴的老字號麵包店。招牌的法國麵包及其他產品，都是百吃不膩的樸實好滋味。

🕗8:00～17:00（7月中旬～9月中旬為7:00～18:00）
休無休（11～4月週四休）
🏠輕井沢町舊道618
🚌JR輕井澤站搭巴士4分，舊輕井沢下車，步行5分　🅿無

依不同的材料與自家製酵母
創造出各具特色的多樣麵包

Bakery & Restaurant SAWAMURA 舊輕井澤

●ベーカリーアンドレストラン
さわむらきゅうかるいざわ
【舊輕井澤】

MAP 附錄② P.9 A-4 　📞0267-41-3777

挑高格局空間開闊的店內，羅列著
整排使用各種國內外麵粉、自家製
酵母製成的特色麵包。還可至附設
餐廳內享用歐風料理和現烤出爐的
麵包。

⏰麵包坊7:00～21:00、餐廳11:00～
21:00(旺季期間為7:00～22:00)
休無休　所輕井沢町輕井沢12-18
🚃JR輕井澤站搭巴士4分，旧輕井沢
下車即到　P15輛

餐廳也要CHECK! ▶P.42

↑營造出閱讀咖
啡館風格，陳列
著繪本等眾多書
籍的內用區

內用也
OK!

➡中午前後是麵包種類
最齊全的時段，買來當
午餐享用的客人也不少

可頌麵包 259日圓
使用大量特選發酵奶
油製作的招牌商品，
以濃郁香氣著稱

長棍麵包 378日圓
能品味以長時間熟
成發酵的北海道產
小麥和法國產小麥
的風味

SAWAMURA Rich Bread 777日圓
使用北海道產麵粉、蜂
蜜等奢侈材料製成的高
級吐司

布里歐許吐司 1123日圓(半條561日圓)
加入滿滿奶油與蛋黃
的香濃麵包

➡光麵包坊的內用區就
備有多達100個座位的
大型店

麵包以外的商品
也很推薦!

雪球餅乾 583日圓～
➡口感滑順的人氣餅
乾，有抹茶、覆盆子等
6種風味

稍微走遠一些

Bakery Cafe Cocorade 御代田店

●ベーカリーカフェ ココラデ みよたてん

MAP 附錄② P.3 C-3　📞0267-41-0383

⏰8:00～18:00　休無休　所御代田町馬瀨口458-2　🚃信濃鐵
道御代田站步行10分　P34輛

座落於淺間山山麓的紅
色屋頂麵包坊。除了提
供免費咖啡的內用空
間，露天座外還設有兒
童遊戲室，可邊悠閒小
憩邊品嘗80種口味以上
的麵包。

可順道欣賞雄偉的淺間山美景
不妨帶著野餐的心情來挑選麵包吧

↑有宛如蛋糕的丹麥麵包等種
類多元的現烤麵包

↑除了擁有絕景的北
側露天座外，還附
設溜滑梯深得小朋友
歡心的南側露天座

中仙道 心樂de あん 145日圓
和菓子般的優雅
口感與綠茶也很
搭配的核桃紅豆
麵包

鹽菠蘿麵包 180日圓
以布里歐許麵
糰製成的菠蘿
麵包，添加鹽
味奶油可使甜
味更加明顯

↑能一邊眺望悠然聳立的淺間
山，一邊享用麵包與免費咖啡的
悠閒時光

水果三明治 320日圓
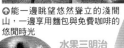
內夾滿滿季節水
果與鮮奶油的三
明治

一步Bakery

●いっぽベーカリー
【中輕井澤周邊】

MAP 附錄② P.5 B-2　📞0267-41-6511

以天然酵母、裸麥等自製材料慢慢烘烤而
成的德國硬式麵包，是店內的熱銷商品。
外觀猶如江戶時代的茶屋般，內裝和家具
皆為純手工製作。

⏰10:00～17:00　休週三、四　所輕井沢町追
分578　🚃信濃鐵道信濃追分站車程5分
P5輛

➡內擺有的30
多種箱裝麵
包。也提供
路訂購的
服務

➡特製陳列
的30多種麵
包放有的特
色也提供網
購的服務

↑完全融入舊
山道街景氛圍
中的茶屋風建築

使用自家栽種裸麥製成的代表性
麵包。越咀嚼酸味和甜味就越發明顯

裸麥麵包 760日圓(半條380日圓)

使用自家製天然酵母與裸麥
口感豐富的精緻麵包

地瓜洛斯提克麵包 300日圓

Q彈口感與九州產地瓜
的天然甜味大受歡迎

裸麥鄉村麵包 300日圓
完全不添加雞蛋、乳
製品、砂糖和油，且
風味會逐日更加濃郁

➡搭配店頭羅列的麵
包，點杯現沖咖啡一起
品嘗

內用也
OK!

PUDDING JAM
SWEET

PUDDING JAM
BITTER

禮品人氣No.1
的濃醇果醬，
也有推出焦糖
分量較多的微
苦口味

○ 布丁果醬 微苦/甜味
(110g) 各680日圓

以黑橄欖和鰻魚熬煮
而成的濃醇果醬，比較屬
於大人的口味

○ 熟食沾醬
黑橄欖鰻魚
(100g) 993日圓

○ 熟食沾醬
羅勒美乃滋
(95g) 799日圓

清新羅勒風味的萬
能沾醬，若沾溫蔬
菜一起享用，就類
似義式溫沙拉般

Atelier de Fromage
輕井澤賣店

MAP 附錄② P.7 B-3 ☎0267-42-7394

甜點種類也很豐富！
附設熟成所的乳酪店

廣受國內外好評的乳酪工房販賣
店。陳列架上除了孕育自淺間山麓
自然環境的各種乳酪外，還有蛋
糕、泡芙之類的乳酪甜點。

JAPAN CHEESE AWARD GRAND PRIX '14 PROFESSIONAL

Atelier de Fromage
Fromage Bleu

🕐10:00～18:00 (有季節性變動)
🈳無休 (冬季為不定休)
🏠輕井沢町輕井沢東18-9
🚃JR輕井澤站步行7分 🅿2輛

○ 藍紋乳酪
(100g) 1512日圓

曾於大賽中獲頒
金獎的殊榮，是
連起源地歐洲也
認同的極品

經過長時間熟成
營造出乳酪特有
的濃郁滋味

○ 輕井澤乳酪
(100g) 1188日圓

奶油風味的外皮
與馬斯卡彭鮮奶
油的濃厚口感很
受歡迎

○ 馬斯卡彭泡芙
360日圓

Grocery Court
Cerfeuil 輕井澤銀座店

MAP 附錄② P.8 D-2 ☎0267-41-3228

無添加物的瓶裝食品
不只味道佳，連可愛度也破表

販售無糖果醬、無添加物醬
汁等原創瓶裝的健康食品，
廣受女性的青睞。造型討喜
的精美設計很吸引人，令人
忍不住想擺在餐桌上欣賞。

🕐10:00～18:00 (夏季會延
長) 🈳不定休 (夏季無休)
🏠輕井沢町輕井沢606-4
🚃JR輕井澤站搭巴士4分，
舊輕井沢下車，步行5分 🅿
無

輕井澤擁有富饒大自然恩澤創造出的各式各樣美味。設計性絕佳的包裝與素材講究的商品，都是讓人收到絕對會開心的優質伴手禮。

高原食品

○ 微辣杏鮑菇
黑胡椒風味
(210g) 756日圓

口感與黑胡椒的辣味讓人一
吃就上癮的西洋風配菜，也
有提供袋裝648日圓

○ 香蒜沙拉
羅勒風味
(230g) 702日圓

只需攪拌就能做
出義大利麵、醃
漬料理的關鍵調
味料

無論肉、魚料理或醃
漬物等皆適用的萬能
醬料

○ 可直接食用的洋蔥醬
(150ml) 734日圓

有滿滿的日本產
綠辣椒與口感爽
脆的蔬菜，可當
沾醬或佐料使用

○ 綠辣椒味噌
(130g) 658日圓

○ 辛口
丸大豆醬油
(130g) 658日圓

經長時間發酵熟成，呈現出圓潤順口的鹹醬油的信州特色

能讓蔬菜更加好吃的
鰻魚風味沾醬

輕井沢芳光 本店

MAP 附錄② P.8 D-2 ☎0267-42-1424

將西式配菜和醬料等
輕井澤美味端上桌品嘗

店內陳列著許多受到西洋文化影響、來自大
自然恩澤的輕井澤特色商品。西式配菜、醬
料類、甜點等琳瑯滿目的品項加上五顏六色
的包裝，當伴手禮也十分適合。

🕐9:00～17:00 (夏季為~18:00)
🈳無休 (冬季為不定休)
🚃JR輕井澤站搭巴士4分，舊輕井沢下車，步行
5分 🅿無

Bagna cauda

○ 義式溫沙拉
(120g) 594日圓

酢重正之商店

MAP 附錄② P.9 A-4 ☎0267-41-2929

以傳統製法釀造而成
妝點每日餐桌的和風調味料

除了講究素材、依古法製作的味噌和醬油
外，還有多種能為每日餐桌增色的醬料和配
菜味噌。盡可能減少添加物使用量的安全商
品，也很適合當伴手禮送人。

🕐10:00～18:00 (有季節性變動)
🈳無休 🏠輕井沢町輕井沢1-6 🚃JR輕井澤站
搭巴士4分，舊輕井沢下車即到 🅿無

辛口
丸大豆醬油
酢重特選醬油

美食 伴手禮

36

美食 伴手禮
高原食品

KARUIZAWA DELICA TESSEN
舊輕井澤　かるいざわデリカテッセン

MAP 附錄② P.8 E-1　0267-42-6427

手作火腿&香腸的種類豐富
多到不知該選哪一種才好

店家位於從舊輕銀座通轉進的街道內。以國產素材為主的手作火腿和香腸鹹度適中、口感溫順，每天吃也沒問題。種類多元，令人看得目不暇給。

🕐9:00〜17:30（冬季為9:30〜17:00）　🚫週四（夏季無休，冬季為週三、四休）　📍輕井澤町輕井澤657-6　🚃JR輕井澤站搭巴士4分，舊輕井澤下車，步行10分　🅿無

○ **里肌火腿**
(100g) 480日圓

○ **鹽醃牛肉**
(100g) 520日圓

使用牛脛肉和牛筋肉製成的鹽醃牛肉，已切成片狀，方便食用

大蒜風味的粗絞肉香腸與啤酒相當對味！

○ **圖林根香腸**
(100g) 320日圓

信州ハム 軽井沢工房
輕井澤站周邊　しんしゅうハムかるいざわこうぼう

MAP 附錄② P.7 B-4　0267-41-1186

由肉品大師親手製作
輕井澤工房的限定商品

販售以正統德國的技術、製法做出的火腿和香腸。由肉品大師所監製的最高傑作「SPEZIELL」系列，是只能在輕井澤與部分店鋪才買得到的限定商品。還可參加手作體驗活動（→P.56）。

🕐9:30〜17:30（有季節性變動）　🚫週三（7/20左右〜8/20左右無休）　📍輕井澤町輕井澤東236　🚃JR輕井澤站步行7分　🅿10輛

○ **Fine Bratwurst**
(200g) 850日圓

德國最經典的白香腸。肉餡的顆粒較細，口感滑嫩

與三明治、火腿蛋等任何料理都很搭的熱門商品

○ **原型里肌火腿**
(250g) 2200日圓

○ **維也納香腸**
(200g) 950日圓

使用豬肉和牛肉的細絞肉製成的煙燻香腸

腸詰屋 輕井澤1號店
輕井澤站周邊　ちょうづめやかるいざわいちごうてん

MAP 附錄② P.7 B-3　0267-42-3791

以國產素材與傳統製法
做出極品生火腿&香腸

親赴德國學習道地製作方式的火腿、香腸專門店。原料只選用新鮮的國產豬肉和牛肉，是可以安心購買的伴手禮。還附設內用區（→P.50）。

🕐10:00〜18:00　🚫週三（逢假日則營業，7月下旬〜8月無休，1〜3月上旬為冬季休業）　📍輕井澤町輕井澤東19-5　🚃JR輕井澤站步行4分　🅿5輛

○ **Rohschinken生火腿**
(100g) 1080日圓

將長時間鹽漬&熟成的豬肉經過煙燻製成，可搭配沙拉、小菜享用

醃漬熟成超過一星期以上的道地火腿，層次風味相當豐富

這個也不可錯過！

輕井澤的精釀啤酒

酒專賣店、超市、伴手禮店都買得到

輕井澤高原啤酒

National Trust / Wild Forest（350ml）各238日圓
Belgian White（350ml）257日圓

除了風味濃厚又甘甜的黑啤酒「National Trust」、口感紮實飽滿的「Wild Forest」、散發水果香氣的「Belgian White」等基本款外，還會推出季節限定的啤酒。

THE輕井澤啤酒〈淺間名水〉

Premium Clear / Premium Dark（330ml瓶裝）各484日圓
（350ml罐裝）各360日圓

使用直接從德國進口的麥芽和芳香型啤酒花，搭配淺間山清澈流水釀造而成的100%麥芽頂級啤酒。外觀選用了千住博的繪畫作品，美麗的設計以及不需要開瓶器的瓶裝都十分吸睛。

○ **草莓果醬**
(125g) 681日圓

○ **藍莓果醬**
(125g) 627日圓

人氣排行前三名的果醬，鮮豔的顏色與天然的甜味完全來自果實本身

○ **柑橘果醬**
(125g) 465日圓

SAWAYA 舊輕井澤外環道店
南輕井澤　さわやかるいざわバイパスてん

MAP 附錄② P.11 C-2　0267-46-2400

多達50種類一字排開！
國產時令水果的果醬

店內陳列著以手工方式製作的無添加果醬，原料為可以直接生吃的當季新鮮水果。還會隨時舉辦（預約制）果醬製作體驗（→P.80），活動內容則包含了參觀工廠和午餐等項目。

🕐9:00〜18:00（夏季會延長）　🚫無休　📍輕井澤町長倉702　🚃JR輕井澤站車程10分　🅿30輛

○ **泡芙**
1個220日圓〜

泡芙裡包有兩種奶油以及決定口味的風味球。

○ **泡芙法式脆餅**
500日圓

讓人欲罷不能的酥脆口感正是魅力所在，有焦糖口味和抹茶口味

l'atelier chou Petanque
舊輕井澤　らとりえしゅーぺたんく

MAP 附錄② P.8 D-4　070-4065-9054

一口大小
七彩繽紛的泡芙

由曾在Pierre Hermé Paris習藝的主廚所開設的泡芙專賣店。泡芙隨時備有8〜10種口味，放在上頭的杏仁膏顏色繽紛看起來很可愛。

🕐10:00〜18:00　🚫週三、四（11月上旬〜4月中旬為冬季休業）　📍輕井澤町輕井澤859-1　🚃JR輕井澤站搭巴士4分，舊輕井澤下車，步行4分　🅿2輛

散步MAP

舊輕銀座是輕井澤最熱鬧的地方，不只是主街、就連岔路上也有許多極具特色的店家。無論是購物、邊走邊吃等任何需求，絕對都能得到滿足！

實用資訊

● **從JR輕井澤站可搭巴士或徒步前往**
JR輕井澤站步行到舊輕銀座約需20分，巴士的話搭往北輕井澤方向等路線約需4分。

● **主街長約500m**
從舊輕銀座入口開始為和緩的上坡，建議去程可邊走邊吃，一路悠閒地逛過去。

● **請留意沿路並無超商**
舊輕銀座沒有任何的超商和超市，如果要買東西請在輕井澤站周邊就先買好。ATM設在輕井澤郵局裡面。

● **先確認好廁所的位置**
免費廁所在舊輕銀座入口的町營停車場和郵局後方，收費廁所在教堂街輕井澤和觀光會館內。

NICO cafe (P.45)

Grocery Court Cerfeuil 輕井澤銀座店 (P.36)

水車之道

大城レース 夏の店 (P.41)

French Bakery (P.34)

輕井澤芳光 本店 (P.36)

神宮寺

軽井沢のころっけやさん (P.40)

杉養蜂園 輕井澤店 (P.39)

大倉陶園 輕井澤店

きくわん舎

KARUIZAWA DELICA TESSEN (P.37)

CIBOULETTE (P.45)

鶴屋旅館

茜屋珈琲店 舊道店 (P.44)

輕井澤 克里克花園

大坂屋家具店 (P.41)

土屋写真店

ちもと 輕井澤店 (P.45)

JAM KOBAYASHI

KAZURABE (P.43)

輕井澤觀光會館

バニーショップ軽井沢

BOULANGERIE ASANOYA (P.34、43)

St. Cousair Winery 輕井澤舊道店 (P.41)

Nakayama's Jam (P.41)

テニスコート通

グリーン プラザ

輕井澤會 網球場通

作りたてジェラート Libisco (P.39)

諏訪之森通

皇室愛情的浪漫之地
網球場正是今上天皇與美智子皇后邂逅的知名景點。

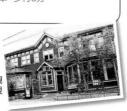

Sajilo Cafe forest (P.42)

SAWAYA 舊輕井澤 網球場通店 (P.40)

觀光資訊請來這裡索取！

輕井澤觀光會館
● かるいざわかんこうかいかん
✆ 0267-42-5538
MAP 附錄②P.8 D-2

差不多座落於舊輕銀座通中段位置的觀光服務處。不僅能提供觀光和住宿設施的資料，還備有附更衣室的收費廁所，可以作為逛街途中的休憩場所使用。

⌚9:00～17:00 (有季節性變動)
休無休 ¥廁所使用費100日圓
所輕井澤町輕井澤739
交JR輕井澤站搭巴士4分，舊輕井澤下車，步行5分
P無

● 以木造的古典外觀為明顯目標。館內規劃有特產品的介紹區

必遊景點雲集的主要區域

舊輕井澤
きゅうかるいざわ

觀光景點、話題餐酒館、街頭美食、挑選伴手禮等，集所有輕井澤旅遊魅力於一身的熱鬧區域。光漫步走在舊輕銀座通上，就足以讓人興奮又期待！

MAP
附錄②P.8~9

Information
輕井澤觀光會館
✆ 0267-42-5538
輕井澤觀光服務處
(輕井澤站內)
✆ 0267-42-2491
草輕交通巴士
✆ 0267-42-2041

白鳥Highland Way
中輕井澤
舊輕井澤
輕井澤站周邊
中輕井澤站
北陸新幹線
南輕井澤
輕井澤町
碓冰輕井澤IC→
東京

Access

搭巴士	開車
JR輕井澤站	**碓冰輕井澤IC**
搭草輕交通巴士往北輕井澤、草津溫泉方向約4分	經由縣道92號、43號，車程20分
	JR輕井澤站
	從輕井澤本通往北，車程3分

舊輕井澤

名產 霜淇淋 邊走邊吃

1 Mikado Coffee
輕井澤舊道店
●ミカドコーヒーかるいざわきゅうどうてん
☎0267-42-2453 **MAP** 附錄②P.9 C-3
🕙10:00～17:00（有季節性變動）
休不定休（夏季無休，需洽詢）所輕
井澤町輕井澤786-2 🚌JR輕井澤站
搭巴士4分，旧輕井澤下車，步行3分
🅿無

輕井澤當地的熱銷霜淇淋，
能感受霜淇淋專用的特調咖
啡滋味在口中蔓延開來

Mikado Coffee
的摩卡霜淇淋®
430日圓（外帶350日圓）

2 杉養蜂園
輕井澤店
●すぎようほうえんかるいざわてん
☎0267-42-6389 **MAP** 附錄②P.8 D-2
🕙9:00～17:45（有季節性變動）
休無休 所輕井澤町輕井澤634 しむ
らビル1F 🚌JR輕井澤站搭巴士4
分，旧輕井澤下車，步行5分
🅿無

蜂蜜的微微香氣與溫和的甜
味大受歡迎，若選擇杯裝還
可以添加配料

蜂蜜
霜淇淋
320日圓

3 竹風堂
輕井澤圓環店
●ちくふうどうかるいざわロータリーてん
☎0267-42-3950 **MAP** 附錄②P.9 A-4
🕙販賣9:00～18:00，餐飲10:00～
17:30 休無休（預計11月上旬～7月
上旬休業）所輕井澤町舊道入口
🚌JR輕井澤站搭巴士4分，旧輕井澤
下車即到 🅿無

栗菓子老舖才吃得到的霜淇
淋，能品嘗栗栗子泥的高雅風
味與滑順口感

栗子泥
霜淇淋
300日圓

4 作りたてジェラート L'ibisco
●つくりたてジェラートリビスコ
☎0267-42-9113 **MAP** 附錄②P.8 D-3
🕙10:00～日落 休無休（10月下旬～4
月中旬為冬季休業）
所輕井澤町輕井澤746-4
🚌JR輕井澤站搭巴士4分，旧輕井澤下
車，步行5分 🅿無

將當天早上製作的義式冰淇
淋搭配牛奶、水果等食材，
享受純天然的好味道

雙球義式冰淇淋
（草莓/焦糖拿鐵）
600日圓

5 茶和々
輕井澤店
●さわわかるいざわてん
☎0267-42-4770 **MAP** 附錄②P.9 A-4
🕙9:30～18:00（冬季為～17:30）
休無休（11月下旬～4月中旬為冬季休
業）所輕井澤町旧輕井澤12-21
🚌JR輕井澤站搭巴士4分，旧輕井澤
下車即到 🅿無

使用京都宇治頂級抹茶製成
的抹茶霜淇淋。口感稍硬、風
味濃郁，為數量限定商品。

濃茶霜淇淋
500日圓

舊輕井澤
舊輕銀座散步MAP
輕井澤站周邊
中輕井澤
南輕井澤
北輕井澤
周邊區域

舊輕銀座

舊輕井澤銀座通

個性派商店齊聚的
人氣購物商場

❷「koto no ito」
的咖啡蠟燭2200
日圓，會散發出迷
人的咖啡豆香氣

❷以拱廊連接舊輕銀
座通與聖保羅天主教
教堂

教堂街輕井澤
●チャーチストリートかるいざわ
☎0267-41-2501 **MAP** 附錄②P.9 C-2
為舊輕井澤銀座通的象徵性地標。除了多元類型
的美食外，還有雜貨、流行服飾等洋溢著輕井
澤風格的店家。也會隨時舉辦各種活動。

🕙10:00～18:00（餐飲為11:00～21:00，有季
節性變動）休不定休（4～10月無休）所輕井
澤町輕井澤601-1 🚌JR輕井澤站搭巴士4分，
旧輕井澤下車，步行3分 🅿30輛

❷選貨店「SECOND」
內陳列著許多設計師的
精心傑作

❷巧克力和法式脆
餅的專門店「Bon
Okawa Karuizawa
Chocolate Factory」

自行車停車場
在這裡!
舊輕銀座通在夏季期
間禁止自行車進入，
請先停放在町營自行
車停車場再徒步遊逛
吧。

相木商会

輕井澤聖保羅
天主教教堂

教堂
輕井

輕井澤教堂街

BENSON

山長黑うどん

ぱいつぼおる (P.44)

炭火燒鳥
こみやま

軽井沢物産館

旧軽

寺子屋本舗

Karuizawa ROABEE
(P.40)

天布良 万喜
(P.43)

SUNBEAM

腸詰屋
輕井澤銀座中央店

町營舊輕
停車場·
自行車停
車場

竹風堂
輕井澤圓環店
(P.39)

KARUIZAWA
COFFEE
COMPANY
(P.41)

珈琲歌劇
(P.44)

3

茶和々
(P.39)

5

Karuizawa Kitchen
圓環店 (P.40)

輕井澤
幻視藝術博物館

輕井澤川上庵
本店 (P.28)

酢重正之商店 (P.36)

レストラン酢重正之 (P.29)

Karuizawa Food
Gallery

Bakery & Restaurant SAWAMURA
舊輕井澤 (P.35、42)

GREEN FOG (P.41)

✎輕井澤站

KARUIZAWA
COFFEE
COMPANY
(P.41)

Primo
舊輕井澤店
(P.40)

1

一彫堂（輕井沢彫
家具工房）

Mikado Coffee
輕井澤舊道店
(P.39、44)

旧輕

La Fée Bretonne (P.40)

Paomu (P.43)

l'atelier
chou
Petanque
(P.37)

ショー通り

🅿銀座

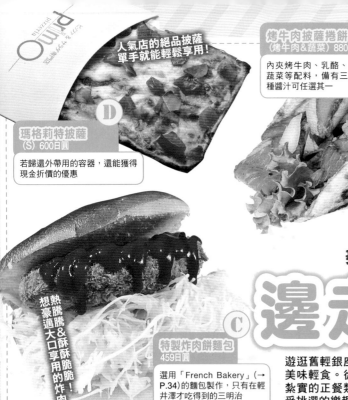

瑪格莉特披薩
(S) 600日圓 D

人氣店的絕品披薩
單手就能輕鬆享用！

若歸還外帶用的容器，還能獲得
現金折價的優惠

烤牛肉披薩捲餅
(烤牛肉&蔬菜) 880日圓 A

內夾烤牛肉、乳酪、
蔬菜等配料，備有三
種醬汁可任選其一

享用速食風格的烤牛肉

品嘗輕井澤邂逅正統法風味的美味可麗餅！

現做
美味輕食

邊走邊吃

想熱騰騰大口享用的炸肉餅麵包
&酥脆享用的炸肉餅麵包！

特製炸肉餅麵包
459日圓 C

選用「French Bakery」(→
P.34)的麵包製作，只有在輕
井澤才吃得到的三明治

遊逛舊輕銀座時，不妨外帶單手就能享用的
美味輕食。從滿足口腹之欲的零食類到份量
紮實的正餐類五花八門、應有盡有，可以享
受挑選的樂趣！

蒙布朗可麗餅
(秋季限定) 580日圓 B

以蘭姆酒增加風味的栗子泥＋
糖漬栗子的一道甜點

傳說中的飯店名物
成了方便食用的咖哩麵包！

三笠飯店咖哩麵包
360日圓 F

內餡為改良自秘傳配方
的咖哩醬與信州香草雞

俄式餡餅
320日圓 E

每日手工製作的俄式
餡餅，內餡包滿了絞
肉和水煮蛋等食材

重現1950年代的味道！
現炸的俄式餡餅

F かるいざわキッチン ロータリーてん

Karuizawa Kitchen 圓環店

☎ 0267-32-6914
MAP 附錄②P.9 A-4

使用「三笠飯店咖哩」的
咖哩麵包專門店。現炸燙
口的咖哩麵包，搭配復刻
版的三笠飯店特調咖啡
也相當美味。

🕐10:00～18:00
休無休 (冬季為不定休)
所輕井沢町輕井沢12-20
⊞JR輕井沢站搭巴士4
分，舊輕井沢下車即到
P無

↑附三笠飯店咖哩沾醬的炸
薯條540日圓也大推

E さわやきゅうかるいざわ テニスコートどおりてん

SAWAYA 舊輕井澤 網球場通店

☎ 0267-42-8411
MAP 附錄②P.8 D-3

果醬名店SAWAYA所經
營的商店兼咖啡廳。不妨
外帶品嘗重現1950年代
創業當時，由住在輕井澤
的俄羅斯人所製作的道
地俄式餡餅。

🕐商店9:00～18:00、咖啡
廳10:00～16:30
休無休 (有冬季休業)
所輕井沢町輕井沢555-1 2F
⊞JR輕井沢站搭巴士4
分，舊輕井沢下車，步行
5分 P無

別墅族對昔日輕井澤相當熟悉的俄式餡餅

D プリモ きゅうかるいざわてん

Primo 舊輕井澤店

☎ 0267-31-6065
MAP 附錄②P.9 B-3

人氣義大利餐廳「Trattoria
Primo」(→P.26)的姊妹
店。招牌為四角形的披
薩，所有口味皆做成單手
即可取用的S尺寸，很適
合邊走邊吃。

🕐10:00～19:30 (有季節
性變動) 休不定休 (10月
下旬～4月下旬為冬季休
業) 所輕井沢町輕井沢
555-1 2F ⊞JR輕井澤
站搭巴士4分，舊輕井沢下
車即到 P無

↑也很推薦在店內悠閒享用
大尺寸披薩和義大利麵

C かるいざわの ころっけやさん

輕井沢の ころっけやさん

☎ 0267-42-7667
MAP 附錄②P.8 D-2

堅持使用國產食材與當
場現炸的可樂餅專門店。
夾入滿溢肉汁的特製炸
肉餅和大量高麗菜絲的
炸肉餅麵包，吃起來很有
飽足感。

🕐10:00～18:00
休無休 (12～3月休業)
所輕井沢町輕井沢634 し
むらビル1F
⊞JR輕井沢站搭巴士4
分，舊輕井沢下車
P無

↑提供熱呼呼的現點現炸食
物是店家的原則

B

La Fée Bretonne

☎非公開
MAP 附錄②P.9 B-3

能吃到法國布列塔尼地
區的可麗餅和薄餅的熱
門店。以當地直接進口的
爐具煎烤而成的可麗餅，
會搭配無糖鮮奶油讓整
體的甜度適中。

🕐10:30～17:00 (有季
性變動) 休週五 (有冬季休業)
所輕井沢町輕井沢805
⊞JR輕井沢站搭巴士4
分，舊輕井沢下車即到
P無

↑位於舊輕銀座入口附近的
外帶專門店

A ロービーかるいざわ

Karuizawa ROABEE

☎ 0267-41-6620
MAP 附錄②P.9 C-3

烤牛肉披薩捲餅的專門
店。以Q軟餅皮包入店家
自製的烤牛肉與配料，全
部共有8種口味。與人氣
果昔的組合也十分對味。

🕐10:30～17:00 (7、8月
為～18:00)
休週三 (7、8月無休，11
～4月中旬為冬季休業)
所輕井沢町輕井沢585
⊞JR輕井沢站搭巴士4分，
舊輕井沢下車，步行4分
P無

↑可以外帶，在視野開闊的
露天座享用也OK

蘋果檸檬果醬
(140g) 648日圓

G

紅玉蘋果的酸味與甜味相當迷人，加上檸檬的香氣後讓口感更為清爽

由外國傳教士親自傳授以傳統製法做成的果醬

淺間藍莓果醬
(140g) 648日圓 **G**

吃起來有清新藍莓味道的人氣No.1果醬

透過典雅的蕾絲雜貨為日常生活增添一絲優雅

零錢包
750日圓 **H**

也可作為小袋子使用的零錢包是非常受歡迎的伴手禮

馬尾髮圈
各2160日圓 **H**

讓髮型更顯華麗感的蕾絲髮圈

橢圓托盤 9720日圓
櫻葉銘銘小碟 3564日圓
※不包含茶杯和落雁點心 **I**

輕井澤雕的托盤＆銘銘小碟皆出自職人的精湛手藝

將現代元素也融入其中發祥於輕井澤的傳統工藝

討喜可愛
質感絕佳

伴手禮

牽涉到個人品味的伴手禮選購是旅遊的重點之一。個性豐富店家齊聚一堂的舊輕銀座，設計精美的食物商品、可愛雜貨小物等品味獨具的伴手禮候補選項也相當多元！

飲用醋
(460ml) 1958日圓 **J**

沒有加糖，帶有果汁甜味的醋飲。建議兌水或蘇打水飲用

當成輕井澤才買得到的限定商品帶回家

小重箱 各4320日圓

也可作為收納小東西之用的小重箱，櫻花圖樣的部分則是以畫筆手繪上色 **I**

中大型犬用繫繩
11880日圓
項圈 6480日圓 **L**

讓愛犬更加亮眼有型的皮革繫繩和項圈

豐富輕井澤生活品味的精選優質好物

極簡風格的包裝送給男性也很適合

輕井澤限定蘋果酒
(375ml) 1080日圓 **J**

散發清涼甜味的蘋果氣泡酒，大小適中當伴手禮很適合

鹿島森林特調咖啡
(200g) 1600日圓 **K**

沉穩酸味與層次豐富的苦味極具人氣的原創特調咖啡

鹿島森林濾掛式咖啡
(5包) 880日圓

以鹿島森林為意象的特調咖啡，採方便品嘗的濾掛式包裝袋 **K**

狗狗玩具 2052日圓 **L**

一臉呆萌模樣十分可愛的狗狗玩具，以乳膠材質製作耐用度高

L グリーンフォグ	**K** かるいざわコーヒーカンパニー	**J** サンクゼールワイナリーかるいざわきゅうどうてん	**I** おおさかやかぐてん	**H** おおしろレースなつのみせ	**G** なかやまのジャム
GREEN FOG	**KARUIZAWA COFFEE COMPANY**	**St. Cousair Winery** 輕井澤舊道店	**大坂屋家具店**	**大城レース夏の店**	**Nakayama's Jam**
☎0267-41-2800	☎0267-41-0697	☎0267-41-3903	☎0267-42-2550	☎0267-42-2107	☎0267-42-7825
MAP 附錄②P.9 A-4	MAP 附錄②P.9 B-3	MAP 附錄②P.8 D-2	MAP 附錄②P.8 D-2	MAP 附錄②P.8 D-2	MAP 附錄②P.8 D-2
除了德國老店HUNTER的寵物用品外，也有販售流行服飾和雜貨。商品質感和種類眾多，買來送禮或犒賞自己都很適合。	自家烘焙咖啡豆的專門店。不只販售原創特調咖啡，還提供從咖啡豆的調合到烘焙程度皆可依照顧客喜好量身訂作的服務。	為廣受海外好評的長野St. Cousair 酒莊的直營商店。店內羅列的葡萄酒、果醬和醬料等商品中，也有許多是輕井澤當地的限定款。	持續守護輕井澤雕技法的老牌家具店。在花卉部分描上粉紅色的花器，以貝殼鑲嵌裝飾的家具、小飾物等，皆為融入現代生活的設計款式。	販售蕾絲雜貨和陽傘的老店。從手帕、毛巾之類的低價位商品，到纖細手工技術製成的刺繡桌巾等各類品項都有。	創業於1905（明治38）年的老字號果醬店。傳承自外國傳教士親授製法的無添加果醬，以猶如真實摘果實般的豐富香氣為特徵。
┗10:00～18:00 (有季節性變動) 休無休（冬季有休業） 所輕井沢町輕井沢6-9-13 ⊞JR輕井沢站搭巴士4分，舊輕井沢下車即到 P無	┗12:00～17:00 休週三（有季節性變動及臨時休業） 所輕井沢町輕井沢555-1 ⊞JR輕井沢站搭巴士4分，舊輕井沢下車即到 P無	┗10:00～18:00 (有季節性變動) 休無休（冬季有休業） 所輕井沢町輕井沢750-3 ⊞JR輕井沢站搭巴士4分，舊輕井沢下車，步行5分 P無	┗10:00～17:00 (夏季會延長) 休無休（11～3月週四休，逢假日則營業） 所輕井沢町輕井沢629 ⊞JR輕井沢站搭巴士4分，舊輕井沢下車，步行6分 P無	┗9:30～18:30（夏季為20:00，11月上旬～4月中旬為～17:00） 休無休（冬季為不定休） 所輕井沢町輕井沢745 ⊞JR輕井沢站搭巴士4分，舊輕井沢下車，步行5分 P無	┗9:00～18:00（夏季為20:00） 休無休 所輕井沢町輕井沢750-1 ⊞JR輕井沢站搭巴士4分，舊輕井沢下車，步行4分 P無

⬆透過嚴格的眼光從全世界精選而來的真正好物	⬆以黑色和咖啡色為基調的時尚外觀	⬆座落於舊輕銀座通上，可以透過多款商品的試吃、試喝找出自己中意的風味	⬆相框、花器之類能輕鬆買回家的小飾物也十分多樣	⬆於1918（大正7）年創業的老店，有不少別墅族也是忠實顧客	⬆位於舊輕銀座通上，店內陳列著種類多元的果醬

Bakery & Restaurant SAWAMURA 舊輕井澤
ベーカリーアンドレストランさわむらきゅうかるいざわ

☎0267-41-3777 MAP 附錄②P.9 A-4

烘焙餐廳內提供以大量信州產食材烹調的歐風料理，香氣四溢的披薩餃等餐點都是熱賣商品。午餐時段還有無限量供應的麵包。

🕐早餐7:00～10:00（僅旺季期間營業）、午餐11:00～16:00、晚餐16:00～21:00（旺季期間為～22:00）
🈚無休 💴SAWAMURA特製漢堡1717日圓 🏠輕井沢町輕井沢12-18
🚌JR輕井澤站搭巴士4分，旧輕井沢下車即到 🅿15輛

😊OK 🐾僅限露台OK

麵包坊也要CHECK →P.35

①炙燒信州產嫩雞腿排與烤萵苣佐凱薩沙拉醬1944日圓，建議可搭葡萄酒一起品味信州食材的佳餚 ②店內為挑高格局的開放空間 ③2樓和露天座合計有多達280個座位的大型店

①店前設有舒適的露天座，旁邊則雜貨舖。中輕井澤的榆樹街小鎮內另有姊妹店（→P.60）②店內統一採自然風的裝潢擺設

滿滿的當地食材與道地人氣麵包坊的午餐風味！

當季時蔬 熱內亞青醬披薩
1674日圓

內餡為大量的高原蔬菜以及濃稠牽絲的莫扎瑞拉起司，餅皮有原味和海苔兩種口味

舊輕 Kyukaruizawa

引以為傲的好味道連當地人也愛！

休閒 午餐時光

輕井澤擁有各式美食齊聚，尤其舊輕井澤區域更是高水準名店雲集，連在當地人之間都有很好的口碑。不妨親身造訪，輕鬆地享用午餐一窺人氣的祕密吧。

在美麗的獨棟式餐廳品嘗外籍主廚的極品咖哩

Sajilo Cafe forest
サジロカフェフォレスト

☎0267-42-5541 MAP 附錄②P.8 D-4

也廣受當地居民喜愛的尼泊爾、北印度料理專門店。出身尼泊爾的主廚在製作咖哩時會添加許多香料，道地又溫和的口感吃起來十分順口。單品料理的選擇性也很豐富。

🕐11:00～14:30（15:00打烊）、17:00～21:00（22:00打烊），週六日、假日為11:00～21:00（22:00打烊）
🈚無休（有冬季休業）💴午間A套餐1250日圓 🏠輕井沢町輕井沢859-1 🚌JR輕井澤站搭巴士4分，旧輕井沢下車，步行4分 🅿2輛

😊OK 🐾僅限露台OK

午間B套餐
1400日圓

附印度烤餅or米飯和沙拉的套餐，咖哩可從雞肉、蔬菜、羊肉、每日精選中任選2種

舊輕休閒午餐時光

輕井澤站周邊
中輕井澤
南輕井澤
北輕井澤
周邊區域

連甜點也是絕品美味
堅持選用信州食材的洋食店

牛肉燴飯 午間套餐
1620日圓
附湯品和沙拉，放入滿滿信州產鴻禧菇的牛肉燴飯，還可享飲料半價的優惠

Paomu
パオム

☎0267-42-8061　**MAP** 附錄②P.9 B-3

提供精選信州食材烹調的牛肉燴飯、雞肉咖哩等西式料理的餐廳，另外還附設販售輕井澤布丁、牛奶生乳酪蛋糕等人氣甜點的商店。

🕘9:00～17:00 (有季節性變動)
休不定休 (有冬季休業)　¥復刻Paomu特製舊三笠飯店咖哩 雞肉咖哩套餐1512日圓～
所輕井澤町輕井澤726 ツチヤプラザ2F　🚌JR輕井澤站搭巴士4分，舊輕井澤下車即到　P無
👤OK　🐾僅限露台OK

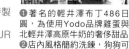

❶著名的輕井澤布丁486日圓，為使用Yodo品牌雞蛋與北輕井澤高原牛奶的奢侈甜品 ❷店內風格簡約洗鍊，狗狗可以同行的露天座也很受歡迎

天布良 万喜
てんぷらまき

☎0267-42-2310　**MAP** 附錄②P.9 C-3

1959 (昭和34) 年創業的老店。餐廳的招牌天麩羅，是由廚藝熟練的總料理長以時節蔬菜、新鮮魚貝下鍋酥炸而成。午間時段備有價格划算的天麩羅蓋飯和定食，能輕鬆大啖道地的好滋味。

🕘11:00～15:00，17:00～21:00 (週六日、假日及7月15日～8月31日為11:00～21:00)
休無休 (11月下旬～4月中旬為冬季休業)
¥晚間全餐2900日圓
所輕井澤町輕井澤586-1　🚌JR輕井澤站搭巴士4分，舊輕井澤下車，步行3分　P無
👤OK　🐾NG

❶若選擇吧檯座還能欣賞師傅的精湛手藝 ❷從舊輕銀座通轉入舊三笠通馬上就會看到店面

由老店師傅大展廚藝
飽嘗時令食材的天麩羅

超值天麩羅蓋飯
1200日圓
以鮮度自豪的蝦子和當令蔬菜的天麩羅蓋飯，為物超所值的午間限定菜單

濃郁風味的燉牛肉
與招牌麵包十分契合！

燉牛肉
1600日圓
滋味濃厚的燉牛肉，推薦加點每日替換口味的四款麵包拼盤380日圓一起品嘗

BOULANGERIE ASANOYA
ブランジェあさのや

☎0267-42-2149　**MAP** 附錄②P.8 D-2

附設於老字號麵包坊的內用空間，提供搭配現烤麵包更添美味，以大量牛肉和蔬菜熬煮製成的燉牛肉和法式三明治1200日圓等西式餐點。

🕘8:00～18:00 (1～3月為9:00～17:00、夏季為7:00～21:00)
休無休　¥咖啡350日圓、信州產蘋果汁420日圓　所輕井澤町輕井澤738　🚌JR輕井澤站搭巴士4分，舊輕井澤下車，步行5分　P無

❶咖啡加上剛出爐的麵包也是絕配 ❷內用空間規劃在賣場的後方

👤OK　🐾NG

麵包坊也要
CHECK
→P.34

KAZURABE
カズラベ

☎0267-41-5186　**MAP** 附錄②P.8 D-2

家庭式氛圍深受喜愛的法式餐廳。無論全餐或單品料理皆以信州產的食材為主，同時以合理價格就能輕鬆享用精緻的佳餚。

🕘11:30～15:00，18:00～20:00
休週二 (預約、逢假日則營業)
¥無菜單晚餐全餐3500日圓～
所輕井澤町輕井澤726 ツチヤプラザ2F
🚌JR輕井澤站搭巴士4分，舊輕井澤下車，步行5分
P無

👤OK　🐾NG

❶呈現如南法家庭般的舒適與溫暖氣息 ❷位於舊輕銀座通上大樓2樓的隱密名店

奢侈使用多樣信州食材
輕鬆品嘗道地的法式料理

漢堡排盤餐
1512日圓 (120g)
將濃縮信州阿爾卑斯牛肉鮮美滋味的漢堡排，以及15種以上新鮮蔬菜放在同一盤享用！

特色店家齊聚一堂！

咖啡廳

舊輕

輕井澤擁有根深蒂固的咖啡文化，咖啡廳的數量非常多。從知名老店到熱門的新開店應有盡有，接下來將以各關鍵字分別為大家介紹其中個性豐富的店家，不妨在逛街途中順道前往朝聖吧！

Mikado Coffee
輕井澤舊道店
ミカドコーヒー かるいざわきゅうどうてん

☎0267-42-2453　MAP 附錄②P.9 C-3

於2017年邁入開店65周年的輕井澤代表性老店。由全世界精選而來的咖啡豆經過調合、用心烘焙而成的咖啡，呈現出平衡度絕佳的上等風味。

🕙10:00～17:00（有季節性變動）
休不定休（夏季無休，需洽詢）
所輕井澤町輕井沢786-2　🚌JR輕井澤站搭巴士4分，舊輕井沢下車，步行3分
P無

👶OK　🐾NG

Since1952
將嚴選咖啡豆細心烘焙與萃取
也深得別墅族青睞的老店咖啡

舊輕通
（綜合咖啡）
580日圓
為開店以來的長銷商品，微微的苦味與蛋糕也很合搭

→最適合逛街空檔時坐下來喘口氣的2樓座位區，咖啡果凍也很好吃

→在甚至會依季節調整沖泡溫度的講究下孕育而生的自豪咖啡

Since1985
在溫潤木質的空間裡
品嘗精心沖泡的招牌咖啡

特調咖啡
540日圓
以清爽的酸味和苦味為特徵，搭配蛋糕的套餐為980日圓

關鍵字❶
老牌咖啡廳

有機會一定要來造訪輕井澤的老牌咖啡廳，享受一下讓別墅族、觀光客都醉心的出色咖啡以及店家的氛圍。

←以虹吸式咖啡壺一杯一杯慢慢萃取，濃度也可依客人口味調整

特調咖啡
800日圓
可任選果醬的自家製乳酪蛋糕套餐1400日圓也很受歡迎

Since1970
散發沉穩氛圍的空間
極致講究的咖啡饗宴

70℃
堅持以最能凸顯咖啡風味的
溫度提供飲用的

ぱいつぼおる

☎0267-42-3159　MAP 附錄②P.9 B-2

以精心沖泡的咖啡與甜度適中的自家製蛋糕廣受好評。溫暖木質調的空間加上個性平易近人的老闆，總讓人一坐下就不想離開了。

🕙9:00～18:00（8月為6:00～，有季節性變動）
休不定休
所輕井沢町輕井沢197-2　🚌JR輕井澤站搭巴士4分，舊輕井沢下車即到
P5輛

👶OK　🐾NG

↑不需在意周圍，能自在放鬆的寬敞空間

只提供品質講究的綜合咖啡，並以壺裝讓客人能好好品嘗

了整排杯子
吧檯內的架上擺滿

Since1982
在歷經歲月散發成熟韻味的洋館
盡情享受優質的咖啡與悠然時光

經典歌劇
特調咖啡
880日圓
皇家哥本哈根瓷器的杯子十分適合店內的氛圍

珈琲歌劇
こーひーかげき

☎0267-42-7833　MAP 附錄②P.9 A-4

位於舊輕井澤圓環附近的咖啡廳，古典的建築外觀令人印象深刻。可以在從彩繪玻璃射入柔和光線的店內，優雅地享受一杯優質咖啡，感受靜靜流淌的時光。

🕙10:00～18:00
休不定休（3～11月無休）
所輕井沢町輕井沢12-7　🚌JR輕井澤站搭巴士4分，舊輕井沢下車即到
P無

👶OK　🐾NG

←沈穩氛圍的店內很受歡迎的吧檯座

茜屋
珈琲店 舊道店
あかねやこーひーてんきゅうどうてん

☎0267-42-4367
MAP 附錄②P.8 E-1

點餐後才現磨現沖的咖啡名店。一入口就能直接喝下的順口溫度、味道豐富有層次、大倉陶園製作的杯子等等，能享受店家秉持各種堅持所打造出來的咖啡。

🕙9:00～18:00（夏季為～20:00）
休無休
所輕井沢町舊道666　🚌JR輕井澤站搭巴士4分，舊輕井沢車，步行6分
P無

👶OK　🐾NG

舊輕咖啡廳

輕井澤站周邊

中輕井澤

南輕井澤

北輕井澤

周邊區域

外觀也很可愛的聖代
建議搭配咖啡一起享用

↑帶孩童同行的顧客只需
在前一天預約,即可特別
安排兒童遊戲區

旧軽井沢Cafe 涼の音
きゅうかるいざわカフェすずのね

☎0267-31-6889　MAP附錄②P.8 F-3

咖啡廳位於遠離舊輕銀座喧囂的安靜場所。店家改建自已登錄為國家有形文化財的舊松方家別莊,能享用與咖啡很對味的溫和風味甜點。

🕙9:00～17:00　休週三(夏季無休,12～3月為冬季休業)　¥午間餐點1080日圓～　所輕井沢町旧軽井沢972(旧サロモン別荘)　🚌JR輕井澤站搭巴士4分,旧軽井沢下車,步行10分　P無　😊OK　🐾僅限露台吧檯座OK

香橙塔
648日圓
咖啡
540日圓

備有清爽不膩口的香橙塔等4款蛋糕

莓果優格聖代
600日圓
咖啡
500日圓

優格與莓果的微酸口感很棒,與咖啡十分契合

關鍵字❷
甜點

美味甜點的存在也是咖啡廳的重點之一,以下是擁有極品甜點及廣大粉絲愛戴的店家介紹!

↑還保留昭和初期的暖爐與家具的復古氛圍店內

恰到好處的酸味與淡口味咖啡很合搭的香橙塔

↑晶立於扶疏林木間,拍起來很漂亮的建築物,設有露天座

NICO cafe
ニコカフェ

↑就座落在輕井澤聖保羅天主教教堂的旁邊

☎090-1101-6274　MAP附錄②P.9 C-1

位於舊輕銀座通後街小巷內的舒適咖啡廳。秉持在沖泡咖啡前才開始研磨咖啡豆的原則,高人氣的咖哩午餐(僅於4～11月供應)也是非嘗不可的美味。

🕙10:00～16:30(17:00打烊,黃金週、8月為8:00～)　休週五、六(黃金週、8月為週五)　所輕井沢町輕井沢191-2　🚌JR輕井澤站搭巴士5分,聖パウロ教会前下車即到　P無　😊OK　🐾需洽詢

ちもと 輕井澤店
ちもとかるいざわてん

☎0267-42-2860
MAP附錄②P.8 E-2

1948(昭和23)年創業的甜品老店,使用天然冰製作的刨冰一整年都有供應。除了知名糕點「ちもと餅」和樸實醬油風味的烤糰子外,蕎麥麵、烏龍麵之類的餐點選擇也很豐富。

🕙10:00～18:00(7月中旬～8月為9:00～19:00)　休無休(冬季為不定休)　所輕井沢町輕井沢691-4　🚌JR輕井澤站搭巴士4分,旧軽井沢下車,步行10分　P無　😊OK　🐾僅限露台OK

天然刨冰
609日圓～

有添加自家製顆粒紅豆餡的宇治金時等多種口味

雖地處熱鬧的舊輕銀座通上,但店屋內氛圍卻相當安靜

↑猶如江戶時代茶屋、別具風情的外觀令人覺得放鬆

在如茶屋般的夏日甜品小歇片刻
享用刨冰和知名糕點

這個也很有名!
ちもと餅
227日圓

以黑糖和核桃的優雅甜味著稱的點心

吃起來就像粉雪般!
入口即化的天然冰

關鍵字❸
刨冰

雖說是避暑勝地,但在炎炎夏日逛街還是得對抗酷熱的天氣。來碗冰涼透心的天然冰刨冰,讓發熱的身體冰鎮降溫一下吧!

刨冰
650日圓～

有草莓牛奶、宇治金時等20多種口味

↑位於街道稍微遠離大街的場所,是最適合的休憩空間

CIBOULETTE
☎0267-42-2222
MAP附錄②P.8 E-1

由使用淺間山麓湧水製造天然冰的廠商所經營的刨冰店。如雪花般纖細的刨冰,一放入口中就輕輕化開的口感真是極品美味!雖然分量超大,但絕對會全部吃光光。

🕙10:00～17:00　休不定休(7月下旬～9月中旬無休,有冬季休業)　所輕井沢町輕井沢668　🚌JR輕井澤站搭巴士4分,旧軽井沢下車,步行10分　P無　😊OK　🐾僅限露台OK

舊輕井澤

- 徒步即可逛遍的舊輕井澤區域，還有好多好多充滿魅力的景點。不妨以舊輕井澤銀座通為中心，盡情享受觀光、美食和購物的樂趣吧。

美食 山長黑うどん
 ●やまちょうくろうどん

📞0267-42-0051　😊OK　🐾NG
MAP 附錄②P.9 B-2

吃得到滿滿蔬菜的健康烏龍麵

供應揉入小麥麩和糙米粉的Q彈黑烏龍麵，搭配大量無農藥蔬菜的健康餐點廣受歡迎。晚上則搖身一變成了割烹日本料理餐廳。

🕐11:00〜14:30、17:30〜20:00（晚間預約）　🈺不定休　💴無農藥蔬鍋燒烏龍麵1600日圓　📍輕井沢町輕井沢195-4　🚌JR輕井沢站搭巴士4分，舊輕井沢下車，步行4分　🅿2輛

↑放上大量自家栽種蔬菜的時蔬沙拉什錦麵1600日圓

美食 BENSON
●レストランベンソン

📞0267-42-7829　😊OK　🐾NG
MAP 附錄②P.9 B-2

以居家氛圍為魅力的西餐廳

菜色多元豐富的洋食店。除了基本款的多蜜醬漢堡排外，還有照燒、哈瓦那辣椒等5種口味，廣受各年齡消費者的喜愛。

🕐11:30〜14:00、17:30〜21:00（黃金週、盂蘭盆節期間無休）　💴牛排午餐1598日圓、義大利麵午餐1404日圓　📍輕井沢町輕井沢199-3　🚌JR輕井沢站搭巴士4分，舊輕井沢下車，步行5分　🅿無

↑每日更換口味的義大利麵午餐

美食 炭火燒鳥 こみやま
●すみびやきとりこみやま

📞0267-42-9950　😊OK　🐾NG
MAP 附錄②P.9 B-2

選用品牌土雞的人氣午餐

由曾在輕井澤老字號飯店磨練廚藝長達20年的店主所開設的雞肉料理店。雞肉是使用德島土雞等精挑細選的品牌雞，能吃到以備長炭燒烤，香氣四溢又鮮嫩多汁的雞肉串。

🕐11:00〜14:00、17:00〜23:00　🈺週三（黃金週、8月無休，1〜3月不定休，夏季以外請打電話確認）　💴雞鬆蓋飯1230日圓、鵝肝蓋飯1950日圓　📍輕井沢町輕井沢196-10　🚌JR輕井沢站搭巴士4分，舊輕井沢下車，步行4分　🅿無

↓完美呈現雞蛋滑嫩口感的人氣親子蓋飯1230日圓

↓以吧檯座為主的店內為優質的大人風格空間

景點 輕井澤聖保羅天主教教堂
 ●かるいざわせいパウロカトリックきょうかい

📞0267-42-2429　**MAP** 附錄②P.9 C-1

輕井澤具代表性的名建築教堂

1935（昭和10）年設立的老教堂，以木材與混凝土的搭配組合、傾斜度很大的三角屋頂和巨大尖塔為特色。還曾出現在堀辰雄的小說《木之十字架》中而名聞遐邇，也提供舉辦婚禮的服務。

🕐7:00〜18:00（有季節性變動）　🈺無休　💴免費　📍輕井沢町輕井沢179　🚌JR輕井沢站搭巴士4分，聖パウロ教会前下車即到　🅿無

→很吸引人目光的挑高天井的外露木造結構

↑設計出自建築師安東尼雷蒙之手

景點 室生犀星紀念館
 ●むろうさいせいきねんかん

📞0267-45-8695（輕井澤町教育委員會）　**MAP** 附錄②P.8 F-3

備受文人愛戴的純日式舊居

將詩人室生犀星於1931（昭和6）年興建、每年夏天都在此度過的舊居整修後對外公開。平房樣式的日式建築與完美調和的青苔庭園都是不可錯過的焦點。（目前正進行整修工程，預計2019年4月28日完成）

🕐9:00〜17:00　🈺無休（11月4日〜4月28日為冬季休館）　💴免費　📍輕井沢町輕井沢979-3　🚌JR輕井沢站搭巴士4分，舊輕井沢下車，步行10分　🅿無

↑能欣賞由室生犀星親手設計的美麗庭園

景點 諏訪神社
●すわじんじゃ

📞0267-42-5551　**MAP** 附錄②P.8 D-4

舊輕井澤的能量景點

四周林木環繞，散發出神祕氛圍的古老神社。境內有7棵巨大的御神木，其中之一還可以進到樹幹中，能近距離感受群樹的能量。

🕐自由參觀　📍輕井沢町輕井沢865　🚌JR輕井沢站搭巴士4分，舊輕井沢下車，步行5分　🅿4輛

→御神木已被列為輕井澤町指定文化財

景點 蕭別墅紀念館
●ショーハウスきねんかん

📞0267-45-8695（輕井澤町教育委員會）　**MAP** 附錄②P.6 B-2

展示傳教士A.C.蕭的相關資料

鄰接輕井澤蕭紀念禮拜堂（→P.13）。建築物是由傳教士A.C.蕭於1888（明治21）年興建的輕井澤第1棟別墅遷移復原而成，內部也有開放參觀。

🕐9:00〜17:00（7〜9月為休館日、黃金週、7月15日〜9月15日則開館）、11月4日〜3月休館　💴免費　📍輕井沢町輕井沢57-1　🚌JR輕井沢站搭巴士4分，舊輕井沢下車，步行10分　🅿無

→可一窺發展成為避暑勝地的輕井澤歷史

CHECK!

輕井澤幻視藝術博物館
●トリックアートミュージアムかるいざわ

📞0267-41-1122　**MAP** 附錄②P.9 B-4

帶寵物一起體驗幻視藝術

展示眾多知名幻視藝術的體感型娛樂設施，參觀時可以拍照或是用手碰觸作品。

🕐10:00〜18:00（7月17日〜8月31日為9:00〜19:00、12月1日〜2月28日為10:00〜17:00）　🈺無休（有冬季休業）　💴成人1500日圓、高中生1000日圓、中小學生800日圓、3歲〜學齡前兒童500日圓、寵物200日圓　📍輕井沢町輕井沢809　🚌JR輕井沢站搭巴士4分，舊輕井沢下車即到　🅿35輛（前90分免費）

←片當作逗趣的旅遊紀念吧 拍一張逗趣的視覺錯覺照

←透過用眼睛看著所有的用手觸摸運用世界名畫 感覺欣賞世界名畫

↑館內還附設可以帶寵物入內的咖啡廳

區域導覽

輕井澤站周邊　中輕井澤　南輕井澤　北輕井澤　周邊區域

購物　●かしくらせいか 柏倉製菓

☎0267-42-4505　　MAP 附錄②P.8 D-3

療癒人心的懷舊和菓子

包餡甜甜圈、核桃麻糬之類的古早味點心羅列，最適合買來邊走邊吃。熱賣的花豆赤飯則是Q彈米飯加上口感鬆軟的當地產花豆，堪稱美味絕品！

⤴擁有不少忠實顧客的花豆赤飯610日圓

⌚9:00～18:00
休週四（1～2月為不定休）
所軽井沢町軽井沢742-6　🚍JR輕井澤站搭巴士4分，舊輕井澤下車，步行3分　🅿無

購物　●つちやしゃしんてん 土屋写真店

☎0267-42-2167　　MAP 附錄②P.8 D-2

用照片述說輕井澤的歷史

創業於1906（明治39）年，已被認定為輕井澤遺產的照相館，前身據說是小林一茶也曾下榻過的旅籠。能一睹見證輕井澤歷史的珍貴照片。

⤴也有販售明治時代以來的輕井澤照片

⌚9:00～18:00（夏季為8:30～20:00）
休無休（冬季為不定休）
所軽井沢町軽井沢619　🚍JR輕井澤站搭巴士4分，舊輕井澤下車，步行5分　🅿無

購物　●いっちょうどうかるいざわぼりかぐこうぼう 一彫堂(軽井沢彫家具工房)

☎0267-42-2557　　MAP 附錄②P.9 C-3

展現職人精湛手藝的傳統輕井澤彫

輕井澤彫起源自明治時代，當時是用來製作外國人別墅的內裝家具。精緻的日本技術加上西洋風格元素的職人手彫工藝相當吸睛。

⌚10:00～18:00（8月為～19:00）　休無休（冬季為不定休）
所軽井沢町軽井沢775　🚍JR輕井澤站搭巴士4分，舊輕井澤下車，步行3分　🅿無

各5340・4500・4560日圓～咖哩湯匙
⤴雕工細緻的手作小花瓶

⤴曾經為萬平飯店等場所製作家具的輕井澤彫老店

購物　●おおくらとうえんかるいざわてん 大倉陶園 軽井澤店

☎0267-42-5122　　MAP 附錄②P.8 D-2

以暢貨店的價格購買高級瓷器

有「大倉白」之美譽的高級白瓷西式餐具店，可以在輕井澤店買到杯碟組2592日圓～等價格划算的次級品。

⤴跨越時代不退流行的高雅設計

⌚10:00～18:00（有季節性變動）　休無休（11月中旬～4月下旬為冬季變動）
所軽井沢632 ポケットパーク632内　🚍JR輕井澤站搭巴士4分，舊輕井澤下車，步行6分　🅿無

購物　●あさまこうげんのうじょう 浅間高原農場

☎0267-42-2255　　MAP 附錄②P.9 B-3

口感濃郁的原創牛奶醬

店內陳列著果醬、果汁等輕井澤伴手禮，牛奶香氣四溢的蜂蜜牛奶醬很受歡迎。店家就位於巴士總站附近，交通方便。

蜂蜜牛奶醬（165g）540日圓

⌚9:00～18:00（黃金週、夏季會有變動）
所軽井沢町軽井沢801　🚍JR輕井澤站搭巴士4分，舊輕井澤下車即到　🅿無

購物　●かるいざわこうちゃかんサンビーム 軽井沢紅茶館 SUNBEAM

☎0267-42-2263　　MAP 附錄②P.9 C-3

有紅茶、花草茶等50種豐富商品

販售由擁有紅茶講師資格的店長親自嚴選的紅茶、特調調味茶等，可以輕鬆享用的茶包及蛋糕架之類的小東西也很充實。

⌚10:00～18:00
休週四　所軽井沢町軽井沢586　🚍JR輕井澤站搭巴士4分，舊輕井澤下車，步行3分　🅿無

⤴原創特調茶包（10包入560日圓）

購物　JAM KOBAYASHI

☎0267-42-2622　　MAP 附錄②P.8 E-2

原本經營蔬果店的果醬老店

蔬果店創設於1949（昭和24）年。經俄羅斯人傳授製法的果醬約有40種口味，店內除了果汁、糖漬產品外也販賣少見的特別水果。

⤴以天然素材製成的果醬（160g）各648日圓

⌚10:00～18:00
休週三、四（逢假日則營業，8月無休）
所軽井沢町軽井沢710　🚍JR輕井澤站搭巴士4分，舊輕井澤下車，步行6分　🅿無

美食　●びすとろパナシェ びすとろ Panacher

☎0267-42-5929　OK　僅限露台OK　　MAP 附錄②P.9 B-4

在隱密氛圍的空間品嘗正統法國菜

能在改建自明治時代的別墅、氣氛隱密的店內，輕鬆享用道地的法式料理。備有多達200種的法國產葡萄酒也極具吸引力。

⤴能飽嘗多樣當季蔬菜

⌚11:30～14:30、17:30～21:00　休週二
¥午餐1458日圓、晚餐4644日圓～
所軽井沢町軽井沢808-3　🚍JR輕井澤站步行25分　🅿無

咖啡廳　●みかさちゃやくんぺい 三笠茶屋 くんぺい

☎0267-42-1307　OK　僅限露台OK　　MAP 附錄②P.6 A-1

能聆聽小河潺潺流水聲的咖啡廳

位於舊三笠飯店附近的古民家風茶屋。使用信州產牛肉與香草雞烹調的三笠飯店咖哩、復古好滋味的山屋山口紅豆麵包等餐點都很受歡迎。

⤴店家後方還設有長滿青苔的露天座

⌚10:00～16:30（夏季為9:00～17:00）
休不定休（夏季無休，12～3月中旬為冬季休業）
¥山口紅豆麵包270日圓
所軽井沢町三笠　🚍JR輕井澤站車程10分　🅿2輛

購物　●かるいざわぶっさんかん 軽井沢物產館

☎0267-42-2299　　MAP 附錄②P.9 B-3

要買輕井澤乳製品的話就來這兒！

選用100%娟姍牛乳製成的霜淇淋、北輕井澤康門貝爾乳酪等乳製品都十分熱賣的伴手禮店，夏季限定販售的北輕井澤高原蔬菜也很大推。

牛奶特製各200日圓的原創牛奶與咖啡

⌚10:30～18:00
休週四（逢假日營業，8月無休）
所軽井沢町軽井沢571-2　🚍JR輕井澤站搭巴士4分，舊輕井澤下車，步行3分　🅿無

購物　●あいきしょうかい 相木商会

☎0267-42-9771　　MAP 附錄②P.9 C-2

邊走邊吃的首選！熱呼呼的蕎麥餡餅

販售野澤菜漬、以信州蔬果醃製的漬物、果醬等商品。一個一個手工製作的古早味蕎麥餡餅，現蒸的熱騰騰口感相當美味。

⤴有野澤菜220日圓、夢幻岩茸500日圓等多種口味

⌚9:00～17:00（夏季為～18:00、冬季為10:00～16:00）
休週四（1～3月休業）
所軽井沢町軽井沢604-9　🚍JR輕井澤站搭巴士4分，舊輕井澤下車，步行5分　🅿無

前往舊碓冰峠

（きゅうすいとうげ）

來趟森林浴健行

從舊輕井澤
稍微
走遠一些

度過舊輕銀座通盡頭的二手橋，就是一路朝絕景觀景台前進的健行路線。走在清澄空氣與青翠綠意環繞的散步道上療癒效果極佳，不妨來享受一下與市區截然不同的輕井澤魅力吧！

何謂舊碓冰峠？
為江戶時代五街道之一的中山道主道，曾經是眾多旅人往來行經的險峻山口。現在則成了人氣健行路線，能將周圍的群山美景盡收眼底。

MAP 附錄② P.4 F-1

推薦路線

所需時間	約2小時
距離	全長7km

1 二手橋 START
↓ 步行約10分

2 舊碓冰峠遊覽步道
↓ 步行約60分

3 熊野皇大神社
↓ 步行即到

4 元祖 力餅 しげの屋
↓ 步行約5分

5 舊碓冰峠觀景台 GOAL
回程就搭接駁巴士吧！

出發前先CHECK!

森林浴的建議

在森林中一定要穿方便活動的服裝和運動鞋。為了預防途中遇到熊，請別忘了攜帶鈴鐺或收音機之類會發出聲音的東西。此外，身處於大自然間也要遵守禮儀，隨身的垃圾請自己帶回處理。

服裝 運動鞋、帽子、防寒衣物
攜帶物 毛巾、防蟲噴劑、OK繃、消毒液、驅熊鈴或收音機等

集結著輕井澤的歷史
旅人們的道別之橋

1 START

（にてばし）
二手橋

小橋架設在舊輕銀座通北端遠處的矢崎川上。輕井澤於江戶時代曾為繁榮一時的驛站町，當時留宿此地的旅人在這座橋上不捨話別後即各奔東西，有一派說法認為這就是二手橋的名字由來。

☎0267-42-5538（輕井澤觀光會館）
MAP 附錄② P.6 B-2
⬛自由參觀　⬛輕井沢町輕井沢　⬛JR輕井澤站
搭巴士4分，舊輕井沢下車，步行12分　⬛無

從遊覽步道走約10分鐘就會看到吊橋

享受親近大自然的樂趣
穿梭於森林中的散步道

2

（きゅうすいとうげ ゆうらんほどう）
舊碓冰峠遊覽步道

越過二手橋後就是綿延約3km、通往舊碓冰峠觀景台的遊覽步道，沿途能欣賞到迫力滿點的吊橋和山野草、野鳥。山裡也有野生動物，因此必須隨身攜帶鈴鐺之類能發出聲響的東西，而且絕對不可以靠近。

☎0267-42-5538（輕井澤觀光會館）
MAP 附錄② P.6 C-2
⬛自由參觀　⬛輕井沢町峠町　⬛JR輕井澤站搭
巴士4分，舊輕井沢下車，步行25分　⬛無

請注意過了二手橋後禁止自行車通行

能量景點

境內後方有棵據傳樹齡已千餘年的「信濃樹」。已被指定為長野縣天然紀念物的這棵御神木，因擁有不可思議的能量而廣受矚目。

2

熊野皇大神社

連賽錢箱和拉鈴也區分成兩邊

長野（熊野皇大神社）

群馬（熊野神社）

1

前往舊碓冰峠來趟森林浴健行

輕井澤站周邊

中輕井澤

南輕井澤

北輕井澤

周邊區域

地圖標示：
愛宕山
古峰神社
③ 熊野皇大神社
④ 元祖 力餅 しげの屋
正宗白鳥和歌碑
GOAL!
吊橋
遊覽步道入口
室生犀星文學碑
133
② 舊碓冰峠 遊覽步道
481
START!
WC
③ 舊碓冰峠觀景台
蕭別墅紀念館
松尾芭蕉俳句碑
① 二手橋
鶴屋旅館
輕井澤町
聖保羅天主教教堂
室生犀星舊居
せせらぎの森
長野縣　群馬縣
安中市
萬平飯店
旧軽井沢巴士站

---

⑤ 海拔1200m的全景視野 美得令人感動！

きゅううすいとうげみはらしだい
舊碓冰峠觀景台　GOAL

擁有遼闊視野的絕景景點，能欣賞四季更迭各有不同自然風貌的南阿爾卑斯山脈、八岳和淺間山。曾被來此地避暑的外國人盛讚為「夕陽觀景點」的美麗落日景致，也是不可錯過的焦點。

①標示縣界的看板是拍攝紀念照的最佳地點
②放眼望去即如畫般的絕景

📞0267-42-5538
（輕井澤觀光會館）
MAP 附錄② P.4 F-1
🏯自由參觀
所輕井沢町峠町
🚌JR輕井澤站車程15分
🅿10輛

可以眺望到這些山

能見到以活火山而廣為人知的「淺間山」、日本三大奇景之一的「妙義山」，還有頂端平如桌面，別名「桌山」的「離山」等山頭。

劍峰
淺間山

即使對體力沒自信也OK!!

搭巴士輕鬆享受森林浴

對於想欣賞美景但時間不太夠、不擅長走山路的遊客，建議可搭乘旺季期間的路線巴士。每逢4月下旬～11月下旬期間，會行駛於觀景台～舊輕銀座～萬平飯店～舊輕井澤豐收季飯店之間。

📞0267-42-0353
（輕井澤交通巴士）
🗓4月下旬～11月下旬
💴成人單程500日圓、小學生以下300日圓（來回票有折扣）※所需時間約15分，1天有9～11班　※路線、時刻表請參照輕井澤紅色巴士官網

④ 盡享美景與名產甜點 座落於縣境的茶屋

がんそ ちからもち しげのや
元祖 力餅 しげの屋

創業已超過300年的甜品老店。昔日往來於中山道的旅人也曾吃過的名產「力餅」，有紅豆、核桃、黃豆粉等多種口味。坐在好天氣時能一望關東平原的露天座，邊欣賞美景邊讓身心充電一下吧。

👶OK　🐾僅限露台OK

📞0267-42-2402
MAP 附錄② P.4 F-1
🏯9:00～16:00（夏季為～17:00）
休不定休（有冬季休業）
所輕井沢町峠町碓冰峠2
🚌JR輕井澤站車程15分
🅿30輛

①從中山道驛站町時代營業至今的老店。除了甜品外，還提供蕎麥麵之類的輕食
②夏季限定的刨冰500日圓～，溫和的甜味讓疲憊的身體全都沁涼舒暢起來
③伴手禮「折」（內含2種口味）1000日圓

---

③ 輕井澤當地的守護神 潔淨身心後祈求開運招福

くまのこうたいじんじゃ
熊野皇大神社

被列為「日本三大熊野」之一，本宮的中心位於長野和群馬縣界上的特別神社。御神木「信濃樹」是以祈求開運招福、締結良緣著稱的能量聖地，每月1日和15日限定授予的「信濃樹御守」也很受歡迎。

📞0267-42-5749　MAP 附錄② P.4 F-1
🏯自由參拜　所輕井沢町峠町碓冰峠1
🚌JR輕井澤站車程15分　🅿2輛

①分別參拜兩縣的神社②因「締結、綑綁」之意的「信濃」地名語源以及愛心形狀的枝葉，所以被視為開運結緣之樹而備受信仰③神明使者八咫烏的御守④鎮座於海拔1200m之處

輕井澤站周邊

かるいざわえき
しゅうへん

為輕井澤站下車旅客的首站抵達地。逛逛連結車站與舊輕銀座的輕井澤本通、散布在閑靜巷道內的各式各樣店家，也都樂趣無窮。

曾於義大利國際大會中獲獎

口感濃厚的正統義式冰淇淋

義式冰淇淋
單球500日圓、雙球600日圓
備有西西里島勃朗特產的開心果義式冰淇淋等8～12種口味

→營造出義式冰淇淋店、小酒館的氣氛，晚間還能享用葡萄酒和小菜料理

→2017年6月才剛開幕，離車站近，交通方便

暢貨中心的資訊
請CHECK! 附錄①

A Gelateria Gina

ジェラテリアジーナ

提供使用當季水果、長野縣產牛乳製作的道地義式冰淇淋。以日本少見的義大利製機器做出的冰淇淋，能吃出食材本身的濃郁風味極具吸引力。

🕙10:00～22:00(11～3月為14:00～)
休週三、第3週四(11～3月為週三、四)
¥咖啡400日圓、濃縮咖啡300日圓
所輕井沢町輕井沢東11-22
🚶JR輕井澤站步行3分
Ｐ無

📞0267-27-2114
😊OK　僅限露台OK

MAP 附錄② P.7 B-4

GOURMET

連接車站到舊輕銀座的街道

漫步逛街趣

輕井澤本通

SHOPPING

為輕井澤的主要大街，熱門商店、時尚咖啡廳、話題美食等魅力無窮的店家比鄰而立。不妨邊走邊逛，一路往舊輕銀座前進吧。

C Cafe Conversa

カフェコンヴェルサ

可點杯精心沖泡的咖啡，搭配三明治、異國風味咖哩之類的手作餐點慢慢享用的咖啡廳。晚上則搖身一變成了餐廳，單杯葡萄酒、單品料理的選擇性都很豐富。

🕙11:00～21:00　休週二
¥原創特調咖啡600日圓
所輕井沢町輕井沢東19-48
🚶JR輕井澤站步行5分　Ｐ4輛

📞0267-42-1166
MAP 附錄② P.7 B-3
😊OK　🐾OK

甜點套餐 1000日圓
可從每日精選蛋糕等多款甜點中自由挑選

午間可享用咖啡、晚間可品味葡萄酒的咖啡餐廳

牛臀肉150g 3000日圓 與葡萄酒皆有口皆碑

↑香煎信州高級牛臀肉150g與葡萄酒的契合度高

↑與陌生人也能自在自聊天的居家氛圍空間

飽嘗道地的德國風味
熱騰騰的火腿&香腸

香腸套餐 1296日圓
能一次吃到多種招牌香腸的套餐，還附麵包或米飯

B 腸詰屋 輕井澤1號店

ちょうづめやかるいざわいちごうてん

堅持選用國產食材與德國傳統製法的火腿&香腸店(→P.37)。店內除了現烤火腿和香腸外，也有供應咖哩、漢堡排等分量十足的餐點。

GOURMET

🕙10:00～18:00　休週三(逢假日則營業，7月下旬～8月無休，1～3月上旬為冬季休業)
¥油煎香腸432日圓　所輕井沢町輕井沢東19-5　🚶JR輕井澤站步行4分　Ｐ5輛

📞0267-42-3791　😊OK　🐾NG
MAP 附錄② P.7 B-3

↑自豪的火腿、香腸與德國啤酒或葡萄酒也很對味

MAP
附錄② P.7

白糸Highland Way
中輕井澤
舊輕井澤
輕井澤站周邊
北陸新幹線
中輕井澤
長野
南輕井澤
碓氷輕井沢IC
東京

Information
輕井澤觀光會館
📞0267-42-5538
輕井澤觀光服務處
(輕井澤站內)
📞0267-42-2491

Access

步行	開車
JR輕井澤站	碓氷輕井沢IC
馬上就到	經由縣道92號、43號，車程20分
若想有效率地巡訪各景點，建議租自行車代步。請參照附錄② P.18	新輕井澤右轉
	直行就到
	輕井澤站周邊

Natural Cafeina
ナチュラルカフェイーナ

提供現磨咖啡豆、以法式濾壓壺沖泡的精品咖啡廳，現正流行的巴西莓果碗等健康有機餐點的選項也很充實。

↑位於東雲十字路口上，從一早開張到打烊為止都人潮熱絡的名店。

⏰7:00～19:00（11～4月為8:00～18:00）※19:00～21:00的營業時段只接受預約客 ✕週三（8月無休，2月休業）💰濃縮咖啡450日圓、花草茶550日圓～ 📍輕井澤町輕井澤東25 🚉JR輕井澤站步行7分 🅿7輛

📞0267-42-3562
😊OK 🐾僅限露台OK
🗺附錄② P.7 B-3

巴西莓果碗
1100日圓
除了有助於健康、養顏美容的人氣巴西莓果碗外，還享用鋪上滿滿的當季水果！

在樸實自然氣息的空間，享用有益身體健康的料理

購物的雜貨等商品
舒適氛圍的店內也有販售從巴西採

G KARUIZAWA BIRDIE
DOG Lover's shop +CAT
かるいざわバーディドッグラバーズショップ プラスキャット

店內擺滿了設計感十足的項圈和牽繩、以犬貓為主題的精選雜貨等商品。可當成輕井澤伴手禮的原創犬貓用品，即使沒帶寵物一起來的遊客也都愛不釋手。

⏰10:00～18:00 ✕週三（春假、黃金週、夏季、過年期間無休）📍輕井澤町舊輕井澤1274-17 🚉JR輕井澤站步行13分 🅿1輛

📞0267-41-1553
🗺附錄② P.7 B-2

↑以花朵、星星圖案點綴的飾品風格項圈

項圈 2592日圓～

迷彩外出包
28080日圓

↑適用於小型犬和貓咪的外帶包，上方為網狀材質舒適又透氣

↑為攜帶寵物同遊輕井澤本通的旅客們聚集的休憩場所，也擁有不少忠實常客

愛狗＆愛貓人士絕不可錯過的吸睛商品！

OK的店家與觀光景點的相關資訊

還能順便收集輕井澤內寵物同行

烤雞午間套餐
1/4隻 1680日圓
附前菜、沙拉、飯or麵包的人氣套餐，也有半隻的選項

外皮酥脆、肉質鮮嫩多汁的絕品烤雞

D Kastanie Rotisserie
かるいざわローストチキンカスターニエ

將嚴選雞肉以特製醬料醃漬，放入烤箱慢烤而成的烤雞備受歡迎。恰到好處的油脂、酥脆外皮與多汁的肉質，讓人讚不絕口！

↑意為「七葉樹」的店名據說是由德國傳教士所命名

⏰11:30～14:00、17:00～20:00 ✕週二 💰烤雞（1隻）3360日圓 📍輕井澤町輕井澤東23-2 🚉JR輕井澤站步行6分 🅿6輛

📞050-2018-1344
😊OK 🐾NG
🗺附錄② P.7 B-3

↑簡約又自然的空間充滿了溫暖的氛圍

F Ristorante Pietrino

早上新鮮現採的高原蔬菜、信州產的肉品等，吃得到將當地食材特色發揮到極致的義大利菜。包含自製手打麵（＋300日圓）在內，可以自由任選麵種的義大利午餐是熱門首選。

⏰午餐11:30～14:30、咖啡廳14:30～15:30（16:00打烊）、晚餐17:00～20:30 ✕週二 💰午間全餐1728日圓～ 📍輕井澤町輕井澤1151-5 輕井澤新藝術博物館內 🚉JR輕井澤站步行7分 🅿20輛

📞0267-46-8499
🗺附錄② P.7 B-2
😊OK 🐾僅限露台OK

↑位於輕井澤新藝術博物館1樓裡面的義大利餐廳

↑玻璃窗環繞的店內洋溢著充足的自然光，給人整潔明亮的感覺

品嘗輕井澤富饒的大自然恩澤善用食材特性的義大利料理

義大利麵午餐
1728日圓
可從口感Q彈的貓耳朵麵等數款麵種中任選，另附沙拉、飲料

右側地圖：

從車站北口步行20分

🛍 L Suju Gallery Dark Eyes
舊輕銀座

Restaurant Kaffee Kitzbühl (P.57)
Schokoladenburg チョコレート館

🛍 K Atelier de Fromage 舊輕井澤

🛍 I GARBA 輕井澤

J

kino H

中部電力前

133

輕井澤町觀光振興中心 (P.11)
KARUIZAWA BIRDIE
DOG Lover's shop +CAT

舊輕井澤大酒店 (P.105)

🛍 G

脇田美術館 (P.56)

輕井澤優雅酒店東館

輕井澤優雅酒店南館
輕井澤新藝術博物館 (P.56)
Ristorante Pietrino

F

六本辻
新
東雲

Natural Cafeina
E

Atelier de Fromage 輕井澤 PIZZERIA (P.26)

輕井澤 Kastanie Rotisserie
D

C Cafe Conversa
腸詰屋 輕井澤1號店
B

133

白樺堂 輕井澤站前通店 (P.57)

Gelateria Gina

A

站前郵局

鉄板洋食 NISHIHATA (P.57)
Cyclemate Q 站前店
La theiere (P.53)
信濃鐵道輕井澤站 (P.19)

駅入口

18

🚉JR輕井澤站

南口還有輕井澤王子購物廣場

附錄①

SHOPPING I
GARBA 輕井澤店
ガルバかるいざわてん

販售使用嚴選國產麵粉與雞蛋，在自家工廠烘焙製作的年輪蛋糕。適合邊走邊吃的年輪蛋糕串、包入紅豆餡的年輪蛋糕銅鑼燒等商品也都十分暢銷。

🕘9:00~18:00 休週二
所輕井沢町輕井沢3-1
🚉JR輕井澤站步行17分 P無
📞0267-42-3233
MAP附錄② P.7 B-1

以國產食材層層烘烤紮實綿密的年輪蛋糕

Baobab
1566日圓

➡以大量群馬縣產的「大島雞蛋」打造出濕潤綿密的口感

BUNA Short
1048日圓
⬆以山毛櫸為意象的人氣No.1商品，口感Q彈濕潤

Soft Brulee
951日圓
➡烤布蕾風味的年輪蛋糕，帶有迷人香氣

古董風門把
各580日圓~
➡可用來改造櫥櫃抽屜把手之類的地方，設計款式多元又可愛

茶杯
540日圓

茶碟
420日圓
➡琺瑯材質的杯&碟，顏色豐富、價格也很實惠

茶壺（中）
1330日圓
➡同為琺瑯材質的東歐製茶壺，也可搭配同色系的茶杯

以獨到品味精選而來 琳瑯滿目的古董雜貨

沙拉叉&匙
各1080日圓
➡職人手工製作的沙拉叉&匙用色繽紛明亮

SHOPPING H
kino
キノ

店內擺滿著從歐洲採買回來的雜貨、餐具和古董小物。高質感商品的選購與陳列方式，都是由同時身兼室內設計師的老闆所親自操刀。

🕘10:00~18:00（有季節性變動）
休週四（12月下旬~4月中旬為冬季休業）
所輕井沢町輕井沢480-7
🚉JR輕井澤站步行17分 P無
📞0267-41-5046 MAP附錄② P.7 B-1

⬆不妨花點時間慢慢尋寶，說不定會有意想不到的收穫呢

➡旁邊即「酢重正之商店」，街道對面還有「レストラン酢重正之」

從世界各國精挑細選而來妝點日常生活空間的用品

⬆2樓陳列著北歐的復古家具，而且都是僅此一件的商品

筷盒
各3780日圓
➡想連同筷子一起帶回家的筷盒也都設計得很漂亮

筷子
1296日圓~
➡每天用也不會膩的設計樣式，為長野縣小海町在地木工藝術家的作品

小碟
1728日圓~
➡觸感溫潤而舒適，可透過美麗的餐具為餐桌增添不同巧思

SHOPPING L
Suju Gallery Dark Eyes
すじゅうギャラリーダークアイズ

日本各地窯場的陶器、北歐和亞洲的古董家具、生活雜貨等，來自全世界的精選商品琳瑯滿目。鄰接的「Suju Gallery」所舉辦的個展也很值得注目。

🕘10:00~18:00（有季節性變動）
休無休 所輕井沢町輕井沢1-7
🚉JR輕井澤站步行20分 P無
📞0267-41-2828 MAP附錄② P.9 A-4

➡玻璃落地窗的設計讓人在入店前就滿心期待又雀躍不已

巧克力橘片
3片1080日圓（秤重計價）
➡糖漿醃漬的柑橘甜味與巧克力的微苦風味勾勒出完美的平衡

與歐洲相比毫不遜色 道地的手作巧克力

CAFE J
Schokoladen burg
軽井沢チョコレート館
ショコラデンブルグかるいざわチョコレートかん

以歐洲直接進口的頂級可可豆製成，為口感滑順、香濃馥郁的正統派巧克力。還可以在內用區享用美味的巧克力飲品。

🕘10:00~18:00 休週三（夏季無休，1~3月中旬為冬季休業。西洋情人節期間照常營業，需洽詢）
所輕井沢町輕井沢4-2
🚉JR輕井澤站步行18分 P無
📞0267-42-1560
MAP附錄② P.7 B-1

⬆設有能品嘗巧克力飲料等品項的內用空間

SHOPPING K
Atelier de Fromage
舊輕井澤店
アトリエドフロマージュきゅうかるいざわてん

為人氣老字號乳酪工房的直營店，乳酪蛋糕、泡芙之類的乳酪甜點羅列。以生乳酪調製的霜淇淋很適合買來邊走邊吃。

📞0267-41-4033
MAP附錄② P.7 B-1

在口中化開來 ➡能感受工房手作生乳酪的濃郁風味

乳酪霜淇淋
350日圓

🕘10:00~17:00（有季節性變動）
休無休（1~2月為冬季休業，3月週四休）
所輕井沢町輕井沢2-1
🚉JR輕井澤站步行18分 P無

邊走邊吃的首選！味道香濃的乳酪霜淇淋

➡離舊輕井澤圓環不遠的乳酪人氣店

全熟香蕉核桃白巧克力蛋糕
486日圓
佐以大量濃醇鮮奶油，甜度適中的蛋糕

非去不可
商店 ＆ 咖啡廳

從輕井澤本通稍微走遠一些，也有許多販售精緻商品的時尚店家以及能品嘗美味紅茶與甜點的優質咖啡廳，不妨來走走逛逛吧。

↘也可以來店裡喝喝咖啡，能在眾多作品的圍繞下度過悠閒時光

SHOPPING
La volonte

全憑老闆喜好收集而來的雜貨，以長野縣在地藝術家的作品為大宗，而且幾乎都是僅此一件。充滿溫度的作品讓人每次使用都會被深深吸引，相當適合作為禮物送人。

🕐10:00～17:00　🈺週二、三(11月下旬～4月上旬為冬季休業)　📍輕井沢町輕井沢1203　🚉JR輕井澤站步行10分　🅿4輛

☎ 0267-42-2288
📍MAP附錄② P.7 B-2

↘佇立於幽靜森林中的時尚建築外觀

↘猶如藝術作品的美麗馬克杯，當成擺飾就像是欣賞一幅畫般

色繪馬克杯
1個25000日圓

↘掌心大小的杯子，出自輕井澤在地藝術家之手

三色單邊尖嘴碗
5980日圓

↘色彩繽紛的玻璃碗，放入蔬菜或冷湯即可為餐桌帶來一絲涼意

迷你杯
各2200日圓～

CAFE
La theiere

獲得日本紅茶協會認證為「美味紅茶店」的紅茶專門店。可以點份食材講究、口味眾多的自家製蛋糕，搭配以茶壺盛裝的店主嚴選紅茶好好享受一番。

🕐11:00～19:00　🈺週一、二(有冬季休業)　🈺下午茶套餐1890日圓　📍輕井沢町輕井沢東2-10　🚉JR輕井澤站步行即到　🅿1輛

☎ 0267-41-2539
📍MAP附錄② P.7 B-4

🐾OK
🐾NG

↘隨時備有12款左右以當地產季節水果做成的蛋糕

質感絕佳的雜貨
出自於店主的獨到眼光

↘以木質調裝潢營造出自然氛圍的店內

↘戴著皇冠的小鳥裝飾品，稍微蹲坐的模樣十分可愛

皇冠鳥
756日圓

在陽光從樹梢灑落的露天座

品嘗添加秘傳果醬的紅茶

葡萄乾奶油乳酪塔
300日圓
不甜膩的清爽口感，與俄羅斯紅茶十分對味

↘楓樹環繞的店家也以輕井澤第一家開放式咖啡廳聞名

↘刻印上意為「幸福時光」法文的麵包造型盤，用途相當廣泛

麵包盤
各594日圓～

↘織有松鼠圖案的亞麻材質桌布，另有L尺寸5400日圓

松鼠桌布
各1944日圓

裙子
16200日圓

↘使用傳統會津木綿布料製成的裙子，顏色和圖案的選擇性都很多

高品質的天然雜貨，讓每天心情變得更愉悅

↘店內擺滿了能讓每天生活更加開心的可愛雜貨

CAFE
Michael

能坐在綠意盎然的露天區愜意享受的咖啡老店。招牌為加了果醬的俄羅斯紅茶，果醬則是老闆傳承自父親的食譜配方。可與手作三明治、蛋糕一起享用。

🕐9:00～17:30　🈺平日(7月中旬～9月底無休，12～3月為冬季休業)　🈺俄羅斯紅茶600日圓　📍輕井沢町六本辻1323-269　🚉JR輕井澤站步行15分　🅿3輛

☎ 0267-42-6750
📍MAP附錄② P.7 A-2

🐾OK
🐾僅限露台OK

↘古典氛圍的店內與周圍的綠意完美相融

SHOPPING
coriss

精選以簡約設計、日常實用性高的日本製品為中心的優質好物。店內餐具、衣服、居家雜貨等各式各樣商品羅列，宛如玩具箱一般。

🕐10:30～18:30　🈺不定休　📍輕井沢町輕井沢10-2　🚉JR輕井澤站步行20分　🅿8輛

☎ 0267-46-8425
📍MAP附錄② P.7 B-1

↘位於離山通上，外觀彷彿別墅般的店家

會依季節推出時令菜色的午間全餐3910日圓，輕鬆就能享用的盤餐午餐也很受歡迎

於綠意環繞的雅致洋館
品嘗滿足五感的法式料理

享受豪華奢侈的
大人時光

離山通上的美味餐廳

はなれやま

從舊輕銀座通入口行經六本辻後，一路延伸至中山道的離山通一帶，是以別墅區著稱的閑靜區域。不妨在散發著成熟大人氛圍的餐廳，盡情享受招牌的特色美食吧。

希望讓客人在享用全餐的最後一道菜時依然津津有味，因此對於菜單的整體平衡感也很講究

老闆兼主廚
木村好男先生

LE BEL COEUR

☎0267-41-2296 MAP 附錄② P.7 A-3

佇立於盎然綠意間，散發優雅氣息的洋館餐廳。能品嘗法國產與當地產食材的完美組合，以及在傳統風格中又添加了現代元素的法國料理。

⏰11:30~13:30、17:30~20:00
休週二
¥午間全餐3910日圓～、晚間全餐6780日圓～
所輕井沢町六本辻1323-374
交JR輕井澤站步行15分 P8輛

👶需洽詢 🐾需洽詢

①豪華家具也是吸睛焦點 ②店名是取自意為「美麗之心」的法文

☕盤餐午餐3050日圓～（服務費另計），是每一樣料理皆具高水準的人氣首選

邊感受大自然的氣息
邊品味天然風味的法國菜

請在舒適自在的空間慢慢享用高品質食材製作的料理

主廚
草間文高先生

法式自然料理 CHEZ KUSAMA
●フランスしぜんりょうりシェくさま

☎0267-46-9123 MAP 附錄② P.6 A-4

以當地產為主並且對身體有益的食材所烹調的法式自然料理名店。搭配擔任侍酒師的太太所推薦的葡萄酒，更是讓人意猶未盡。

⏰11:30~14:00、17:30~20:30
休週三、四(7~9月為週四)
¥晚餐6800日圓～（服務費另計）
所輕井沢町輕井沢1265-15
交JR輕井澤站步行15分 P11輛

👶需洽詢 🐾NG

①店前有棵山櫻花，給人與大自然融合的感覺 ②能在充滿溫暖氛圍的店內輕鬆享受用餐時光

Pyrénéss

☎0267-41-3339 MAP 附錄② P.7 A-2

提供法國西南部庇里牛斯山區傳統壁爐料理的人氣店。以烹調用壁爐炙燒而成的信州千代幻豬、國產熟成帶骨牛肉與法國產鴨肉等嚴選食材，完美鎖住了豐沛的肉汁和鮮甜味，堪稱絕品！

⏰12:00~14:30、17:00~21:30 休第2週四
¥午餐2150日圓～、晚餐4900日圓～（服務費另計）
所輕井沢町輕井沢1181-8
交JR輕井澤站步行15分 P14輛

👶僅午餐OK 🐾僅限露台OK

①嫩雞壁爐燒烤午餐3450日圓，還無限量供應滿滿當季時蔬的前菜 ②位於六本辻交叉路口的一隅，彷彿已融入在輕井澤的自然景致中 ③置於店內中央處的壁爐，顧客從座位上就能看到食物烹調的過程

圍坐在壁爐旁
品嘗特選食材的
法國傳統炙燒料理

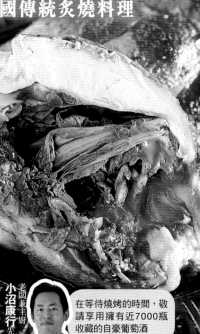

老闆兼主廚
小沼康行先生

在等待燒烤的時間，敬請享用擁有近7000瓶收藏的自豪葡萄酒

54

舊輕井澤

輕井澤站周邊

離山通上的餐廳

中輕井澤

南輕井澤

北輕井澤

周邊區域

在幽靜的別墅區大飽口福
嚴選食材的正統義大利菜

當天早上備料的披薩麵糰若是用完就會打烊，所以要吃請趁早！

主廚
Antonio Pomodoro先生

Bistro Pomodoro

☎0267-42-7752 **MAP** 附錄② P.7 B-1

由義大利籍主廚大展手藝、以天然酵母麵糰製作的披薩十分暢銷。還能吃到有機小麥義大利麵等多樣道地料理，因此擁有許多忠實的老顧客。

⏰11:30～14:30、18:00～20:30 休週三
¥魚醬香蒜辣椒義大利麵1420日圓 所輕井沢町輕井沢10-15 📍JR輕井澤站步行15分 P6輛

OK
NG

以豐富的信州食材做出
彈牙的美味手打義大利麵

E.Bu.Ri.Ko

☎0267-42-3033
MAP 附錄② P.7 B-2
⏰11:30～13:30、17:30～19:30
休週三（有不定休）
¥午間餐點2592日圓～
所輕井沢町輕井沢1157-6
📍JR輕井澤站步行20分
P4輛

6歲以上OK
NG

蘑菇與季節食材
完美調和的法式料理

1可在彷彿身處義大利民宅般低調隱密的空間細細品味葡萄酒 2在輕井澤所有窯烤披薩的店家中也算是在地的老字號 3瑪格麗特披薩（M）2000日圓。以購自義大利的石窯烘烤出爐的披薩，柴燒的香氣令人食慾大開

天然蘑菇不只秋天才有，一年到頭都吃得到。請享用全餐大飽口福吧

老闆兼主廚
內堀篤一先生

1本日蘑菇餐1780日圓，能一次吃到形形色色的菇類 2可愛的黃色外觀。減少座位數，打造舒適又寬敞的用餐空間

Bivacco

☎0267-46-8917
MAP 附錄② P.7 A-2
⏰11:30～14:00（15:00打烊）、17:00～21:00（22:00打烊）
休不定休 ¥午間全餐1490日圓～
所輕井沢町輕井沢1323-1387
📍JR輕井澤站步行10分 P12輛
僅限露台

OK
OK

能品嘗使用大量信州食材烹調的義大利菜。以信州產麵粉製成的手打義大利麵種類豐富，每月都會替換，甚至也有較罕見的造型。托斯卡尼地區的傳統炭烤料理也很受歡迎。

1可享微風輕拂的露天座寵物同行也OK，繞讓人宛如置身於森林之中。玻璃落地窗環開闊感十足 2附湯品、甜點的義大利麵套餐1490日圓，義大利麵可從3款口味中任選

這裡也很值得一遊！

Karuizawa Eki Shuhen

輕井澤站周邊

MAP
▼
附錄②
P.6、7

以輕井澤本通為中心延伸至舊輕井澤的熱鬧區域，不只大街上、連一旁的巷道內都有許多輕井澤特有風格的景點，不妨放慢腳步走走看看。

🎵玩樂 信州ハム 輕井沢工房
しんしゅうハムかるいざわこうぼう

📞 0267-41-1186　　MAP 附錄②P.7 B-4

挑戰自製手工香腸

能體驗親手做出極品美味香腸樂趣的工房，秘訣是以德國傳統製法，將豬肉的鮮味完整呈現。不妨現場向擁有「肉品大師」資格的工作人員學習如何製作香腸吧。

🕐9:30～17:30（有季節性變動）　休週三（7/20左右～8/20左右無休）　💴手作體驗工房2～3人4500日圓～　所輕井沢町輕井沢東236　🚃JR輕井澤站步行7分　P10輛

↑從JR輕井澤站徒步就能抵達，地理位置方便

↑還能試吃現做現煎的香腸

↑手作體驗工房每天會有3～4個場次，需事前預約

🍴美食 雲場亭
くもばてい

📞 0267-42-0810　　👶OK　🐾僅限露台OK
MAP 附錄②P.7 A-2

湖畔邊的悠閒午餐時光

佇立於雲場池邊的餐廳，能品嘗以大量當地食材入菜的休閒風法式料理。從店內就能眺望雲場池的景致，享受自在愜意的時光。也可當成咖啡廳利用。

🕐10:00～20:00　休週四（12～3月為冬季休業）　💴湧套餐1900日圓　所輕井沢町輕井沢1181-4　🚃JR輕井澤站車程4分　P6輛

←首選好天氣時露天座位是最佳

↑午間套餐會視季節變換菜色

🌳景點 脇田美術館
わきたびじゅつかん

📞 0267-42-2639　　MAP 附錄②P.7 B-2

在閑靜氛圍中品味藝術

畫家脇田和的個人美術館，擅長以抒情溫暖的筆調描繪鳥、花、小孩等主題。館內藏有油彩、素描、版畫等作品，緊鄰的畫家工作室於每年秋天會對外開放。

🕐10:00～17:00（夏季為～18:00）　休無休（11～6月上旬休館，會因展示替換、活動等因素臨時休館）　💴成人1000日圓，高中生、大學生600日圓，國中生以下免費　所輕井沢町舊道1570-4　🚃JR輕井澤站步行8分　P10輛

↑符合作品風格的明亮展示空間

🌳景點 輕井澤型繪染美術館
かるいざわかたえぞめびじゅつかん

📞 0267-42-6064　　MAP 附錄②P.7 C-3

唯美夢幻的傳統染物十分吸睛

展示著師事人間國寶芹澤銈介，持續創作40餘年的小林今日子的作品等文物，其中也有許多以傳統技法融合西洋題材的獨特作品。

🕐9:00～16:30（17:00閉館）　休無休（11月4日～6月為冬季休館）　💴成人200日圓、兒童100日圓　所輕井沢町輕井沢1178-1233　🚃JR輕井澤站步行14分　P2輛

↑展示型繪染的使用道具

🌳景點 小型美術館 輕井澤草花館
ちいさなびじゅつかんかるいざわくさばなかん

📞 0267-42-0716　　MAP 附錄②P.7 C-3

以輕井澤當地自然生長的花草為主題

描繪輕井澤原生種植物的石川功一個人美術館，展示從3000件以上的油畫和水彩寫生中選出符合企畫展主題的作品。

🕐10:00～17:00　休週二（逢假日則開館，黃金週、8月無休），11月下旬～4月下旬為冬季休館　💴成人（國中生以上）500日圓、小學生以下免費　所輕井沢町輕井沢東19-40　🚃JR輕井澤站步行5分　P5輛

↑陳列花草寫生作品的2樓展示室

🌳景點 輕井澤新藝術博物館
かるいざわニューアートミュージアム

📞 0267-46-8691　　MAP 附錄②P.7 B-2

向世界發聲的日本藝術與文化

美術館的玻璃帷幕外觀令人印象深刻，主要是介紹活躍於世界第一線的日本藝術家。位於輕井澤站的徒步範圍內，可以輕鬆就順道造訪。

🕐10:00～17:00（7～9月為～18:00）　休週二（逢假日則翌日休，8月無休）　💴1F免費，2F視展示而異　所輕井沢町輕井沢1151-5　🚃JR輕井澤站步行8分　P20輛

↑會推出領域多元的企劃展

🌳景點 矢崎公園
やがさきこうえん

📞 0267-45-8582（輕井澤町地域整備課）　MAP 附錄②P.7 C-4

可一望淺間山與離山的廣大公園

從輕井澤站能輕鬆前往的大型公園。園內中央設有池塘，營造出一派悠閒的氣氛。晴朗好天氣時還可同時眺望到淺間山和離山，極具吸引力。

🕐自由入園　所輕井沢町輕井沢東　🚃JR輕井澤站步行3分　P70輛

↑佔地廣達46000㎡的公園，漫步其間十分愜意

🌳景點 御膳水
ごぜんすい

📞 0267-42-3535（鹿島森林酒店）　MAP 附錄②P.6 A-2

水質清澈的雲場池源泉

位於鹿島森林酒店（→P.107）腹地內的湧泉，亦為雲場池（→P.12）的源頭。據說因曾用來供應明治天皇的御膳而得此名，可近距離觸摸到湧泉。

🕐自由參觀　所輕井沢町輕井沢1373-6　🚃JR輕井澤站車程8分　P無

↑周圍設有小徑，能自由遊逛

↑還開放場地舉辦全世界也很罕見的美術館婚禮

舊輕井澤

輕井澤站周邊

區域導覽

中輕井澤

南輕井澤

北輕井澤

周邊區域

購物 白樺堂 輕井澤站前通店
しらかばどうかるいざわえきまえどおりてん

☎ 0267-42-2305
MAP 附錄②P.7 C-4

傳承傳統風味的點心老店

1948（昭和23）年創業的老字號果醬＆點心工房。店內設有內用空間，不妨於散步逛街途中來份生銅鑼燒、核桃最中餅等人氣甜點，順便小歇片刻。

🕐9:00～18:00（7～8月會延長）
休無休（冬季為不定休） 所輕井澤町輕井沢東16-7
🚃JR輕井澤站步行5分 🅿2輛（夏季1輛）

➔輕井澤塔1個130日圓，是連續8年獲得世界品質評鑒大賞金獎的名作

➔信州產藍莓果醬1296日圓、信州產西洋梨果醬864日圓、信州產紅玉蘋果果醬864日圓（各280g），能吃出水果本身的鮮甜多汁感

➔矗立在輕井澤本通上的山屋風建築

購物 Day's
デイズ

☎ 080-4819-3116
MAP 附錄②P.7 B-4

漂亮時尚的手工雜貨琳瑯滿目

小巧的店內擺滿了設計師的手工作品，以及來自法國、英國的古董雜貨。每樣商品都只有一件，如果看到中意的最好馬上下手。

🕐11:00～17:00
休週二、三（冬季為不定休） 所輕井沢町輕井沢東14-3
🚃JR輕井澤站步行5分 🅿2輛

➔以永生花等球材料製成的花球2160日圓～

➔將各式配件嵌入頂部樹脂製成的隆飾 1944日圓～

➔一個一個手工製作的原創印章972日圓

➔雜貨羅列的店內光看就讓人雀躍不已

咖啡廳 旦念亭
たんねんてい

☎ 0267-42-5616
MAP 附錄②P.7 C-4
😊需洽詢 🐾NG

味道和香氣明顯的芳醇咖啡

長年深受當地居民愛戴的咖啡廳。以8～10個小時慢慢萃取而成的冰滴咖啡，能享受咖啡豆本身的芳醇香氣與味道。

🕐9:00～19:00（黃金週、7～9月為8:00～） 休無休
💴特製巧克力蛋糕650日圓 所輕井沢町輕井沢東4-2
🚃JR輕井澤站到即 🅿11輛

➔讓人感到平靜舒適 充滿古典氣息的店內

➔冰涼爽口的冰滴咖啡700日圓

➔離輕井澤站僅數步之遙的地點相當方便，也設有綠意環繞的露天座

購物 Karuizawa Chocolate Factory
かるいざわチョコレートファクトリー

☎ 0120-392-368
MAP 附錄②P.6 A-4

能買到新鮮現做商品的製菓工廠

為巧克力製造工廠的附設商店。除了販售工廠限定商品外，還有賣淋上巧克力醬的巧克力霜淇淋。

🕐10:00～18:00（有季節性變動） 休不定休
所輕井沢町輕井沢1323-80
🚃JR輕井澤站車程3分 🅿25輛

➔輕井澤限定販售的巧克力（7顆裝）600日圓，共有6種口味

美食 鉄板洋食NISHIHATA
てっぱんようしょくニシハタ

☎ 0267-41-1158
MAP 附錄②P.7 B-4
😊需洽詢 🐾NG

肉汁四溢的美味漢堡排

能在吧檯座席享用西式料理的鐵板燒。其中又以刀子一劃就有滿滿的肉汁，肉質鮮甜又富嚼勁的漢堡排堪稱絕品。

🕐17:30～21:10
休週一～週三 💴雞肉蛋包飯1728日圓～ 所輕井沢町輕井沢東6-1 芦沢ビル103 🚃JR輕井澤站步行2分 🅿2輛

➔紮實彈牙的牛肉漢堡排 1728日圓為招牌餐點

美食 Restaurant Kaffee Kitzbühl

☎ 0267-42-1288
MAP 附錄②P.7 B-1
😊OK 🐾OK

在輕井澤輕鬆嘗道地德國菜

提供由肉品大師製作的香腸、野味料理、以自家菜園無農藥蔬菜烹調的菜色，可搭配直接從德國進口的生啤酒或葡萄酒一起享用。

🕐7:30～23:00 休無休
💴4種香腸拼盤2600日圓～ 所輕井沢町輕井沢6-1 🚃JR輕井澤站搭巴士4分，舊輕井沢下車即到 🅿無

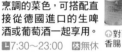
➔對面的熟食店也可以買到香腸

咖啡廳 カフェ&雜貨 来美
カフェアンドざっかくるみ

☎ 0267-31-5110
MAP 附錄②P.7 C-4
😊需洽詢 🐾需洽詢

來碗有溫和身心之效的茶粥溫暖一下

能吃到茶粥早餐的咖啡廳。以焙茶熬煮的茶粥還添加了紅豆，口感清爽溫和、易消化吸收。

🕐8:30～售完為止（夏季為7:30～） 休不定休
💴咖啡500日圓 所輕井沢町輕井沢東33-5 🚃JR輕井澤站步行6分 🅿無

➔香氣濃郁的茶粥套餐1000日圓

✦ NEWS! ✦

茶菓 幾右衛門
ちゃかいくえもん

☎ 0267-42-9966
MAP 附錄②P.7 B-4
😊OK 🐾NG

200年歷史老店的絕品栗子甜點

由本店設在小布施的栗子點心老店「桜井甘精堂」，於信濃鐵道輕井澤站舍內所經營的咖啡廳。提供栗子甜點、新鮮果汁、信州名產蕎麥餡餅等餐點。

🕐10:00～18:00（18:30打烊） 休不定休
💴咖啡500日圓、蒙布朗霜淇淋400日圓 所輕井沢町輕井沢1178-1246（信濃鐵道輕井澤站舊站舍口） 🚃直通信濃鐵道輕井澤站 🅿無

➔輕井澤店限定的蒙布朗聖代650日圓

➔能品嘗栗子餡蜜原始甜味的栗子餡蜜550日圓

➔店內也有販售栗子甜點的伴手禮

在榆樹街小鎮 度過愜意時光

星野度假區內的「榆樹街小鎮」，是完美融合了美麗大自然與文化的人氣景點。不妨坐在林蔭間或河川邊的長椅，盡情享受輕井澤輕鬆自在的度假氣氛吧。

散落在美麗大自然中的療癒系景點

中輕井澤
なかかるいざわ

位於信濃鐵道中輕井澤站的北側一帶。星野度假區內有廣受歡迎的「榆樹街小鎮」、教堂、能觀察野鳥生態的森林等眾多景點，最後還可以泡溫泉當作一天行程的結尾。

在一派休閒的氛圍中有許多引人目光的店家！

⊙充滿綠意的廣大木棧平台，還置有長椅供人坐下休息

榆樹街小鎮

☎0267-45-5853　**MAP** 附錄② P.12 D-2

能在春榆樹林立、清澈湯川圍繞的自然環境中，飽嘗美食以及逛街購物的樂趣。隨處可見休憩場所的設計也深得好評。

⊙視店鋪、季節而異
休無休(視店鋪會有不定休)　所輕井澤町星野
⊡JR輕井澤站搭巴士15分，星野溫泉トンボの湯下車，步行3分　P200輛(度假區內)

MAP
附錄②P.5、12~13

Information
輕井澤觀光會館
☎0267-42-5538
輕井澤觀光服務處
(沓掛露台內)
☎0267-45-6050

Access

搭電車	開車
JR輕井澤站	碓氷輕井澤IC
	經由縣道92號、43號，車程10分
	南輕井澤左轉
信濃鐵道約5分	直行5分
	鳥井原東右轉
	直行5分
↓	
中輕井澤站	

榆樹街小鎮 全區MAP

Bakery & Restaurant SAWAMURA
CERCLE wine & deli KARUIZAWA
NATUR
il sogno
丸山珈琲
Sajilo Café Linden
我蘭憧
Karuizawa Vegetable Kokopeli
TEAM7 輕井澤
森林中庭
せきれい橋 川上庵
常世 tocoyo
咖啡露臺
Pure Milk Gelato 永井農場
希須林
和泉屋 傳兵衛
午睡甲板
川邊長椅
Gallery 樹環

⬆綠葉扶疏的「川邊長椅」區，一旁就是緩緩流淌的河川

⬇還可在潺潺流水聲的陪伴下打個盹兒

⬆不妨到湯川沿岸的露天座享用外帶午餐或甜點

舊輕井澤

輕井澤站周邊

中輕井澤

南輕井澤

北輕井澤

周邊區域

在榆樹街小鎮度過愜意時光

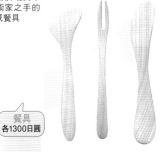

⤴ 出自於瑞典木工藝術家之手的高質感餐具

餐具
各1300日圓

風味茶
各2484日圓

香氛蠟燭
各2300日圓

⤴ 有杜松、奧勒岡、香草庭園3款蠟燭

⤴ 瑞典的風味茶，罐裝上印有以白樺樹為意象的原創圖案

NATUR
☎ 0267-31-0737

時尚風格的北歐雜貨商品琳瑯滿目的選貨店

販售北歐家具和雜貨的店家。全由以設計師之姿活躍於瑞典的老闆親自挑選，有許多僅此一件的古董商品。

🕐 10:00～18:00

⤴ 能感受到北歐自然樸實的生活品味

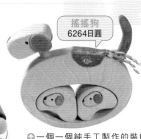

搖搖狗
6264日圓

⤴ 一個一個純手工製作的裝飾品。輕輕搖動的模樣十分可愛

薰香木偶
8208日圓～

◀ 會從嘴巴吐出煙霧的薰香台。為德國的傳統工藝品，有鐵道員等各種職業的人偶造型

燭台
3240日圓

◀ 直接當裝飾品也很漂亮的新月形燭台

我蘭憧
がらんどう
☎ 0267-31-0036

充滿木質溫潤感的療癒系商品

擺滿居家雜貨、歐洲各地可愛木製玩具的專門店，也提供訂做玩具和家具的服務。

🕐 10:00～18:00

○ ベッドフィッターかるいざわ
TEAM7 輕井沢
☎ 0267-41-6057

提供優質睡眠的天然產品專賣店

以天然素材為主題的店家。備有可配合體型調整的頂級床墊，以及居家服、身體保養用品等溫和不刺激的商品。

🕐 10:00～19:00

人體工學枕
29160日圓
(不包含枕套)

⤴ 發揮天然素材的特性，以獨特的形狀設計提供肩膀完整支撐

◀⤴ 100％羊毛的輕量舒適室內鞋，有多款顏色可選

室內鞋
(乳膠底)12420日圓
(皮革底)15120日圓

除了小物類的商品外，還提供床鋪、家具的訂製服務

ハルニレ テラス

享樂方式 ①

尋找特色雜貨

集合多家以「輕井澤的日常」為概念的店舖，販售能妝點生活色彩的高品味雜貨。

墜飾
4800日圓

⤴◀ 使用無著色天然貝殼製成的貝殼工藝飾品

貝殼墜飾
4800日圓

◀ 也會邀請藝術家舉辦工作坊或講習會

淺間輕井澤燒
小碟1300日圓
無把手杯2980日圓
德利酒瓶3750日圓～

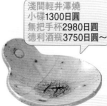

○ ギャラリーじゅかん
Gallery 樹環
☎ 0267-31-0023

以素材為主題的藝廊

販售以玻璃、陶藝、木工等嚴選素材製成的藝術作品，以及聯名原創商品的藝廊商店。每一季還會推出企畫展。

🕐 10:00～18:00

◀ 陳列在小巧空間內的手工木製品，有讓人覺得療癒，光欣賞就

⤴ 塗上混入淺間石、火山灰等材料的釉藥後燒製而成的陶器

CERCLE wine & deli KARUIZAWA

☎0267-31-0361

能品味嚴選葡萄酒的餐廳&熟食外帶店

店內有以法式料理為主的熟食，以及由老闆兼侍酒師所挑選的300多款葡萄酒。餐廳則供應午餐和可從菜單中任選的全餐料理。

⏰11:00～21:00 (22:00打烊)

😊OK　🐾僅限露台OK

CERCLE特製烤牛肉附長棍麵包 (午餐限定)
2100日圓

淋上肉汁醬享用的烤牛肉，單杯葡萄酒＋300日圓

←餐廳有自然光灑落氣氛明亮，也設有露天座

享樂方式
2

飽嘗味蕾饗宴

有日式、西式、中式等各種料理的高品質餐廳，能享用甜點又氣氛宜人的咖啡廳也絕不可錯過。

←室內以大片窗戶營造出開放感，也可選擇能聆聽潺潺流水聲的露天座

信州季節五彩拼盤與蕎麥麵的套餐
2484日圓

由5種小菜料理搭配蕎麥麵的套餐，為11～15時的限定菜單

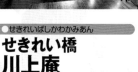

○せきれいばしかわかみあん

せきれい橋 川上庵

☎0267-31-0266

與當地酒一起品嘗香氣四溢的蕎麥麵

本店(→P.28)設在舊輕井澤的人氣蕎麥麵店。提供自家製豆腐和豐富的單品料理，不妨試試搭配當地酒享用，最後再來份蕎麥麵作結尾的道地吃法。

⏰11:00～21:00 (22:00打烊)

😊OK　🐾僅限露台OK

A套餐午餐
1749日圓

附沙拉、印度烤餅or米飯、小菜的咖哩套餐，酸奶＋216日圓

○きすりん

希須林

☎0267-31-0411

滿滿新鮮蔬菜的中國家庭料理

以大量與海鮮、肉類對味的蔬菜，烹調出口感溫和的正統中華料理。盡量減少化學調味料和油的使用量，因此也很適合重視飲食健康的女性客群。

⏰11:00～21:00 (22:00打烊)

😊OK　🐾部分OK

Sajilo Café Linden

☎0267-46-8191

瀰漫著香料氣味的生活品味概念店

提供尼泊爾咖哩等道地香料料理的咖啡餐廳。店內除了時尚雜貨外，也有販售香料、香草之類的商品。

⏰餐廳11:00～21:00 (22:00打烊)、商店11:00～21:00

←能在店主親自挑選的高品味居家擺飾中享受悠然時光，於舊輕井澤另有姊妹店(→P.42)

😊OK　🐾僅限露台OK

↓能在猶如咖啡廳般的氛中品嘗道地中華料理

希須林擔擔麵
1380日圓

帶有濃郁胡麻香氣的招牌菜，蔬菜分量也很多相當健康

中輕井澤

在榆樹街小鎮度過愜意時光

滿滿在地產豆類的
濃郁青醬義大利麵
1490日圓（午間套餐1814日圓）

添加花豆等當地產豆類的義大利生麵，拌上羅勒醬後吃起來很有飽足感

il sogno

📞0267-31-0031

**以當季食蔬烹調的
奢華義大利料理**

以在地食材自豪的小餐館。除了提供使用契作農場的蔬菜、信州味噌、花豆製成的信州特色佳餚外，還有美味的羅馬式窯烤披薩。

🕚11:00～21:00（22:00打烊）

👶 OK | 🐾 僅限露台 OK

↑能吃到近20種新鮮蔬菜的sogno風義式溫沙拉2786日圓

↑設有石窯的店內瀰漫著師傅烘烤披薩的香氣

丸山珈琲

📞0267-31-0553

**以世界嚴選咖啡豆
沖泡出的高品質咖啡**

使用來自世界各國精選咖啡豆的咖啡專門店。可搭配特製甜點，細細品嘗以法式濾壓壺提供、香氣瀰漫的「精品咖啡」。

🕗8:00～20:00

↑現代風格的店內空間還附設書店，外面也有露天座

👶 OK | 🐾 僅限露台 OK

維多利亞海綿蛋糕
480日圓
法式濾壓壺咖啡
596日圓～

奶油與覆盆子的酸味十分契合的英國傳統蛋糕

Bakery & Restaurant SAWAMURA

📞0267-31-0144

**品嘗現烤麵包與
歐風料理**

以自製酵母長時間發酵製成的麵包外皮酥脆，裡面Q軟，極具人氣。可以在餐廳同時吃到品質講究的麵包以及加入大量蔬菜的歐風料理。

🕚餐廳11:00～21:00（22:00打烊）、麵包坊7:00～21:00

👶 OK | 🐾 僅限露台 OK

↑SAWAMURA早餐盤餐2160日圓，為期間限定推出的人氣早餐

位於小餐館風格的店內，聽得到水聲潺潺，也設有內用座區

SAWAMURA特製
乳酪漢堡
1717日圓

厚實牛肉漢堡排搭配麵包的自豪餐點

Pure Milk Gelato
永井農場

📞0267-31-0082

**以牛奶為食材的
人氣手作義式冰淇淋**

由位於淺間山麓的永井農場所直營的義式冰淇淋店。使用牛奶和時令水果、蔬菜製成的義式冰淇淋，濃郁又清爽的口感很吸引人。

🕙10:00～19:00

👶 OK | 🐾 NG

義式冰淇淋
單球400日圓
雙球500日圓

義式冰淇淋以當季食材製作而成，依季節還會推出限定口味

↑店內除了販售時節蔬菜、米之類的商品外，還有自創的加工品

↑也不妨試試蘆筍、番茄羅勒等季節限定口味

Karuizawa Vegetable Kokopeli
カルイザワベジタブルココペリ

☎0267-46-4355

傳遞食材美味的食品選貨店

販售由輕井澤和近郊的專業農夫所生產的高品質蔬菜，果昔、醬料、果醬、調味料等對身心溫和的食材也都十分暢銷。

🕙10:00～17:00（週六日、假日為～18:00）

↑店頭擺放著從農園直接採收運來的當季蔬菜

蘋果果醬
(260g)850日圓
↰以水果製作的果醬，總共有4種口味

覆盆子果醬
(140g)1000日圓

沾醬
(梅子柴魚美乃滋)630日圓
↑美乃滋與和風醬料堪稱絕配，另有青蔥芝麻美乃滋風味

義大利麵醬
(370g)1080日圓
↑為蘑菇奶油醬油風味，除了義大利麵外，加在蛋包飯上也很對味

糕點陳列著各式各樣健康的店內

丸山珈琲 ➡P.61
まるやまこーひー

榆樹街小鎮特調咖啡豆
(100g)734日圓
↑散發出微微柑橘、堅果香氣的限定特調咖啡豆

原創收納罐
410日圓
↑印有商標的咖啡豆保存罐，擺在廚房也很漂亮

和泉屋 傳兵衛
いずみやでんべえ

☎0267-31-0811

跳脫日式西式領域的新型態甜點

佐久市和菓子老店「和泉屋」的新品牌。使用花豆、核桃等信州的特產和蔬菜，創作出不局限於傳統框架的美味甜點。

🕙10:00～18:00

核桃小圓球
(5顆裝)972日圓
↰包入核桃、堅果的肉桂風味點心，為該店的人氣商品

Sajilo Café Linden ➡P.60

香料
各1080日圓～
↑裝在試管內的香料和香草鹽，讓人想一次收集好幾種

輕井澤半熟乳酪
1個151日圓
↑鬆鬆軟軟入口即化的一口大小乳酪蛋糕

花豆糯米飯
648日圓
↑放入許多鬆軟大花豆的糯米飯，1～2人份

Rue de Vin
5000日圓

CERCLE wine & deli KARUIZAWA ➡P.60

↰由葡萄酒盛產地長野縣東御市的酒莊所釀製的卡本內蘇維翁紅酒

↰人氣鹹派有培根＆洋蔥、信州香草雞等共3種口味

鹹派
650日圓

野澤菜麵包
410日圓
↰加入以高湯醃漬的野澤菜和乳酪的麵包，再灑上七味粉提味

Pure Milk Gelato 永井農場 ➡P.61

優格飲
(200ml)200日圓
↰清爽的酸甜滋味相當順口，另有130ml、500ml瓶裝

熟成莫扎瑞拉乳酪
(150g)880日圓
↑經過熟成步驟的新鮮乳酪，甜味與濃郁香氣都會更加明顯

Bakery & Restaurant SAWAMURA ➡P.61
ベーカリーアンドレストランさわむら

核桃奶油乳酪麵包
302日圓
↑將滿滿奶油乳酪塞入核桃麵糰烘焙而成的麵包

信州味噌法式脆餅
518日圓

巧克力法式脆餅
518日圓
↑比利時巧克力與信州黃金味噌兩種口味的法式脆餅廣受歡迎

法式吐司
270日圓
↑濕潤鬆軟口感的法式吐司可當成點心享用

在榆樹街小鎮
度過愜意時光

享樂方式 **3**

品評美食伴手禮

尋找使用輕井澤或信州食材製成的美味特產，附設在餐廳、咖啡廳的商店也不可錯過。

POINT 3　季節性活動一覽！
※以下皆為2018年的活動舉辦日期

雨傘天空
6月1日～7月1日
現身在榆樹街小鎮的繽紛雨傘拱廊街，無論晴天、雨天都能玩得開心。

輕井澤開胃酒沙龍
7月20日～8月5日的週五、六、日
能一邊聆聽現場演奏的音樂，同時享用以自助百匯方式供應點心和飲料的特別沙龍活動。

紅葉圖書館
9月25日～11月4日
紅葉季節期間會在椈樹廣場上擺置書櫃，任何人都能自由取閱，可以在露天圖書館享受讀書之秋的樂趣。

輕井澤耶誕城
11月17日～12月25日
屆時榆樹街小鎮和星野度假區內都會籠罩在美麗的燈飾中，還會舉辦各式各樣的活動。

POINT 1　在休憩場所享用外帶美食

↑不妨在川邊的露天座或林木間的露台，享受藍天下的野餐氣氛

↗「Karuizawa Vegetable Kokopeli」（→P.62）的果昔各540日圓

↗味道香濃的「和泉屋 傳兵衛」（→P.60）森林花豆霜淇淋648日圓

在榆樹街小鎮好好地玩個盡興

不光只是購物和美食，以下將為大家介紹更多榆樹街小鎮的玩樂重點！

↪「CERCLE wine & deli KARUIZAWA」（→P.60）能買到法式熟食

POINT 2　玩累了就來體驗頂級按摩讓身心煥然一新吧！

常世 tocoyo　●とこよ
☎0267-31-0987
提供融合瑜珈元素的原創泰式按摩。在不勉強的情況下慢慢伸展身體，讓平日累積的疲憊和旅途勞累得以舒緩放鬆。
🕐11:00～20:00（21:00打烊）

↑常世流泰式按摩60分鐘～、腳底按摩30分鐘，詳情請查詢官網

↗流瀉著舒適愉悅的音樂，充滿療癒氛圍的店內

榆樹街小鎮周邊　在星野度假區大玩特玩一整天！

星野度假區內除了美食和購物外還有溫泉、教堂等景點，可以玩上一整天！

Bleston Court yukawatan → P.32

No One's Recipe → P.22

村民食堂 → P.29

星野溫泉 蜻蜓之湯 → P.69

Cafe Hungry Spot → P.71

picchio → P.64

P1　P2　P　P3

榆樹街小鎮

星野高原教堂 → P.13・70

星野集團
Karuizawa Hotel Bleston Court

星野集團
Karuizawa Hotel Bleston Court
THE LOUNGE → P.30

遊步道

推薦行程
10:00	到picchio參加野鳥之森自然生態旅遊
12:20	參觀輕井澤高原教堂
13:00	在榆樹街小鎮購物&午餐
15:30	到蜻蜓之湯悠閒享受溫泉樂
17:00左右	搭巴士返回輕井澤站

星野度假區　遊玩方式建議
想要逛街購物、吃美食就到「榆樹街小鎮」；喜歡戶外活動的話就到「Picchio」，若想放鬆一下就到「星野溫泉 蜻蜓之湯」，可依照目的選擇遊玩方式正是星野度假區的魅力，也是闔家出遊或團體旅遊的最佳去處。

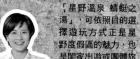
星野度假區
內堀麻理子小姐

於輕井澤野鳥之森

在專業森林嚮導的帶領下

參加 自然生態旅遊

會由深入瞭解輕井澤之森的專家詳細介紹沿途中的動植物！隨季節變化的森林內有許多令人驚奇的事物與新發現，一定要來感受一下與城市大異其趣的珍貴體驗。

何謂輕井澤野鳥之森？

1974（昭和49）年被指定為國設野鳥之森，廣大的森林中年間有近80種野鳥以及眾多野生動物棲息。設有長約2km的步道，可以悠閒漫步其中。

3 側耳傾聽 感受大自然

張開耳朵用心聆聽，就會發現森林中有好多好多的聲音！小鳥的喳喳聲、樹叢的沙沙聲等，若自己沒有注意到，嚮導也會隨時告知。

鷦鷯的聲音十分嘹亮，很容易發現身影

↑嚮導會以淺顯易懂的方式提供詳盡的解說

2 聽完講習，就往森林邁進吧！

聆聽嚮導的解說後，即可進入森林展開行程。為了讓各位玩得盡興，若有任何問題請隨時提出。

路線MAP

聽到鷦鷯美妙悅耳的啼聲
鷦鷯溪谷
黃眉黃鶲休憩所
輕井澤野鳥之森
鷦鷯休憩所
草地
N
千瀧通
鹽壺溫泉酒店 P.69
湯川
小瀨林道
曉望滝周山的觀景點
虹夕諾雅 輕井澤 P.102
蜻蜓星野 輕井澤野鳥溫泉入口 P.69
火山噴發後留下的浮石
椴寶池
大斑啄木鳥休憩所
草地
能見到野鳥沐浴的景點
KERA-IKE
鶴瀧
picchio
千ヶ滝南口
與謝野夫婦和歌碑
146
トンボの湯
北原白秋和歌碑

● 榆樹街小鎮 P.58
● 輕井澤高原教堂 P.70
● 星野集團 Karuizawa Hotel Bleston Court P.104
● Bleston Court yukawatan P.32

野鳥之森自然生態觀察

由熟知動物、野鳥、樹木、花草的嚮導介紹森林生態的行程。每天都會出團，能觀察一年四季的森林生物。

開催日	每日	時間	10:00出發～12:00結束（每日）、13:30出發～15:30結束（4月1日～11月30日） ※需預約（也可從官網預約）
料金	成人2100日圓、4歲～小學生1000日圓		
對象年齡	從兒童到年長人士皆OK（學齡前兒童須有保護者同行）		

START

1 首先到picchio報到

生態旅遊的出發地點在星野度假區的「picchio」。完成報到手續，準備妥當後，就可以出發去小小冒險了！也提供租借望遠鏡、野鳥圖鑑等用品的服務。

展開令人興奮又驚喜的冒險！

Check嚮導的隨身裝備

嚮導的背心口袋裡裝有導覽手冊、放大鏡、小刀和驅熊鈴，後背包內還有更多的隨身攜帶物品。

來這裡報名行程

picchio

傳授輕井澤森林的有趣知識！ picchio

為致力於調查、保育野生動植物的「森林生物導覽人」。透過各種解開大自然奧祕的觀察行程，讓大人小孩都能體會親近大自然的樂趣與價值。

☎ 0267-45-7777
MAP 附錄② P.12 D-2
🕐9:30～17:00 休無休 所輕井澤町星野
🚌JR輕井澤站搭巴士15分，星野溫泉蜻蜓的湯下車，步行5分 🅿200輛（度假區內）

→搭配季節會推出尋察野鳥、尋找紅葉、動物的足跡等活動觀察野生動物的足跡

※自然生態旅遊的路線可能會因大自然的狀況而有變動。

64

参加自然生態旅遊

能邂逅這些動植物

動物

初夏的森林中，可以見到蟬羽化後的空殼、輕飛漫舞的冰清絹蝶身影，還有機會一窺野生的日本松鼠和鼯鼠。

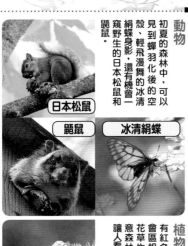
日本松鼠

鼯鼠

冰清絹蝶

植物

有紅色、藍色等在都會區相當罕見的鮮豔花草生息，綻放在綠意森林中的美麗姿態讓人看到入迷。

日本落葉松

五味子　薄葉薺苨

---

4 觀察隱藏在林木間的**小鳥**

若有察覺到任何的聲音，就拿起雙筒或單筒望眼鏡觀察看看吧。即便只是細微的鳥鳴聲，嚮導也能辨別出鳥的種類。

羽色亮麗耀眼的白腹琉璃，鳴叫聲也很悅耳

全年都能發現蹤影的白頰山雀

⬆透過雙筒望眼鏡還能看到野鳥覓食的模樣

5 當發現任何生物就翻閱圖鑑查證！

若遇到沒看過的鳥類或昆蟲，可以馬上翻閱picchio自製的圖鑑確認名稱和特徵！生態知識越豐富，就更能享受森林的樂趣。

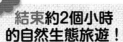

⬆以獨特插圖呈現的圖鑑簡單明瞭容易閱讀

6 在**橡實池**尋找水生生物

水池因宛如橡樹實般的形狀而得此名，3月中旬到5月上旬期間為山赤蛙的產卵場所。

有好多蝌蚪！

水池也是眾多生物的休憩場所

7 結束約2個小時的自然生態旅遊！

當一心一意沉浸在觀察中時，不知不覺就走到終點了。自然生態旅遊全年皆可參加，下次務必挑選不同的季節來造訪，感受不一樣的森林魅力。

GOAL

⬆行程結束後不妨到附設的咖啡廳小歇一會

在picchio買伴手禮&喝咖啡

明信片
各108日圓
picchio特別拍攝的明信片

鼯鼠肩掛小包
1500日圓
可愛討喜的鼯鼠造型包

鳥類的有趣私生活 1296日圓
由picchio所編著的野鳥圖鑑，內文中介紹了許多出乎意料的鳥類生態

咖啡拿鐵 600日圓
在點餐時說「coffee please」可能會有好事發生喔

鳥のおもしろ私生活 Watching at ease!

還有還有！其他體驗行程

欣賞騰空飛躍的鼯鼠

於傍晚前往森林觀察鼯鼠的人氣行程。因為事先已調查好鼯鼠的行動範圍，所以有超過90%以上的機率可以看得到。

舉辦日　3月中旬~11月
時間　1.5小時(每天時間不一)　※需預約
費用　成人3300日圓、小學生2500日圓

picchio兒童冒險營

專為小學生策畫的冒險活動。體驗不用火柴生火、運用刀子和繩索等工具，創造出最棒的回憶。

舉辦日　黃金週、暑假
時間　9:00~16:00　※需預約
費用　15000日圓(含午餐費)

觀賞野生動物 **NEW**

找尋鹿類等動物的全新夜間巡遊。當看到燈光照射下發光的動物眼睛，無論小孩還是大人都很樂在其中。

舉辦日　6月~10月(每日)
時間　19:30~21:30　※需預約
費用　成人7000日圓、小學生5000日圓

❶為提供悠閒的用餐環境而減少座位數的店內 ❷佇立於遠離大街的幽靜森林中 ❸全餐的其中一道「玉米牛奶凍」

MODESTO
モデスト

使用大量新鮮高原蔬菜的道地義式料理名店。可以在沉穩氛圍的時尚風格店內，細細品味將食材魅力發揮至極致的美味佳餚。

☎0267-31-5425 MAP 附錄② P.13 C-3

🪑需洽詢　🐾僅限部分露天座OK
🕐12:00～13:30、17:30～20:30
休週三(夏季、冬季為不定休)　¥午餐4320日圓～、晚餐6156日圓～　所輕井沢町長倉平野3430-5
🚃信濃鐵道中輕井澤站步行10分　P6輛

講究的食材樣樣美味
高原蔬菜
餐廳

在信州的富饒土壤與陽光沐浴下旺盛生長的高原蔬菜，美味好吃又健康。若來到輕井澤，一定要嘗嘗看以當地高原蔬菜烹調的料理，感受大自然的恩澤。

蔬菜新鮮好吃的
健康義式料理

人氣餐點
義式溫沙拉
2700日圓
使用11～12種蔬菜呈現出繽紛色彩，能襯托食材味的特製醬汁也是一大亮點

在開闊感十足的空間享用正宗的南法風味

人氣餐點
招牌午餐
1944日圓
主菜可從義大利麵、咖哩等多款料理中任選，還附新鮮沙拉和咖啡

Bistro Provence
輕井澤
ビストロプロヴァンスかるいざわ

能享受遠眺八岳的景致與好評南法料理的小餐館，攜帶寵物入店也OK。提供前菜以及可從多款主菜中任選的午間全餐，還附湯品，相當物超所值。晚間時段的傳統法式料理也很受歡迎。

☎0267-44-1329
MAP 附錄② P.5 C-1

🙂OK　🐾OK
🕐11:30～14:00、18:00～21:00(需預約)
休無休　¥午間全餐3024日圓
所輕井沢町千ヶ滝197 HOTEL Soyokaze內
🚃信濃鐵道中輕井澤站車程7分　P20輛

❶「HOTEL Soyokaze」(→P.106)內的餐廳 ❷晚餐(需預約)能品嘗使用嚴選食材的道地法國菜

Trattoria La Pacchia

提供價格平實的美味佳餚，有以契作農家新鮮蔬菜烹調而成的義大利麵、道地的柴燒窯烤披薩等。營造出輕鬆自在的居家氛圍，也深得家庭客群的好評。

☎0267-46-1552　🙂OK　🐾NG
MAP 附錄② P.12 D-4
🕐11:30～14:30、17:30～20:00　休週三、四　¥午間套餐(僅平日提供)1350日圓
所輕井沢町長倉2874
🚃信濃鐵道中輕井澤站步行6分　P6輛

❶充滿義大利鄉村風的店家外觀 ❷以信州黑牛與信州紅豬、牛肝菌菇為材料的肉醬義大利寬麵1242日圓 ❸格局寬敞舒適的空間

正統窯燒披薩&絕品時蔬義大利麵

人氣餐點
生火腿披薩
1728日圓
以義大利產生火腿和芝麻葉為配料的披薩，口味簡單卻百吃不膩

輕井澤酒店Longinghouse
野菜がおいしいレストラン
かるいざわホテルロンギングハウスやさいがおいしいレストラン

選用由蔬菜品嘗師親自前往北至北海道、南至沖繩的各地農家，實際用手碰觸土壤並確認無虞的蔬菜。不僅能品嘗風味講究的菜色，充滿輕井澤特色的餐廳所在地也是魅力之一。

☎0267-42-7355　😊OK　🐾僅限露天座OK
🅼🅰🅿 附錄② P.12 F-4
🕐8:00～9:00、11:30～13:30、18:00～20:00（所有時段皆需預約）　休無休
💴午間全餐3000日圓～　所輕井沢町輕井沢泉の里
🚃JR輕井澤站車程5分　🅿43輛

❶番茄盅（全餐的其中一道菜），以蔬菜為主角的料理配色也很漂亮 ❷位於「輕井澤酒店Longinghouse」（→P.105）內 ❸能邊眺望美麗庭園邊悠閒用餐

人氣餐點
由契作農家供應食材的
新鮮蔬菜沙拉
（全餐的其中一道）
由螺旋甜菜根等數十種蔬菜交織而成的繽紛沙拉

來自全國各地的高品質蔬菜

於古老美好的和風空間
品嘗信州食材的創作和食

人氣餐點
信州炙燒豬丼御膳
1880日圓（豬丼單品1580日圓）
以醬油麴和信州味噌醃漬的豬里肌肉香氣十足，上面還放了滿滿蔬菜

Kutsukake Dining

位於中輕井澤站附近，2017年7月才剛開幕的住宿設施「Kutsukake Stay」內的餐廳。能在自在舒適的和風空間裡，大啖使用信州精緻食材入菜的創作料理。

☎0267-46-8906　😊OK　僅限露台OK
🅼🅰🅿 附錄② P.13 C-3
🕐11:00～13:30、17:00～20:30　休週三、四（夏季無休）💴Kutsukake和風焗烤1058日圓　所輕井沢町長倉3294-1　🚃信濃鐵道中輕井澤站步行5分　🅿20輛

❶Kutsukake田舍蕎麥麵1296日圓，沾料可從核桃醬、雞肉辣醬中擇一 ❷由屋齡50年的住宿設施翻修而成 ❸寬敞露天座的氣氛也很棒

人氣餐點
義式溫沙拉
1836日圓
將在地新鮮蔬菜佐以秘傳的鯷魚醬汁享用，能品嘗多種蔬菜的不同口感

在日式用餐空間飽嘗道地義大利菜

La Luce

能在和室空間享用正統義式料理的餐廳，料理則是使用當地契作農家的有機蔬菜等當季食材烹調而成。廁所內備有尿布台，帶著幼兒也能安心同行。

☎0267-45-2019　😊OK　🐾NG
🅼🅰🅿 附錄② P.12 D-3

❶店內為必須脫鞋的家庭式格局，空間寬敞舒適 ❷小巧精緻的店家外觀，店頭還飄揚著義大利的國旗

🕐11:30～14:00、17:30～20:30（週日、假日和冬季為～20:00）
休週一（有不定休）💴義大利麵1300日圓～、披薩1400日圓～　所輕井沢町中輕井沢24-2　🚃信濃鐵道中輕井澤站步行10分　🅿4輛

小憩片刻 綠意盎然的獨棟咖啡廳

推薦幾家在中輕井澤漫步閒逛或騎自行車的途中，可以坐下來歇會兒的咖啡廳。
不妨在充滿隱密氛圍的空間裡，邊享用美味餐點邊度過幸福的時光吧！

Coffee House Shaker

以19世紀發展於美國、強調簡潔實用的夏克風格家具打造而成的咖啡廳。隨季節變換口味的熱壓三明治和手沖咖啡都是人氣首選。

☎0267-45-8573 OK OK
MAP 附錄② P.13 C-3
L 10:00～18:00(有季節性變動) 休 週三(7月下旬～8月無休) ¥ 原創特調咖啡600日圓 所 軽井沢町長倉3460-16 🚃 信濃鐵道中輕井澤站步行5分 P 4輛

❶於蒼鬱林木的襯托下格外顯眼的白牆外觀 ❷店內販售的雜貨也很吸睛

在簡單舒適的咖啡廳 悠悠度過慢活時光

推薦餐點
蕎麥鬆餅
800日圓
使用信州產蕎麥粉製作的鬆餅。
刻意壓低的甜度剛剛好

The Sugar Spot Coffee

＊シュガースポットコーヒー＊

寬敞的店內設有需脫鞋的幼兒專用空間，廁所也備有尿布墊，無論任何年齡層都能舒適享受。兒童餐點的選項也相當豐富。

☎0267-41-0044 OK OK(需洽詢)
MAP 附錄② P.12 F-4
L 8:30～16:00(16:30打烊) 休 週三、四(8月週三休，3月為不定休) ¥ 咖啡550日圓～、兒童餐600日圓 所 軽井沢町軽井沢1323-1465 🚃 JR輕井澤站車程5分 P 16輛

❶位於離山通上，店前的木棧平台還掛有吊床 ❷也可在店內觀看體育賽事的轉播

連小小孩也能安心光顧的三世代咖啡廳

推薦餐點
核桃杯子蛋糕套餐
1000日圓
溫熱的杯子蛋糕與飲品、水果等的搭配組合

Ray coffee house

＊レイコーヒーハウス＊

耳邊只有小鳥啁啾聲迴盪的舒適幽靜咖啡廳。可以在連光線射入角度都列入設計考量的店內，細細品味一杯杯用心沖泡的咖啡。

OK 僅限露台OK
☎0267-31-5031
MAP 附錄② P.13 C-3
L 11:00～17:00 休 週四(冬季為不定休， 請上官網確認) ¥ 綜合咖啡500日圓 所 軽井沢町長倉2141-431 🚃 信濃鐵道中輕井澤站步行20分 P 4輛

溫和輕柔的光線瀰漫 享受靜謐怡人的時光

推薦餐點
巧克力蛋糕
500日圓
白蘭地的香氣會在嘴裡散開來，蛋糕體口感酥鬆，不會過於厚重

❶店前為修剪整齊的庭院，四季花草也很漂亮 ❷能悠閒眺望庭院景致的熱門吧檯座

長倉カフェ

＊ながくらカフェ＊

在成熟大人味的優質空間品嘗正統派的法式糕點

推薦餐點
香檳芭芭露亞蛋糕套餐
1500日圓～
店內人氣No.1的蛋糕。質地蓬鬆輕盈，入口即化的口感如同香檳般

❶兩層樓建築物的店內設計成挑空的格局 ❷露天座面朝聽得到野鳥鳴聲、自然環境豐沛的庭園

以邁森瓷器的杯子裝盛咖啡與口感細緻的蛋糕著稱。陳列著古董家具的店內籠罩在水晶吊燈的柔和光線中，能享受優雅的片刻時光。

☎0267-46-0840 需洽詢 NG
MAP 附錄② P.13 C-3
L 12:00～17:30 (蛋糕售完即打烊) 休 平日 (請上官網確認，有冬季休業) ¥ 咖啡680日圓～ 所 軽井沢町長倉上ノ原ロイヤルプリンス通り 🚃 信濃鐵道中輕井澤站步行12分 P 5輛

舊輕井澤
輕井澤站周邊
中輕井澤
南輕井澤
北輕井澤
周邊區域

不住宿溫泉

美肌之湯

幽靜隱密的名湯

輕井澤也擁有與知名溫泉地相比毫不遜色的名湯。不妨到自古以來被稱為美肌之湯的溫泉悠閒享受，消除旅途的疲憊讓身心煥然一新吧。

在充滿歷史韻味的避暑勝地享受設計時尚的現代風格名湯

❶天井挑高的室內浴池，散發出的檜木香氣十分迷人
❷以花崗岩砌成的露天浴池，春天可賞櫻花、秋天有紅葉景致
❸冬季（1月～）會點亮竹燈，營造出如夢似幻的空間感

溫泉DATA
泉質	碳酸氫鈉氯化物泉
源泉溫度	41℃
自家源泉湧量	400公升/分

自家源泉／源泉放流／加水 無／加溫 部分

不住宿入浴DATA
費用	成人1300日圓、3歲～小學生750日圓

※黃金週、8月的訂價另計
浴池種類 室內浴池／露天浴池／三溫暖

這裡也要CHECK
季節的特殊溫泉
除了照片中的蘋果溫泉（10、11月）外，依季節還會推出菖蒲溫泉（5月）、柚子溫泉（12月）等別具特色的溫泉

❖ほしのおんせんトンボのゆ
星野溫泉 蜻蜓之湯

自1915（大正4）年發現溫泉以來，就獲得眾多文化人愛戴的老牌溫泉勝地。泉質柔軟、滑順被譽為「美肌之湯」，能奢侈地享受源泉放流式的天然溫泉。

☎0267-44-3580 **MAP** 附錄② P.12 D-2
🕙10:00～23:00（受理～22:00，黃金週、8月為9:00～）
休無休 所輕井沢町星野 🚌JR輕井沢站搭巴士15分，星野溫泉トンボの湯下車即到 P200輛（度假區內）

獨棟咖啡廳／不住宿溫泉

❶也備有無需顧慮他人，可完全放鬆身心的包租家族浴池，有時從露天浴池還能見到群聚在森林的野鳥身影

四周環繞著野鳥棲息的森林 輕井澤最古老的溫泉

❖しおつぼおんせんホテル
鹽壺溫泉酒店

據說是源賴朝在狩獵之際不經意發現到的古老溫泉。不妨邊欣賞森林的盎然綠意、小鳥的吱啾聲，邊享受對肌膚溫和，泉量豐富的弱鹼性自家源泉「長命泉」。

☎0267-45-5441
MAP 附錄② P.13 C-1
🕙11:30～21:00 休無休
所輕井沢町中輕井沢塩壺 🚌JR輕井沢站搭巴士15分，星野溫泉トンボの湯下車，步行10分 P60輛

溫泉DATA
泉質	碳酸氫鈉泉
源泉溫度	45℃
自家源泉湧量	800公升/分

自家源泉／源泉放流／加水 部分／加溫 部分

不住宿入浴DATA
費用	成人1000日圓、3歲～小學生500日圓（包租家族浴池1小時另外加收2000日圓，11:30～14:00）

浴池種類 室內浴池／露天浴池／包租家族浴池

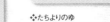

邊欣賞美麗的庭園景致
邊感受四季更迭的輕井澤風光

溫泉DATA
泉質	碳酸氫鈉氯化物泉
源泉溫度	47.3℃
自家源泉湧量	156公升/分

自家源泉／源泉放流／加水 部分／加溫 部分

不住宿入浴DATA
費用	成人1200日圓～、3～12歲700日圓～（週六日、假日成人+100日圓，3～12歲+50日圓）※特別日成人1550日圓、3～12歲1140日圓

浴池種類 庭園露天浴池／附屋頂露天浴池／室內大浴池／芬蘭浴桑拿房

❖たちよりのゆ
かるいざわせんがたきおんせん
不住宿溫泉 輕井澤千瀧溫泉

屬於純泡湯不提供住宿的溫泉設施，設有能欣賞新綠、紅葉、雪景等四季分明景色的露天浴池，以及大片落地窗視野開闊的室內浴池。利用低溫讓身體從內部暖和起來的芬蘭浴桑拿房也很受歡迎。

☎0267-46-1111
MAP 附錄② P.13 C-1
🕙12:00～21:30（特別日、週六日、假日為10:30～22:00）
休無休（保養維修時會休業）
所輕井沢町千ヶ滝溫泉 🚌JR輕井沢站搭巴士15分，千ヶ滝溫泉入口下車即到 P300輛

❶可從大片窗戶眺望到庭園和露天浴池
❷遠紅外線的芬蘭浴桑拿房具有恢復疲勞的效果

♪ 玩樂 手打ちそば ひょうろく
てうちそばひょうろく

📞 0267-45-2399　　MAP 附錄②P.13 A-3

由專家指導，製作傳統的手打蕎麥麵

將自家栽種在海拔1000m的蕎麥以石臼研磨成粉，製作過程嚴謹講究的蕎麥麵店。手打蕎麥麵的體驗活動由2～3人一組，完成後可連同醬汁（費用另計）一起帶回家。

🕐手打蕎麥麵體驗10:00～、14:00～（最多各30名）　🈺週五（夏季無休）　🈺手打蕎麥麵體驗成人2000日圓、兒童1000日圓（需預約，兒童不可單獨參加）　🅿️輕井沢町長倉5530　🚃信濃鐵道信濃追分站車程8分　🅿️4輛

↑若要當場享用手打蕎麥麵的話再加500日圓

↑自己動手做的蕎麥麵吃起來別有一番風味

→充滿木質溫潤氣息的店內

🍴 美食 かぎもとや中輕井澤本店
かぎもとやなかかるいざわほんてん

📞 0267-45-5208　　😊OK　🐾NG
MAP 附錄②P.12 D-3

就算排隊也要吃到的老店極品蕎麥麵

創業於1870（明治3）年的老店。麵體較粗的蕎麥麵咬勁十足、香氣濃郁，最推薦附天麩羅和配料豐富雜燴湯的紅葉套餐。

↑熱門的紅葉套餐1750日圓

🕐9:00～19:00（週六日、假日為～20:00）　🈺週四（逢假日則前日或翌日休）　🈺天麩羅竹籠蕎麥麵1400日圓　🅿️輕井沢町長倉3041-1　🚃信濃鐵道中輕井澤站即到　🅿️20輛

↑店家就座落在中輕井澤站的前方，散發出老舖風情的建物外觀相當顯眼

🏛 景點 舊近衛文麿別墅(市村紀念館)
きゅうこのえふみまろべっそういちむらきねんかん

📞 0267-46-6103　　MAP 附錄②P.12 E-4

輕井澤歷史重要人物的別墅

移築而來的別墅建於大正時代，曾經是前首相近衛文麿的住居，後來由致力於開發輕井澤別墅區的市村今朝藏買下。能參觀日西合璧的建築樣式、市村夫妻的資料等文物。

↑由洋風住宅建築公司Americaya所打造的建物

🕐9:00～16:30（17:00閉館）　🈺週一（逢假日則開館，7月15日～10月31日無休，11月16日～3月31日為冬季休館）　🈺成人400日圓，高中生、中小學生200日圓　🅿️輕井沢町長倉2112-21　🚃信濃鐵道中輕井澤站步行15分　🅿️20輛

🏛 景點 歷史民俗資料館
れきしみんぞくしりょうかん

📞 0267-42-6334　　MAP 附錄②P.12 E-4

透過資料一窺輕井澤的過去與現在

有繩文時代的土器、中山道作為驛站町興盛一時的歷史、別墅區的發展資料等相關介紹，另外還展示了吉澤三朗所收藏的中國陶瓷器。

↑購買入館券即可參觀隔壁的舊近衛文麿別墅

🕐9:00～16:30（17:00閉館）　🈺週一（逢假日則開館，7月15日～10月31日無休，11月16日～3月31日為冬季休館）　🈺成人400日圓，高中生、中小學生200日圓　🅿️輕井沢町長倉2112-101　🚃信濃鐵道中輕井澤站步行15分　🅿️20輛

🍴 美食 Ogosso
オゴッソ

📞 0267-42-6339　　😊店內部分OK　🐾NG
MAP 附錄②P.12 F-4

以各式料理品嘗鬥雞的好滋味

能吃到豐富多樣的信州產食材。午餐的親子丼和特選豬排丼、晚餐鮮甜有嚼勁的儀太郎鬥雞火鍋都是人氣招牌，與當地酒也很對味。

↑鬥雞壽喜燒5180日圓，雜燴粥（1人份）540日圓也是絕品美味

🕐11:00～14:30（15:00打烊）、17:00～21:00　🈺週三、第2週二　🈺儀太郎鬥雞親子丼1490日圓　🅿️輕井沢町長倉1999-1　🚃JR輕井沢站車程4分　🅿️17輛

🏛 景點 輕井澤高原教堂
かるいざわこうげんきょうかい

📞 0267-45-3333　　MAP 附錄②P.12 D-2

溫暖樸實氛圍的集會場所

前身為聚集北原白秋、島崎藤村等多位文化人士所舉辦的「藝術自由教育講習會」，每個週日都會舉辦禮拜儀式以及任何人都可以參加的活動。

→每週日有例行的福音禮拜

🕐9:00～18:00（儀式以外的時間皆可自由參觀）　🈺無休　🈺免費　🅿️輕井沢町星野　🚃JR輕井沢站搭巴士15分，星野溫泉トンボの湯下車，步行5分　🅿️有

中輕井澤

MAP ▼ 附錄②P.5、12-13

• 信濃鐵道中輕井澤站的北側，是擁有豐沛綠意、充滿悠閒氣息的區域。除了高人氣的星野度假區以外，車站附近的美食餐廳、商店也都極具魅力。

🏛 景點 沓掛露台
くつかけテラス

📞 0267-41-0743　　MAP 附錄②P.12 D-4

聚集當地居民及觀光客的車站直通設施

直通中輕井澤站的地域交流設施，設有圖書館和Challenge Shop。不僅會舉辦早市之類的活動，同時也是居民、觀光客聚集的休憩場所。

↑1、2樓的圖書館即使非居民也能使用

🕐中輕井澤圖書館9:30～19:00，其他則視店鋪而異　🈺週二（有不定休）　🅿️輕井沢町長倉3037-18　🚃直通信濃鐵道中輕井澤站　🅿️有

🏛 景點 田崎美術館
たさきびじゅつかん

📞 0267-45-1186　　MAP 附錄②P.13 C-2

集結與輕井澤有淵源的知名畫家代表作

美術館座落於獲頒文化勳章的畫家——田崎廣助視為第二故鄉的輕井澤。共展示約90件的作品，包含朱富士、阿蘇山等代表作以及巴黎留學時代的畫作。

↑榮獲日本建築學會獎的嶄新建築

🕐10:00～17:00（10月以後為10:30～16:30）　🈺週二（有臨時休館，11上旬～4月下旬為冬季休館）　🈺成人900日圓，高中生、大學生700日圓，中小學生400日圓　🅿️輕井沢町千ヶ滝プリンス通り　🚃信濃鐵道中輕井澤站步行20分　🅿️20輛

↑入口處還能見到教堂的原點——「星野遊學堂」之名

CHECK!

●ケラいけスケートリンク

KERA-IKE滑冰場

0267-45-7777 (picchio)
MAP 附錄②P.12 D-2

冬天可享在森林中溜冰的樂趣！

⊙聖誕節時會有期間限定的夜間營業

位於輕井澤野鳥之森旁、「picchio」(→P.64)前方的水池，每當冬天結冰就成了滑冰場。從森林流出的溪谷水結凍後化身為林間滑冰場，能享受沐浴於大自然的暢快愜意。

⊙也可買杯熱飲坐下來休息一下

⊙繪有黃嘴雀拉花圖案的可愛咖啡拿鐵

10月19日～3月(預定)的10:00～16:00 休無休(有臨時休業) ¥國中生以上1800日圓、小學生以下1300日圓(含租鞋費用) 所軽井沢町星野 5JR輕井澤站搭巴士15分，星野温泉トンボの湯下車，步行5分 P200輛(度假區內)

●ミネルバさぼう

美食 ミネルバ茶房

0267-42-5981
MAP 附錄②P.12 F-4
OK 需洽詢

在富有歷史感的餐廳輕鬆享用午餐

爬滿著常春藤的建築物很有輕井澤的味道。拌入蛋液口感Q彈的義大利雞蛋生麵、從揉麵糰開始做起的披薩都是人氣餐點。

⊙奶油玉米培根義大利生麵950日圓

11:00～21:30(夏季為～22:00) 休週四(8月無休) ¥煙燻培根紅蘿蔔醬義大利生麵950日圓 所軽井沢町離山2009 JR輕井澤站搭巴士3分，離山下車即到 P10輛

●かるいざわキッシュアンドバルアウォート

咖啡廳 軽井沢キッシュ&バル A-WOTO

0267-31-0605
MAP 附錄②P.12 D-4
OK NG

以信州食材為主角的鹹派小酒館

由舊輕井澤音羽之森飯店(→P.107)所設立的咖啡酒館。鹹派、西式熟食皆提供外帶服務，晚間還會推出多款適合搭配酒類的餐點。

⊙可任選的鹹派午餐864日圓～(午餐時段11時30分～13時)

10:00～22:00(17:00以後為小酒館時段) 休週二、最後週四 ¥鹹派480日圓～ 所軽井沢町長倉3091 沓掛露台內 直通信濃鐵道中輕井澤站 P有

咖啡廳 Cafe Hungry Spot

0267-44-3571
MAP 附錄②P.12 D-2
OK NG

泡湯後或散步途中的休憩景點

緊鄰「星野溫泉蜻蜓之湯」(→P.69)的咖啡廳。泡完溫泉來杯冰涼的精釀啤酒實為一大享受，隨時備有5款口味可任選。口感溫和的花豆霜淇淋、布丁之類的甜點也非常好吃。

9:00～23:00 休無休 ¥輕井澤高原啤酒680日圓～ 所軽井沢町星野 JR輕井澤站搭巴士15分，星野温泉トンボの湯下車即到 P200輛(度假區內)

⊙以綿密泡沫為特色的「Yona Yona Real Ale」

⊙風味芳醇的花豆霜淇淋350日圓

⊙夏天可以在開放式的露台暢飲啤酒

●トラットリアリポーソ

美食 TRATTORIA RIPOSO

0267-41-3501
MAP 附錄②P.12 F-4
OK NG

菜色豐富的人氣義大利餐廳

能以實惠價格品嘗自家製義大利麵與近千款的葡萄酒，信州豬腰內肉炸豬排、柴燒窯烤披薩都很推薦。

⊙招牌信州豬腰內肉炸豬排2808日圓

11:00～14:00、18:00～20:30 休週二 ¥瑪格麗特披薩1080日圓 所軽井沢町長倉2010 JR輕井澤站搭巴士3分，離山下車即到 P10輛

購物 Patisserie Chez Kajiwara

0267-44-1780
MAP 附錄②P.12 D-3

人氣西點店的一口乳酪蛋糕

由實力派甜點師坐鎮的人氣西點店。以兩種乳酪交織出豐富層次的一口乳酪蛋糕「KARUIZAWA TAMAGO」，最適合買來當伴手禮。由於是限量商品，請趁早來店選購。

⊙以當季食材製作的細緻口感蛋糕

10:00～19:00
休週二、週三為不定休
所軽井沢町中軽井沢4-2
信濃鐵道中輕井澤站步行3分 P2輛

●わようダイニングむむてい

美食 和洋ダイニング むむ亭

0267-45-3232
MAP 附錄②P.12 D-3
OK 僅限露台OK

可同時飽享精緻美食與淙淙流水聲

於2017年4月剛開幕的餐廳。提供高麗菜捲、牛排重箱、漢堡排、炸豬排等多樣菜色，每一道都很物超所值。

⊙使用嚴選牛肉製成的人氣牛肋排

11:00～20:00(有季節性變動) 休不定休 ¥午餐1080日圓～，牛肋排1650日圓～ 所軽井沢町長倉3348-5 信濃鐵道中輕井澤站步行10分 P12輛

●たむらやそうほんてん

購物 田村屋総本店

0267-45-5027
MAP 附錄②P.12 D-4

伴手禮&自用兩相宜的熱銷美味糕點

創業已逾百年的和菓子店。在全國菓子博覽會中獲頒榮譽金賞的「Karuizawa」，外皮是奶油長崎蛋糕、內餡為包了乳酪的紅豆沙，與核桃最中餅都是人氣商品。

⊙不使用添加物的原則也是老店特有的堅持

9:00～19:00((有季節性變動)
休不定休 所軽井沢町中軽井沢3024-5
信濃鐵道中輕井澤站即到 P5輛

●チェルシーズガーデンカフェ

咖啡廳 CHELSEA'S GARDEN CAFE

0267-46-1108
MAP 附錄②P.5 C-1
OK OK

擁有美麗庭園的英國風獨棟咖啡廳

食材講究的鹹派、自家製的傳統英國糕點和下午茶都很受歡迎，也有販售紅茶、英國雜貨、古董等商品。

11:30～16:30
休不定休(11～4月中旬為冬季休業)
¥午餐1890日圓
所軽井沢町長倉2146-1380
信濃鐵道中輕井澤站車程5分
P12輛

⊙英國鄉村風下午茶1人份3780日圓(2人以上起餐，需預約。照片中為2人份，詳情請上官網確認)

⊙能在一派悠閒的氣氛中品嘗英國進口的紅茶

追分
おい わけ
懷舊街道 散步

古書店&咖啡廳　在旅途中邂逅鍾愛之書

❶不妨來杯咖啡悠閒享受閱讀的樂趣吧　❷咖啡、紅茶的原價各400日圓，若有購書則為300日圓　❸也有信套組之類的雜貨商品

追分コロニー
おいわけコロニー

販售以「生態&經濟」為主題，由店主從各種領域嚴選而來的古書。可以在椅子和燈光照明都很講究的附設咖啡空間，將自己埋首於書中世界。

😊 OK(僅限對書有興趣的孩童)　🐾 NG
☎ 0267-46-8088　MAP 附錄② P.5 B-2
🕐 12:00～17:00
休 週一、二、三(夏季無休，12～3月為不定休)
所 輕井沢町追分612
交 信濃鐵道信濃追分站車程5分　P 5輛

歷史博物館　一窺江戶時代驛站町的繁榮歷史

追分宿鄉土館
おいわけじゅくきょうどかん

極盛期有70多家旅館林立的追分宿，是中山道數一數二的驛站町。館內設有依照當時驛站資料重現而成的茶屋等，將驛站的歷史透過各式各樣的資料一一介紹展示。

☎ 0267-45-1466　🕐 9:00～16:30(17:00閉館)　休 週三(逢假日則開館，7月15日～10月31日無休)　¥ 成人400日圓，高中生、中小學生200日圓(與「堀辰雄文學紀念館」的共通票)　所 輕井沢町追分1155-8　交 信濃鐵道信濃追分站車程5分　P 50輛
MAP 附錄② P.5 B-2

❶將四角形茶屋「津輕屋」部分復原的展示區　❷仿出桁造樣式旅館的木造外觀極具特色

淺間神社
芭蕉句碑
⑱
道
往中輕井澤→

交流站　將舊旅館的歷史建物打造成文化據點

信濃追分文化磁場 油屋
しなのおいわけぶんかじばあぶらや

舊油屋旅館曾廣受堀辰雄等多位文化人的愛戴，建物再生利用後改由藝廊、咖啡廳、古書店等個性豐富的店鋪進駐，以嶄新的文化發信基地之姿備受矚目。

☎ 0267-31-6511　MAP 附錄② P.5 B-2
🕐 11:00～17:00　休 週二、三(8月無休，11月～4月中旬為冬季休業)　所 輕井沢町追分607　交 信濃鐵道信濃追分站車程5分　P 10輛

秋天還會推出活動
本物市集

展示販售當地作家的作品「書=藝術」、「物=工藝品」

本物 = 「家」與「物」——「藝術」、「書」與「物」——「工藝」

❶歷史悠久的本館建於1938(昭和13)年。黃金週只在週後的6個月左右期間，需事前預約即提供簡單住宿的服務　❷❸發揮建築物特色所創造出的全新另類空間

探訪深愛輕井澤的堀辰雄的文學世界

紀念館

堀辰雄文學紀念館
ほりたつおぶんがくきねんかん

以《風起》等作品廣為人知的作家堀辰雄，對輕井澤情有獨鍾並在此度過了晚年。位於追分的舊宅目前已改為紀念館對外開放，可以藉由親筆原稿和愛用品感受一下堀辰雄的文學魅力。

☎ 0267-45-2050
MAP 附錄② P.5 B-2
🕐 9:00～16:30(17:00閉館)　休 週三(逢假日則開館，7月15日～10月31日無休)　¥ 成人400日圓高中生、中小學生200日圓(與「追分宿鄉土館」的共通票)　所 輕井沢町追分662　交 信濃鐵道信濃追分站車程5分　P 15輛

❶堀辰雄晚年曾居住過的舊宅內部　❷展示棟內也有展示堀辰雄的愛用品

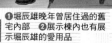

信濃追分懷舊街道散步

信濃 しなの

連文豪也愛的驛站町

相對於瀰漫高雅度假氣息的輕井澤，信濃追分則是地處中山道與北國街道的分歧點、曾經興盛一時的驛站町。不妨漫步在仍然保留著當時樣貌的街道，一睹這個廣受文人喜愛的小鎮風采。

❶充滿懷舊氛圍的江戶時代建物，屋簷下方還吊掛著商品
❷別具韻味的商品羅列

[神社] ## 淺間神社
あさまじんじゃ

祈求狂暴的淺間山能平靜無災的神社

為祈求淺間山火山活動的安定而建，明治天皇甚至派遣了勅使到神社執行祭祀活動。境內還立有松尾芭蕉吟詠火山噴發的俳句碑。

📞**0267-42-5749**
MAP 附錄② P.5 B-2
🕐自由參觀 📍輕井沢町追分1155-7 🚉信濃鐵道信濃追分站車程4分 🅿20輛(町營停車場)

本殿建於室町時代，為全町最古老的木造建築物

[古蹟] ## 追分宿高札場
おいわけじゅくこうさつば

幕府用來向民眾發布決策的告示板

江戶時代作為布告欄之用，掛有高札記載幕府欲下達通知的法令。目前的高札場是復原重建之物。

📞**0267-45-1466**
（追分宿鄉土館）
MAP 附錄② P.5 B-2
🕐自由參觀 📍輕井沢町追分 🚉信濃鐵道信濃追分站車程5分 🅿50輛(町營停車場)

當時的高札已收藏於追分宿鄉土館

[寺院] ## 泉洞寺
せんとうじ

驅除牙痛的石佛連堀辰雄也很喜愛

擁有近400年歷史的古剎。很得堀辰雄喜愛的如意輪觀音像，因手放在臉頰旁的姿勢而有「牙痛地藏」之稱，廣受有牙痛困擾的人虔誠信仰。

📞**0267-45-1354**
MAP 附錄② P.5 B-2
🕐自由參觀 📍輕井沢町追分1259 🚉信濃鐵道信濃追分站車程5分 🅿30輛

堀辰雄經常造訪該寺院，也曾在其作品中出現

[古蹟] ## 追分的分歧點
おいわけのわかされ

兩條街道的分岔路標指示

位居兩條路的分歧點，一條是朝京都方向的中山道，一條是通往越後的北國街道。為祈求旅途安全而設置的路標和常夜燈依然可見，能一窺驛站町時代的風貌。

📞**0267-45-1466**
（追分宿鄉土館）
MAP 附錄② P.5 B-2
🕐自由參觀 📍輕井沢町追分558 🚉信濃鐵道信濃追分站車程7分 🅿50輛(町營停車場)

還留有當時作為分歧點路標的石造物

雜貨琳瑯滿目可當伴手禮送人

[雜貨店] ## 布来籠工房 ままごと屋。
ふくろうこうぼうままごとや

由屋齡250餘年的旅館改裝而成的雜貨鋪。除了古布小飾品、手工編織籃之類的藝術家作品外，還有古董餐具、古布等讓雜貨迷愛不釋手的商品。

📞**0267-45-4008** MAP 附錄② P.5 B-2
🕐11:00～17:00(有季節性變動)
休週三(視季節週二～四休，有冬季休業)
💴當地產藤籠1800日圓～、古布50日圓～ 📍輕井沢町追分604 🚉信濃鐵道信濃追分站車程5分 🅿無

香氣撲鼻的石臼研磨手打蕎麥麵

[蕎麥麵店] ## きこり

利用石臼將當地產蕎麥研磨成粉，並以香氣濃郁的細切蕎麥麵為招牌。附碩大炸蝦的蘿蔔泥蕎麥麵、可一次品味兩款麵條的綜合蕎麥麵等品項，都極具人氣。

📞**0267-45-1330**
MAP 附錄② P.5 B-2
🕐11:00～20:00
休週二(逢假日則翌日休，8月無休)
💴綜合蕎麥麵1200日圓 📍輕井沢町追分119-7 🚉信濃鐵道信濃追分站車程6分 🅿25輛

搭配蘿蔔泥的辛辣感，滋味絕妙的炸蝦蘿蔔泥蕎麥麵1400日圓

（地圖）
諏訪神社
泉洞寺
追分宿高札場
夏洛克福爾摩斯像
←往小諸
追分的分歧點
追分宿
←往佐久
中山

以白色為基調的寬敞館內空間　※畫作圖像為示意圖，並非實際的展示內容

想親近藝術的話就來這兒♪

大自然中的藝術景點 ③

以下為大家介紹座落於南輕井澤區域，自然與藝術完美融合的三大人氣景點。各有各的特色與個性，不妨安排充裕的時間細細品味藝術吧。

藝術與休閒景點聚集

南輕井澤
みなみかるいざわ

位於輕井澤站到中輕井澤站南側一帶的區域，有「輕井澤塔列辛」，眾多藝術景點和休閒設施散布其間。區域範圍廣大，移動時建議以車代步。

美術館

自2011年開館以來話題不斷的景點。輕井澤的自然、獨創的建築與持續活躍於國內外舞台的千住博作品融為一體，可一窺實現新次元藝術體驗的美術館魅力。

輕井澤千住博美術館
かるいざわせんじゅひろしびじゅつかん

兼具傳統與革新，以獨特畫風廣受矚目的千住博個人美術館。與自然光灑落、大膽設計概念建築的搭配，也十分吸睛。

☎0267-46-6565
MAP 附錄② P.11 B-2
🕐9:30〜16:30(17:00閉館)
休週二(5/1開館，7〜9月無休，12月下旬〜2月底休館)　¥成人1200日圓，高中生、大學生800日圓，國中生以下免費
所輕井澤町長倉815　🚃JR輕井澤站搭計程車10分　P60輛

MAP
附錄② P.4-5、10-11
Information
輕井澤觀光會館
☎0267-42-5538
輕井澤觀光服務處
(輕井澤站內)
☎0267-42-2491

Point A 繪畫
欣賞千住博的代表作

收藏《Waterfall》等，從早期畫作到近作約100件的作品，並由千住博親自挑選出符合企劃的50件做展示。網羅許多受到國際高度評價的代表作，內容相當充實。

When the Stardust Falls#16 1994年
繪本中毫無文字敘述，可任憑每位讀者自己想像。全部16張原畫皆收藏於此。

NEWS

日本國內首度公開!
新作 At World's End

2018年的新作「At World's End」第一次在日本公開亮相。能從畫作主題的變遷歷程，感受千住博繪畫的魅力。

At World's End#18 2017年
於展示空間The Fall Room放映的新作動畫也不可錯過!

Waterfall 1996年

為千住博最具代表性的作品之一。主題「瀑布」系列的水彩暗中蒸騰而上的水霧以及而下的白色瀑布，氣勢磅礴又極富美感。

Night Fall 2007年

夜之瀑布展示於館內一隅的暗室。以螢光顏料描繪的瀑布，在紫外線燈的照射下營造出一股不可思議的夢幻氛圍。

Access

搭巴士	開車
JR輕井澤站	碓氷輕井沢IC
	經由縣道92號、43號，車程10分
搭輕井澤町內循環巴士約20分(夏季另有急行鹽澤湖線可搭)	南輕井澤左轉
	直行
	鹽澤左轉
	直行

南輕井澤（鹽澤湖）

採用巨大鏤空設計的空間，營造出建築彷彿從森林中長出來的印象

到處都設有長椅或座椅，能欣賞鏤空設計空間裡的盎然綠意

↑入口立有仿美術館形狀的時尚招牌

Point B 建築

出自西澤立衛之手的特色建物

館內大量採用了鏤空設計，明亮的開放空間完全顛覆美術館的既定印象。保留原始地形的傾斜樓板，給人漫步於大自然間的錯覺。

Profile
西澤立衛　にしざわ りゅうえ

生於1966年，橫濱國立大學研究所Y-GSA教授。2010年與妹島和世兩人共同創立的建築事務所SANAA，獲得有建築界諾貝爾獎之稱的普立茲克建築獎。

綠意・建築・繪畫合而為一

Hiroshi Senju Museum Karuizawa

藝術景點 Art **1** Spot

輕井澤千住博美術館

↑彩葉植物意指各式各樣顏色的觀葉植物

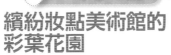
↑葉面中央有黃色斑紋的「四照花Gold Star品種」

Profile
千住博　せんじゅひろし

生於1958年。除了任職京都造型藝術大學的教授外，還擔任車站、機場的藝術指導等，自由奔放的創意與呈現手法在海內外皆享譽盛名。1995年普獲得威尼斯藝術雙年展的名譽獎。

Point C 綠意

繽紛妝點美術館的彩葉花園

於美術館的周圍和鏤空部分栽植彩葉植物的花園。葉片的顏色會隨著季節更迭而變化，能欣賞到不一樣的風情。

↑能欣賞葉片顏色變化的「加拿大紫荊Forest Pansy品種」

SHOP

將藝術帶回家
美術館商店

商店的個性外觀很引人注目。販售美術館限定的原創商品、千住博的著作和品質嚴選的居家小飾品等，品項琳瑯滿目。

→美術館造型筆記本300日圓，可從圓洞隱約窺見代表作『When the Stardust Falls』的插圖

↑商品多采多姿應有盡有

←小張明信片各100日圓，不妨投入輕井澤的郵筒，寄回當作旅遊紀念吧

CAFE

腹地內的老字號麵包坊
BOULANGERIE ASANOYA

輕井澤代表性麵包老店BOULANGERIE ASANOYA（→P.34）的姊妹店。店內設有購買後能馬上品嘗的內用區，熟食的菜色也很豐富。

↑與本店一樣，麵包的種類都很豐富，可外帶享用

限定餐點

熟食盤餐
1300日圓
主菜＋2種配菜的盤餐，是附湯品、麵包、飲料的內用限定套餐　※菜色會視季節而有變動

藝術景點 Art 2 Spot

水景與綠意環繞的複合式園區
輕井澤塔列辛

想欣賞美術作品或歷史建築物的人、想走出戶外活動筋骨的人，這裡能同時滿足兩種需求。不妨置身於森林綠意間，隨心所欲地享受悠閒時光吧。

輕井澤塔列辛
かるいざわタリアセン

戶外活動資訊→P.82

圍繞在鹽澤湖四周的複合式園區。除了美術館和文學館外，可以享受划船、打網球樂趣的運動設施也很充實，或是漫步在英國玫瑰庭園、湖畔等大自然中也很舒適愜意。

☎0267-46-6161
MAP 附錄② P.11 B-2
🕐9:00～17:00（冬季需洽詢）休無休（冬季為不定休，美術館展示替換期間會臨時休館）🎫入園費成人800日圓、中小學生400日圓（視設施會加收費用）📍輕井澤町長倉217 🚌JR輕井澤站搭巴士13分，塩沢湖下車即到 ※夏季有急行巴士運行 🅿180輛（收費）

Point A 貝內美術館
●ベイネびじゅつかん

所需約30分

展示法國畫家雷蒙·貝內的原畫與平版畫，最廣受世界矚目的作品即圓頂帽男孩與可愛女孩的《戀人們》系列。

☎0267-46-6161
（輕井澤塔列辛）
MAP 附錄② P.11 B-2
🕐成人900日圓、中小學生500日圓（包含塔列辛的入園費）

➡戀人們的銅像據說就是以貝內夫婦為主角

雷蒙·貝內《愛的季節》
©ADAGP, Paris&JASPAR,Tokyo, 2018

沉浸在戀人們濃情蜜意的氣氛中

➡將建築師安東尼雷蒙打造的個人工作室兼別墅移築過來的建物

若要造訪三座美術館，買共通券比較划算，成人1500日圓、中小學生800日圓（包含塔列辛的入園費）

古老建物也很吸睛
三座美術館

Point C 輕井澤高原文庫
●かるいざわこうげんぶんこ

所需約30分

展示從明治時期到現代、深愛輕井澤的多位文豪的親筆原稿和愛用品等，從舊輕井澤移築過來的堀辰雄山莊也有對外開放參觀。

☎0267-45-1175
MAP 附錄② P.11 B-3
🕐成人700日圓、中小學生300日圓（不含塔列辛的入園費）

➡有島武郎的別墅、野上彌生子的書齋等也都移築來此

喜愛輕井澤的文豪們相關的珍貴資料大公開

Point B 深澤紅子 野花美術館
●ふかざわこうこののはなびじゅつかん

所需約20分

收藏持續描繪高原花卉的西畫家深澤紅子的作品。展示以配合季節的水彩畫為中心，以及油畫、平版畫、私人珍藏品等。

☎0267-45-3662
MAP 附錄② P.11 B-2
🕐成人700日圓、中小學生400日圓（不含塔列辛的入園費）

在歷史建物裡欣賞可愛野花的水彩畫

➡館內還重現了畫室的模樣，可一窺畫家的工作場景

➡置有美術館的建物前身為舊輕井澤郵局，已登錄為國家有形文化財

RESTAURANT & SHOP

旬菜パスタの店 Restaurant Sonnet
☎0267-45-3662

餐廳設在建於1911（明治44年）年的木造洋館1樓。不只義大利麵，手工甜點也很美味。

➡吃得到滿滿輕井澤當地時蔬的招牌義大利麵

Taliesin Shop
☎0267-46-6161
（輕井澤塔列辛）

店內除了各美術館的周邊商品外，還能買到咖啡、咖哩之類的塔列辛原創產品。

➡與玫瑰庭園相關的玫瑰商品也很豐富

英國玫瑰庭園

共有約200種、1800株的玫瑰盛開，庭園內芳香四溢。也能見到較稀有的品種

這裡也是焦點

這裡也是焦點

舊朝吹山莊「睡鳩莊」

出自建築師William Merrell Vories之手，為輕井澤別墅最具代表性的名建築

空中腳踏車 / 貝內美術館 / 卡丁車 / 射箭 / 英國玫瑰庭園 / 乘船處 / 家庭高爾夫 / 網球 / 水上氣球 / 兒童廣場 / 旬菜パスタの店 Restaurant Sonnet / 鹽澤湖 / レストラン湖水 / Taliesin Shop / 深澤紅子 野花美術館 / 國道18號 / 有島武郎 淨月庵 / 舊朝吹山莊「睡鳩莊」 / 繆思之森 / 中央門 / 野上彌生子書齋 堀辰雄1412號山莊 / 輕井澤高原文庫

76

舊輕井澤

輕井澤站周邊

中輕井澤

南輕井澤

輕井澤塔列辛／繆思之森

北輕井澤

周邊區域

繆思之森
ムーゼのもり

設施內擁有展示德國傳統木製玩具的博物館，以及公開繪本原畫等作品的美術館。能欣賞輕井澤原生風景的庭園、販售藝術商品和玩具的店鋪也不容錯過。

☎0267-48-3340　**MAP** 附錄② P.11 B-3

⏰9:30～16:30（12、1月為10:00～15:30，各於30分鐘後閉館）　休週二（逢假日則有變動，黃金週、7～9月無休，12、1月需洽詢，1月中旬～2月為冬季休館，展示替換期間會臨時休館）　¥視設施而異　📍輕井沢町長倉182（塩沢）　🚃JR輕井澤搭巴士22分，風越公園下車，步行8分　※夏季有急行巴士運行　P200輛

RESTAURANT & SHOP

咖啡廳「Ruhe」
能在綠意盎然的森林中享用午餐和甜點、果汁的咖啡廳，露天座也很舒服。

木偶小舖
店內陳列著胡桃鉗人偶等500多款德國愛爾茲地區的木製玩具。

繪本小舖
除了以西洋書籍為主的豐富多元繪本外，周邊商品、明信片之類的品項也應有盡有。

藝術景點

Art 3 Spot

木製玩具與名作繪本的世界

繆思之森

不光是小孩，也能刺激大人對知識好奇心的博物館庭園。當身處在由木製玩具、名作繪本和美麗庭園所勾勒出的溫馨世界，身心都能得到療癒。

Point A 輕井澤愛爾茲玩具博物館
●エルツおもちゃはくぶつかんかるいざわ

所需約30分

傳承超過300年歷史的木製玩具，皆出自德國愛爾茲地區的工藝職人之手。現場不僅能觸摸、把玩玩具，還可以買回家。

MAP 附錄② P.11 B-3

⏰成人700日圓，國中生、高中生450日圓，小學生350日圓，學齡前兒童免費

A展示室

伝統の木工おもちゃが戸狭しと並ぶ

B展示室

↑會由整排可愛的復活節兔出來迎接

↑為德國「愛爾茲地區玩具博物館」的姊妹館

↑胡桃鉗人偶、薰香木偶等愛爾茲地區的玩具擠得滿滿滿，另設有可實際把玩玩具的遊戲區

↑以愛爾茲村莊為主題的模型，洋溢著夢幻又溫暖的氣氛

↓複雜的木造結構令人印象深刻的建物，亦為美術館的象徵地標

兩邊都想參觀的話，買套票比較划算。成人1300日圓，國中生、高中生850日圓，小學生650日圓，學齡前兒童免費

刺激對知識的好奇心
兩座博物館

這裡也是焦點

Point B 輕井澤繪本之森美術館
●かるいざわえほんのもりびじゅつかん

所需約50分

展示約6600件世界名作、夢幻作品的原畫或首刷版本等珍貴資料，是繪本迷絕對要朝聖的地方。依季節變換主題的企畫展也很受歡迎。

MAP 附錄② P.11 B-3

⏰成人900日圓，國中生、高中生600日圓，小學生450日圓，學齡前兒童免費

如畫庭園

以原生種為中心，種植了近100種的植物，能感受到輕井澤原生風景的豐沛綠意庭園。

徜徉在名作繪本的世界

↑舉辦多元主題企畫展

←展畫的展示內容會視季節更換

第2展示館

第1展示館

繪本圖書館

能閱覽以西洋書籍為大宗，共1800本左右的藏書，歐美的原文書繪本也相當充實。

透過珍貴的資料解說中世～現代的歐美繪本發展軌跡，能瞭解有關繪本的歷史發展與文化。

輕井澤塔列辛

第2展示館
第1展示館
展示館
如畫庭園
輕井澤繪本之森美術館
森之生活館
繪本小舖
森之家
輕井澤愛爾茲玩具博物館
服務中心
木偶小舖
咖啡廳「Ruhe」
繪本圖書館

聚集各種新鮮食材的大型直賣所

輕井澤發地市庭

位於南輕井澤的推薦景點，分別是輕井澤的飲食文化發信地「輕井澤發地市庭」以及也很受別墅族喜愛的「TSURUYA輕井澤店」，更是選購輕井澤伴手禮的最佳好去處。

☺蔬菜的好滋味與鮮度當然不在話下，便宜的價格也著實令人訝異

從腹地內就能遠眺淺間山，絕佳的地理位置極具魅力

↑由生產者一早親自排放整齊的蔬菜，所有農產品皆印有生產者的名字

發地市庭的 注目焦點！①

農家直送的新鮮高原蔬菜很便宜！

霧下蔬菜
在輕井澤特有的多霧氣候下孕育而成的蔬菜，以口感柔軟又甘甜為特徵。

以輕井澤的品牌蔬菜「霧下蔬菜」為中心，來自生產者用心栽種的農產品琳瑯滿目。要選購人氣蔬菜的話，建議最好提早來買。

輕井澤直賣所
かるいざわちょくばいじょ
☎0267-45-4455
🕐9:00～17:00(夏季為～18:00)
休 無休(11～3月為週三休)

輕井澤發地市庭
● かるいざわほっちいちば
☎0267-45-0037
MAP 附錄②P.11 B-4

自2016年開張以來即採取直接銷售當地現採新鮮農產品的模式，隨時可見各種輕井澤的特色食材羅列。人氣店的美食、體驗手打蕎麥麵之類的活動，也絕不可錯過。

🕐視店鋪而異
休 不定休(夏季無休)
所 輕井沢町發地2564-1　JR輕井澤站車程15分　P147輛

☺有天麩羅和燉菜等日式、西式、中式多元豐富的午餐菜色

Buffet 大地の惠み
ビュッフェだいちのめぐみ
☎0267-45-0037(輕井澤發地市庭)
堅持落實地產地銷的自助百匯餐廳。使用直賣所販售的一早現摘蔬菜等食材，提供近20種的餐點。成人1600日圓、長者1400日圓、小學生1000日圓、4歲以上600日圓，價格相當實惠。
🕐11:00～15:00

☺乳清豬肉香腸與輕井澤產高麗菜、輕井澤乳酪的沙拉風披薩1674日圓等

☺於活動空間的營業日即可邊眺望淺間山的景致邊用餐

☺整排五顏六色、清脆爽口的新鮮蔬菜當然也是無限供應吃到飽

發地市庭的 注目焦點！②

輕井澤品牌商品及熱門伴手禮齊聚

「輕井澤直賣所」除了蔬菜外也有賣輕井澤的特產品，「輕井澤品牌」的認定商品、手作熟食、知名果醬等都很受歡迎。

☺能將輕井澤的伴手禮一次購齊，真是令人開心

國產洋槐蜂巢蜜各1500日圓
↑蜜蜂儲存在巢洞中的高營養價值蜂蜜，已列為輕井澤品牌商品

輕井澤高原草莓糖漿
(240㎖)各1080日圓
☺已列為輕井澤品牌商品，加牛奶就變成了草莓飲料

發地市庭的 注目焦點！③

大快朵頤人氣美食

購物之餘美食的選擇性也很多是最吸引人的地方，能享用可任選任吃的自助百匯或是排隊名店的招牌菜等。

Atelier de Fromage
☎0267-41-0084
由乳酪工房所開設的人氣餐廳，也以總是在輕井澤站前大排長龍的名店而廣為人知。主廚特製的披薩和乳酪火鍋，只要吃過一次就會愛上。
🕐9:00～17:00

☺店內的氣氛明亮休閒，能輕鬆享用乳酪名店的人氣餐點

季節水果和芝麻等

豆腐飲390日圓～。內含

↑以豆漿製成的湯品和糙米飯糰、糙米麵包等餐點類也頗受歡迎

白ほたる Kitchen
しろほたるキッチン　☎0267-41-0245
由附近的「白ほたる豆腐店」所經營的穀物蔬食餐廳，也有販售使用國產黃豆製作的豆腐甜點等商品。
🕐9:00～17:00(夏季為～18:00)

CHECK!

還可體驗手打蕎麥麵！

不定時會舉辦手打蕎麥麵的體驗教室，而且是由當地的蕎麥麵店老闆親自細心指導。不妨來挑戰一下自己製作道地的蕎麥麵吧。
🕐10:00～((時間不一，舉辦日期須上官網確認)※需事前預約
¥2000日圓～

☺舉辦日期和時間、費用等資訊請上官網查詢

TSURUYA輕井澤店 &

↻通道不只長，也很寬敞，可以您閒地慢慢逛慢慢買。

尤其推薦在信州工廠製造的TSURUYA自有品牌商品。

TSURUYA輕井澤店
● ツルヤかるいざわてん
☎ 0267-46-1811
MAP 附錄②P.11 B-1

於長野縣內擁有34家店舖的超市。其中又以輕井澤店人氣最旺，賣場面積與一日來客數在所有門市中獨占鰲頭。原創商品的種類也很充實，是很受歡迎的伴手禮選擇。

🕐9:30～20:00（7～9月為9:00～）
休不定休（7～9月無休）
所輕井沢町長倉2707
信濃鐵道中輕井澤站車程3分
P400輛

店長
荻原司先生

TSURUYA的 注目 焦點！①

全長 50m 的賣場 整排的新鮮蔬菜

入口進來後馬上就是蔬菜賣場，而且竟然長達50m！從信州當地的高原蔬菜到顏色鮮豔的各式新鮮蔬菜應有盡有。

TSURUYA的 注目 焦點！②

原創商品 多達 600 種以上！

果醬、酒類、各式各樣加工品等TSURUYA的自有品牌商品很豐富，由於只在TSURUYA才買得到，所以高級感也油然而生。

這個也很推薦！

信州蘋果氣泡果汁
（270ml）215日圓
↻以信州蘋果為原料，無添加砂糖、香料的氣泡果汁

牛肉咖哩／燉牛肉
各323日圓
↻內含國產牛肉與信州產杏鮑菇，採不使用化學調味料的真空包裝

軟式水果乾（一口無花果／一口草莓／檸檬圓片）各291日圓
↻使用特殊的真空濃縮鍋加糖低溫熬煮而成的半生水果乾

果醬

↻將水果原始美味直接封存的果醬有70～80款種類，也會推出熱門的季節限定產品

高級果醬系列（蘋果／甘王草莓）
（155g）各410日圓
↻富含大量的果肉，蘋果醬則是電視上曾介紹過的人氣商品

↻與輕井澤人氣咖啡廳「丸山珈琲」合作推出的原創商品，有咖啡豆和咖啡粉兩款可任選

丸山珈琲

丸山珈琲
TSURUYA原創
中深焙特調咖啡（110g）431日圓
↻酸味與苦味口感平衡的特調咖啡，搭配牛奶十分對味

啤酒

信州高原地產啤酒（Black／Clear／Organic）
（350ml）各215日圓
↻與啤酒廠「YO-HO BREWING COMPANY」共同開發的100%純麥艾爾啤酒

↻不只有TSURUYA的原創啤酒，還有輕井澤高原啤酒等，輕井澤的地產啤酒也都一應俱全

葡萄酒

信州松本平BLACK QUEEN（720ml）1502日圓
↻以豐富的果實味與適度澀味為特徵的原創葡萄酒。以小諸承襲自江戶時代的傳統技術釀製而成的原創葡萄酒。

↻從日本國內到世界各國產區的眾多葡萄酒羅列，含氣泡酒在內的TSURUYA原創葡萄酒共有16款

味噌

↻由於信州自古以來就是味噌的盛產地，以當地製造商為首的味噌產品種類也相當豐富

信州藏づめ味噌
（1kg）410日圓
↻以小諸承襲自江戶時代的傳統技術釀製而成的原創味噌

CHECK!

人氣店與鮮為人知的好去處！

店內有以摩卡霜淇淋著稱的「Mikado Coffee」，可以邊眺望綠意邊休息的露台，逛街累了就來這兒歇腳吧。

Mikado Coffee

↻除了招牌摩卡霜淇淋350日圓外，也有販售其他甜點類

露台
↻店後方設有長椅的露台是鮮為人知的好去處

TSURUYA的 注目 焦點！③

現烤麵包 也超受歡迎！

於店內烘焙坊現烤出爐的麵包，從鹹口味到甜點麵包共有50多種樣式可選。

↻由信州名物蕎麥饅餅改良而成的麵包款各140日圓

↻吃得到滿滿顆粒餡料的巧克力核桃麵包215日圓

自製獨創的伴手禮
手作體驗

要不要嘗試看看自己製作伴手禮當成旅遊紀念呢？每一種體驗都蘊含著輕井澤的在地特色。可以在大自然環繞的空間中，以悠閒的心情享受DIY的樂趣。

引出食材自然甘甜的手工果醬

SAWAYA 果醬工廠
●さわやジャムファクトリー

☎0267-46-2400（總社）

MAP附錄②P.5 C-3

使用新鮮果實維持純手工製作果醬的老店。以當季的美味果實和國產原料，自製SAWAYA招牌無添加果醬的DIY體驗教室，也吸引不少常客多次報名參加。

🕐9:00～17:00 **休**週日 **所**輕井沢町発地2785-108 **交**信濃鐵道信濃追分站車程12分（JR輕井澤站有接送服務，需預約）**P**30輛

體驗方案
參觀工廠行程
（參觀工廠+果醬DIY體驗）
2800日圓

時間 10:00～、14:00～
所需時間 約90分鐘
對象年齡 無特別規定
預約 需要（最遲於前一天上午前）

STEP 2
將草莓和砂糖放入鍋內，開小火邊煮邊攪拌至果肉快要散開的狀態為止

果醬

↑在瓶身貼上寫有姓名和日期的標籤，全世界絕無僅有的果醬就完成了！

Only one Jam
+Riko
2017. 3.24

↑當季採收的果實會馬上進行加工，因此工廠內並無冷凍庫

STEP 1
◆SAWAYA的果醬材料十分單純，只需當季果實和國產砂糖

STEP 3
◆趁熱將草莓倒入瓶內，煮沸殺菌後放進熱水，拴緊蓋子

陶藝體驗
軽井沢 DOG（蔵古）
●とうげいたいけんかるいざわドッグくらこ

☎090-8687-6400 **MAP**附錄②P.4 D-4

細心的指導廣受好評
可輕鬆體驗的陶藝工房

連狗狗也可以一同參加體驗的工房。附腳掌圖案的名牌、飼料碗等作品，不只是旅遊的紀念，也代表了對寵物的滿滿愛意。

🕐10:00～ **休**有冬季休業（需洽詢）**所**輕井沢町発地 レイクニュータウン内 **交**JR輕井澤站車程10分 **P**有

↑能依照個人的想法自由創作

體驗方案
愛犬的腳掌印
（500g）3000日圓

時間 隨時
所需時間 約1小時
對象年齡 無特別規定
預約 需要（當日可）

陶藝

色澤鮮豔的藍染作品

霧下織工房
●きりしたおりこうぼう

☎0267-48-3183 **MAP**附錄②P.11 B-4

利用T恤、包包之類平常會用到的物品來做藍染DIY，打造出獨一無二的圖案。若於藍色染料較不易上色的寒冷季節，則推薦體驗手工編織或羊毛氈工藝品。

🕐10:00～17:00 **休**週三、四（逢假日則營業，7月下旬～8月無休）**所**輕井沢町発地1216-5 **交**JR輕井澤站搭巴士23分，小倉の里下車即到 **P**7輛

體驗方案
藍染 1000日圓～

時間 隨時（4～10月舉辦）
所需時間 30～120分
對象年齡 小學生以上
預約 需要

藍染

→實用性高的托特包，不論男女都很受歡迎

↑即便在炎熱夏天也能感受涼意的T恤，尺寸從嬰幼兒～XL都有

舊輕井澤

輕井澤站周邊

中輕井澤

南輕井澤

手作體驗

北輕井澤

周邊區域

Nature Kids Forest House
● ネイチャーキッズもりのいえ

☎0267-42-8114　**MAP**附錄②P.6 B-4

於輕井澤皇家王子大飯店（→P.101）內所舉辦的自然體驗活動，能挑戰使用櫻花、檜木等國產木材製作工藝品。月曆等多款體驗方案不需預約即可參加。

⌚9:00～17:00　**休**週二、三（黃金週、暑假、旺季期間無休，設施維修時會公休）**所**軽井沢町軽井沢 軽井沢輕井澤王子大飯店東館內　**交**JR輕井澤站步行10分　**P**261輛（收費）

⤴除了工藝品DIY外，也提供攀岩之類的多元體驗活動

體驗方案
森林工藝品體驗
500～2500日圓
（視作品而異）

時間隨時　**所需時間**10～90分鐘
對象年齡無特別規定
預約不需要

適合親子一起同樂 不需預約的工藝品 DIY

木工藝品

⤴能與小孩共享歡樂時光、創造美好回憶

⤴以動物和樹木果實裝飾而成的人氣No.1月曆2500日圓

⤴可自由在橙樹、小鳥造型的木頭彩繪上色的裝飾品DIY 1600日圓

革の子工房
● かわのここうぼう

☎0267-48-3183　**MAP**附錄②P.11 B-4

可以自己製作手鍊、手機殼等越使用越有手感及風味的皮革製品工房。其中也有像鑰匙圈（800日圓）可以短時間內就能輕鬆完成的作品，相當吸引人。

⌚10:00～17:00（冬季或團體需洽詢）**休**週三、四（逢假日則營業，7月下旬～8月無休）**所**軽井沢町発地1216-5　**交**JR輕井澤站搭巴士23分，小倉の里下車即到　**P**7輛

體驗方案
皮革工藝
800日圓～

時間隨時　**所需時間**30～90分鐘
對象年齡小學生以上
預約需要

⤴可以送給愛犬的項圈2000日圓

使用越久越有味道 讓人愛不釋手的皮革製品

皮革工藝

⤴皮革的顏色、刻印等皆可自由選擇

⤴會提供細心完整指導，9歲左右的小孩也能獨力完成

創造無限的可能性！ 韻味十足的玻璃藝術

體驗方案
吹玻璃體驗
3300日圓
時間隨時　**所需時間**30分鐘
對象年齡小學生以上
預約預約優先

輕井澤玻璃工房
● かるいざわガラスこうぼう

☎0267-48-0881　**MAP**附錄②P.11 C-2

能挑戰吹玻璃、噴砂、雕繪藝術等形形色色體驗的工房。小學生以上就能參加的吹玻璃活動，最大的魅力在於可透過顏色和形狀展現出無數的搭配組合。

⌚10:00～18:00（黃金週、夏季為9:00～19:00）**休**週三、四（黃金週、夏季無休）**所**軽井沢町長倉東原664-9　**交**JR輕井澤站車程7分　**P**30輛

吹玻璃

能自由的挑選顏色和形狀，製作出全世界僅此一件的特製玻璃

⤴玻璃杯的話約30分鐘即可完成，作品可隔天自取或是宅配寄送

⤴Snow & Star 吹玻璃體驗3800日圓 將描繪粉雪圖案的玻璃杯子放在暗處就猶如閃爍的星空般

這個體驗方案也很有人氣！
製作蠟燭

體驗當天就能馬上帶回家的蠟燭DIY體驗（1250日圓～）也很熱門。

⤴將裝飾物擺放在玻璃容器內，倒入透明凝膠待凝固後就完成了

體驗方案
製作玻璃珠
2160日圓
時間隨時
所需時間15分鐘
※包含冷卻時間在內的所有工序需75～90分鐘
對象年齡小學生以上
預約預約優先

玻璃珠

⤴做成圓球狀、畫上圖案，冷卻後就是色彩繽紛的模樣！

⤴另外還有戒指、印章、飾品的DIY體驗

⤴可從50多種顏色的玻璃棒中任選自己喜歡的色系，利用火焰噴槍讓玻璃軟化

⤴手鍊324日圓～，1296日圓（左）、1944日圓（右）

以玻璃為材質的創作 風格多采多姿

⤴叉&匙756日圓～，756日圓（上）、972日圓（下）

輕井澤 Glass Gallery ARMS
● かるいざわガラスギャラリーアームス

☎0267-48-3255　**MAP**附錄②P.11 C-2

以五顏六色的玻璃自由發揮創意的原創玻璃球DIY體驗。雖然過程中會使用到火，但經過工作人員詳細地解說後，無論是幼童還是初次嘗試的新手都能安心體驗。

⌚9:00～18:00　**休**不定休（需洽詢）**所**軽井沢町長倉塩沢664-6　**交**JR輕井澤站車程7分　**P**30輛

戶外活動景點

大人小孩都能玩得開心！

南輕井澤有許多帶小孩同行也樂趣無窮的景點，不妨在大自然中痛快暢玩，創造美好的回憶吧。

輕井澤皇家王子大飯店滑雪場
●かるいざわプリンスホテルスキーじょう

「輕井澤皇家王子大飯店滑雪場」每逢夏季期間，就成了各式各樣戶外活動的玩樂景點。透過充滿速度快感的高空滑索冒險、觀光吊椅等設施，能好好享受徜徉大自然的樂趣。

☎0267-42-5588
MAP附錄②P.4 E-2

⏱觀光吊椅為黃金週、7月中旬～8月，高空滑索冒險為4月28日～10月8日（視戶外活動設施而異）　休需洽詢　所輕井沢町輕井沢　🚃JR輕井澤站步行10分　🅿600輛

➡沿著鋼索一路滑降的高空滑索既緊張又刺激，一定要來挑戰看看

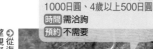

觀光吊椅
來回成人1800日圓、小學生1000日圓、4歲以上500日圓
時間 需洽詢
預約 不需要

➡從海拔約1155m的眺望視野美不勝收，能感受涼爽的高原微風輕拂

恣意暢玩
綠意環繞的夏天滑雪場

高空滑索冒險
4000日圓
時間 9:00～、12:00～、15:00～
預約 需要　對象 身高120cm以上

悠遊ブルーベリーの里
●ゆうゆうブルーベリーのさと

可以在60分鐘內任採任食以有機肥料和無農藥栽種的藍莓。沐浴在陽光下的藍莓以鮮甜口感著稱，不妨細細品味享受吧。

☎090-5323-7034
MAP附錄②P.4 D-4

⏱9:00～15:00　休僅7月中旬～8月下旬營業　所輕井沢町発地　🚃JR輕井澤站搭巴士15分，発地橋下車，步行5分　🅿有

能遠眺淺間山的藍莓農園

⬆晴朗好天氣時可邊欣賞淺間山的風光，一邊體驗採藍莓的樂趣

➡採藍莓的季節為7月中旬～8月下旬

➡還可將300g自己摘採的藍莓伴手禮帶回家

採藍莓
60分鐘2100日圓
時間 9:00～15:00
預約 不需要（20名以上則需要）

パターゴルフバーベキューハウスGO
●パターゴルフバーベキューハウスゴー

能與家人、朋友同樂的天然草坪迷你高爾夫球場，空手前來就能輕鬆玩樂正是魅力所在。還提供在附設木屋烤肉的超值套裝行程（需預約），推薦給想玩得盡興的人。

☎0267-48-1519
MAP附錄②P.4 E-4

⏱9:00～17:00（視季節、天候會有變動）　休不定休（積雪時、12月中旬～3月中旬休業）　所輕井沢町発地117-1　🚃JR輕井澤站搭巴士15分，治安のいしずえ前下車即到　🅿25輛

➡擁有小糠草果嶺以及正統的18洞、標準桿72桿的球場。不需自備球具，穿運動鞋就能輕鬆下場玩

不論男女老幼都很適合的輕量運動

迷你高爾夫
1R（18洞）1000日圓
時間 9:00～17:00
預約 不需要

輕井澤塔列辛
●かるいざわタリアセン

能體驗「自然、美術館、文學」的複合式園區。園內可闔家同歡的設施相當完備，有卡丁車、划船、迷你高爾夫、小朋友廣場等，各個年齡層都能玩得盡興。

詳情請參閱→P.76
MAP附錄②P.11 B-2

不分年齡層皆可樂在其中
多采多姿的戶外活動

空中自行車
1圈300日圓
時間 9:00～17:00
預約 不需要

➡騎乘1圈400m的空中散步之旅。可以按照自己的速度前進，連小小孩也能安心騎

⬇需十足平衡感的水上步行球，當人進入巨大球體後即可在水面上滾動行走

➡鹽澤湖是輕井澤當地唯一能划船的景點，可任選腳踏式、手划式等多款船隻

水上步行球
1次3分鐘500日圓
時間 9:00～17:00
預約 不需要

輕井澤 ICE PARK
●かるいざわアイスパーク

風越公園內擁有提供6條賽道的全年開放型冰壺館等多樣自豪設施。可以在教練的指導下體驗冰壺運動，即便是新手也能輕鬆挑戰。

☎0267-48-5555　**MAP**附錄②P.11 B-3

⏱視設施而異（冰壺館為9:00～22:00）　休無休　所輕井沢町発地1154-1　🚃JR輕井澤站搭巴士20分，風越公園下車即到　🅿有

⬇有「冰上西洋棋」之稱的冰壺，由於沒有激烈的動作所以任何人都適合

⬆2013年設立、也曾舉辦過國際賽事的日本最大級冰壺館

體驗受到矚目的冰壺運動

冰壺體驗
60分鐘2380日圓
時間 9:30～、11:00～、13:00～、14:30～
預約 需要（最遲於前一天）

Cachette

提供創意法式薄餅的咖啡廳。使用100%信州產蕎麥粉製成的焦香薄餅，外皮酥脆、口感Q彈。除了薄餅外，鬆餅、甜點可麗餅也都很受歡迎。

☎0267-31-0622
MAP 附錄② P.11 B-2
😊OK 🐾NG
🕐11:00～18:00（10～3月為11:30～18:00）
🈺週二（冬季為不定休）
🈴甜點可麗餅590日圓、現烤鬆餅520日圓
🏠輕井澤町塩沢345-1
🚃信濃鐵道中輕井澤站車程10分 🅿5輛

以信州產蕎麥粉製作
香氣四溢的法式薄餅

招牌餐點
培根蛋乳酪
法式薄餅
1080日圓

有新鮮蔬菜、培根、雞蛋等滿滿的配料，最適合當午餐享用

❶店內以紅色椅子營造出繽紛可愛的氣氛 ❷位於輕井澤塔列辛附近的咖啡廳

Cafe Le Petit Nid 3

店名意為「小鳥窩巢」的舒適咖啡廳。不妨來一杯在店內烘焙的精品咖啡，搭配點餐後才現烤的司康或自家製甜點一起享用。

洋溢著
英國田園風情
放鬆自在的寧靜空間

☎0267-48-3334 😊OK 🐾僅限露台OK
MAP 附錄② P.10 F-4
🕐8:00～14:00 🈺週四、五
🈴鬆軟雞蛋三明治950日圓、咖啡500日圓
🏠輕井沢町発地1398-457 🚃JR輕井澤站車程5分 🅿8輛

招牌餐點
現烤
鬆餅套餐
1000日圓

以銅盤烘烤出的鬆軟鬆餅，裝飾十分可愛！

❶展示著自行車的店內 ❷充滿輕井澤風格的獨棟式法式咖啡廳 ❸店內著名的法式吐司最遲須於前一天預約（1000日圓）

南輕井澤

道地講究的
南輕井澤區域只要稍微遠離熱鬧的市區，就有許多很棒的咖啡廳。不妨找一家不只飲品、食材，連空間舒適度也十分講究的咖啡廳度過片刻的幽靜時光吧。

美食咖啡廳

招牌餐點
輕井澤司康套餐 1130日圓
在大顆司康塗上滿滿的手作果醬和濃縮鮮奶油享用

在迷人的庭園
享受美景與
品茶時光

❶宛如走進了童話世界般 ❷面朝英式風格美麗庭園的露天座

招牌餐點
卡士達奶油
佐西洋梨醬
650日圓

卡士達奶油的下方有層派皮，若點搭配飲料的套餐可折價150日圓

Tea Salon 軽井沢の芽衣
ティーサロンかるいざわのめい

與作家內田康夫、早坂真紀夫婦有所淵源的茶沙龍。備有10多款的壺裝紅茶，可在四周林木圍繞的露天座從容優雅地品嘗。內田康夫喜愛的乾式咖哩飯也很有人氣。

☎0267-48-3838 😊OK 🐾僅限露台OK（日光室僅限中、小型犬入內）
MAP 附錄② P.10 D-4
🕐10:00～17:00 🈺週二、三（逢假日則營業，8月無休，11月僅週六日、假日營業，12～3月為冬季休業）
🈴咖啡770日圓、蛋糕套餐1130日圓、乾式咖哩飯890日圓
🏠輕井沢町発地1293-10
🚃JR輕井澤站車程10分 🅿10輛

時間靜靜地流淌
滿溢著溫暖氣息的咖啡廳

❶從充滿和風氛圍的店內能欣賞到未經人工雕琢的自然景色 ❷尤其推薦新綠和紅葉季節時來訪

ふりこ茶房
ふりこさぼう

以打造「緩慢悠閒的時光」為信念的咖啡廳。豐沛自然環繞的店內，舒適宜人的空間氛圍讓時間像是靜止了一般。還可搭配自家製甜點，細細品味美好奢侈的時光。

☎0267-48-0550 😊OK 🐾NG
MAP 附錄② P.4 D-4
🕐10:00～18:00（冬季為11:00～17:00）
🈺週四（有冬期休業）
🈴咖啡、紅茶各500日圓、自家製甜點650日圓
🏠輕井沢町発地848-2
🚃JR輕井澤站車程15分 🅿10輛

Le Bon Vivant KARUIZAWA

ルボンヴィボンかるいざわ

提供老闆兼主廚親赴產地採購的新鮮食材入菜的南歐料理，從可以輕鬆享用的午餐到正統的全餐料理各種需求皆能對應。

☎0267-31-6605　😊OK　🐾NG
MAP 附錄② P.11 C-1

🕚11:30〜、17:30〜
休週三　¥午間全餐3000日圓〜、晚間全餐6000日圓〜　所輕井澤町長倉2621-19　🚃JR輕井澤站、信濃鐵道中輕井澤站車程5分　🅿7輛

→佇立於林木間的時尚外觀

有販售手工製作的優質空間。也

→寬敞舒適的優質空間。也

發揮在地食材魅力
精緻的南歐小餐館

人氣餐點
Menu Terroir
8000日圓

使用大量嚴選當季信州產食材的熱門全餐料理，共有6道擺盤典雅的餐點

信州食材好滋味！
當地的人氣餐廳

在所有輕井澤美食中，最受歡迎的就屬法國菜和義大利菜。為大家介紹幾間不只觀光客、連在地居民也是常客的話題店家，不妨細細品味主廚以信州美味食材巧手烹調的佳餚吧。

在主廚的堅持與講究下
打造出高品質法式料理

人氣餐點
晚間無菜單全餐
7344日圓

使用時令食材的全餐料理，會以STAUB鑄鐵鍋烹煮的季節炊飯作為結尾

Meli-Melo

基於主廚「徹底品嘗信州風味」的信念，午間、晚間都只推出無菜單全餐。由於能吃到使用信州珍貴食材入菜的料理，因此累積不少忠實顧客。

☎0267-41-0345
MAP 附錄② P.11 C-2

😊國中生以上OK　🐾NG

🕚11:30〜14:30、17:30〜21:00
休週三、不定休　¥午間無菜單全餐4104日圓　所輕井澤町長倉747-12　🚃JJR輕井澤站車程10分　🅿8輛

→2017年8月才從中輕井澤遷移至此

→能與主廚聊天互動的開放式空間

A FENESTELLA

以主廚老家送來的義大利蔬菜為食材，製作出風味純正道地的拿坡里披薩。點餐後才將麵糰桿開製作餅皮，再放入柴窯烘烤而成的披薩堪稱絕品。晚餐時段可搭配義大利葡萄酒享用的單品料理也很豐富。

☎0267-31-6770
MAP 附錄② P.11 C-1

😊OK　🐾僅限露台OK

🕚11:30〜14:00、17:30〜21:00　休週二（8月無休）　¥前菜拼盤（2人份）3600日圓、義大利麵1600日圓〜　所輕井澤町長倉2622-5　🚃JR輕井澤站車程8分　🅿8輛

正統的拿坡里披薩
以柴燒窯烤方式製成

→設有露天座的建物，也
→充滿悠閒氣圍
→意的開放式空間
→能透過大片窗戶眺望綠

→親赴義大利學藝的主廚手藝也很吸睛

人氣餐點
披薩午餐
1700日圓〜

提供瑪格麗特等9種披薩，每天會變換不同的口味。還附前菜、甜點和飲料

La locanda del pittore KARUIZAWA

ラロカンダデルピットーレかるいざわ

以火力旺盛的橡木薪柴烘烤而成的人氣披薩，連餅皮的邊緣都烤得焦香酥脆。除了披薩，燒烤料理也廣受歡迎，還能大啖使用當地產新鮮時蔬的季節風味佳餚。

☎0267-41-6124　😊OK　🐾僅限露台OK
MAP 附錄② P.11 C-1
⏰11:30～14:30、17:30～20:30　休週二(12～3月為週二、三休，假日、黃金週、夏季無休，有冬季休業)　¥午餐、晚餐1280日圓～
所輕井沢町長倉820-15
🚃JR輕井澤站車程10分　P10輛

↑舒適悠閒、開闊感十足的建物

↑餐具和內部擺設都出自工作人員的巧思設計

レストラン菊水

レストランきくすい

從舊輕井澤遷移至現址、創業已80餘年的西餐廳。深受名人和別墅族喜愛的燉牛肉，軟嫩入味的牛肉與濃郁的多蜜醬汁實為極品美味。

☎0267-44-1188　😊OK　🐾NG
MAP 附錄② P.11 B-2
⏰11:30～14:30(15:00打烊)、17:00～20:00(21:00打烊)　休週三　¥烤肉醬燉煮豬肋排2700日圓　所輕井沢町長倉244-7　🚃JR輕井澤站車程15分　P7輛

→位於與輕井澤外道僅一路之隔的幽靜場所
↑環境清幽的場所

↑散發著沉穩氣息的小巧空間

傳承至今的傳統佳餚濃厚風味的燉牛肉

人氣餐點
洋酒燉牛肉
4200日圓
(午餐時段需預約)
擁有眾多老顧客的傳統好滋味，另附湯品、沙拉、麵包or米飯和咖啡

人氣餐點
瑪格麗特&生火腿芝麻葉
2550日圓
可任選2款披薩的組合餐「Piacere Spacial」 ※價格視披薩而異

食材與餅皮的完美平衡香氣撲鼻的窯烤披薩

森の中のレストラン Codow Karuizawa

もりのなかのレストランこどう

為果醬名店「SAWAYA」的直營店，同時也是觀光列車「ROKUMON」的餐點供應商，能品嚐到高水準的義式料理。可搭配葡萄酒享用的實惠晚餐，也相當推薦。

☎0267-46-5510　😊OK　🐾需洽詢
MAP 附錄② P.11 C-2
⏰11:30～14:30、18:00～20:00　休週二(逢假日則翌日休)　¥午餐1200日圓～(稅另計)、晚間全餐3500日圓～(稅、服務費另計)　所輕井沢町長倉702
🚃JR輕井沢站車程10分　P30輛

→充滿開闊感與溫暖木質調的室內裝潢

↑從停車場越過小溪上的橋梁，餐廳就佇立在前方的森林中

為觀光列車提供餐點的話題義大利餐廳

人氣餐點
輕井澤啤酒燉煮信州高級牛
1728日圓
選用品牌牛的牛脛肉慢慢燉煮而成，入口即化的口感與葡萄酒也很搭
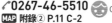

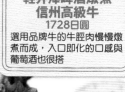

美食 軽井沢 庵 大嶋
かるいざわいおりおおしま

☎ 080-4345-2009　需洽詢　僅限露台OK（只開放晴天的午間無段）
MAP 附錄② P.10 D-2

用眼欣賞、用口品嘗的和風之心

由擁有茶懷石調理技術的店主掌廚，午、晚間時段皆只提供「無菜單」的用餐選項。搭配親自至窯場所挑選的高品質餐具，能享受一場美食的五感體驗。秋天的松茸、冬天的河豚料理也都廣受好評。

🕐 12:00〜14:00、18:00〜20:00（需預約）　休週二（冬季為不定休）　¥午餐2750日圓〜、晚餐5500日圓〜　所軽井沢町長倉646-1　📍JR輕井澤站車程10分　P10輛

安靜沉穩氛圍的用餐空間

←以繽紛餐具裝盛的おもてなし膳2750日圓

美食 押立茶房
おしだてさぼう

☎ 0267-48-1160　OK　僅限露台OK
MAP 附錄② P.4 E-4

讓顧客再三回籠的絕品醬汁豬排重箱

小木屋外觀的咖啡廳。以醬汁豬排重箱為招牌，炸得酥脆的豬排淋上熬煮半日的秘傳醬汁，讓人吃了還想再吃。

↑名物料理醬汁豬排重箱（附沙拉）1100日圓

🕐 8:00〜18:00（8月為5:00〜）　休週三（逢假日則營業，8月無休）　¥早餐800日圓　所軽井沢町発地1　📍JR輕井澤站車程10分　P15台

美食 Linden Balm

☎ 0267-42-1035　OK　僅限露台OK
MAP 附錄② P.10 D-2

瀰漫著南歐香味的活力餐廳

能吃到南法、義大利地中海地方料理的明亮氛圍餐廳。現烤的自製麵包也是有口皆碑，與麵包店相比毫不遜色。

↑從午餐到全餐料理菜色都很豐富

🕐 11:00〜15:00、17:30〜21:30　休週一（逢假日則翌日休，8月無休）　¥午餐1620日圓〜　所軽井沢町南ヶ丘641-109　📍JR輕井澤站車程10分　P20輛

景點 Le Vent美術館
ルヴァンびじゅつかん

☎ 0267-46-1911　MAP 附錄② P.11 A-3

由大正時期傳承至今的自由與美學思想

重現大正、昭和年間的代表性文化人西村伊作創設的文化學院校舍，亦收藏與學院有所淵源的與謝野晶子等人的書畫作品。能眺望庭園景致的露台咖啡座也頗受歡迎。

↑在當時很罕見的英國別墅風格建築

🕐 10:00〜17:00　休週三（逢假日則翌日休，7月15日〜9月15日無休，11月上旬〜6月上旬為冬季休館）　¥成人800日圓，高中生、大學生600日圓，中小學生400日圓　所軽井沢町長倉957-10　📍信濃鐵道中輕井澤站車程10分　P40輛

美食  信州そば処 きりさと
しんしゅうそばどころきりさと

☎ 0267-42-8585　OK　僅限露台OK
MAP 附錄② P.10 F-2

以風味與滑順口感自豪的粗磨二八蕎麥麵

以粗磨的二八蕎麥麵著稱，風味和入喉的順口度皆有口皆碑。每天只取當日所需分量以石磨研磨製成，能品嘗天麩羅蕎麥麵、鴨肉蒸籠蕎麥麵、核桃沾醬蕎麥麵等招牌餐點。

🕐 11:00〜20:00（有季節性變動，售完即打烊）　休週二（5〜11月無休）　¥蕎麥麵830日圓〜　所軽井沢町軽井沢1075-20　📍JR輕井澤站步行15分　P20輛

有一除了一般桌椅座榻榻米座位外，也備

↑分量十為足的上等天麩羅竹簍蕎麥麵1970日圓

美食 じねんや 輕井澤外環道店
じねんやかるいざわバイパスてん

☎ 0267-46-2476　OK　需洽詢
MAP 附錄② P.11 B-1

發揮食材特性的溫和天然食物

提供有機蔬菜、糙米等天然食品的有機餐廳。在追求健康之餘，也能享用風味講究的料理與甜點。

🕐 10:00〜20:00（18:00〜以預約為優先）　休不定休　¥延壽飲食蔬食豬丼1500日圓　所軽井沢町長倉2733-1　📍信濃鐵道中輕井澤站步行15分　P7輛
↑除了部分餐點外皆可外帶

美食 滿留井
まるい

☎ 0267-42-0330　OK　NG
MAP 附錄② P.10 D-3

連沾醬都很講究的手打蕎麥麵店

選用國產蕎麥粉，口感滑順的蕎麥麵，搭配放入陶壺慢慢熟成的沾醬十分對味。晚餐時段可享單品料理和日本酒，最後再以蕎麥麵作為結尾。

↑季節時蔬天麩羅、數量限定的十割蕎麥麵也很有人氣

🕐 11:00〜16:00、17:30〜20:00　休週四（夏季無休，黃金週、過年期間照常營業）　¥竹簍蕎麥麵820日圓〜　所軽井沢町長倉628-5　📍JR輕井澤站車程10分　P20輛

MINAMI KARUIZAWA
南輕井澤
MAP ▼ 附錄② P.4、10-11
從碓氷輕井沢IC到輕井澤站之間，以及輕井澤外環道沿線、鹽澤湖周邊都有許多景點聚集。由於範圍廣大，開車遊逛會比較方便。

CHECK!

輕井澤湖畔花園
かるいざわレイクガーデン

☎ 0267-48-1608　MAP 附錄② P.4 D-4

由四季花卉和玫瑰妝點而成的湖上庭園

季節花卉、各式各樣品種的玫瑰爭鬥艷，看起來宛如漂浮於湖面上的庭園般。欣賞路徑以散步道為主，也可從附設的餐廳、咖啡廳等不同場所尋找自己中意的觀景角度。

🕐 9:00〜16:30（17:00閉園，週五為16:00閉園，會有季節性變動）　休無休（11月上旬〜4月下旬為冬季休園）　¥成人1000日圓、中小學生500日圓（有季節性變動）※學齡前兒童免費　所軽井沢町レイクニュータウン　📍JR輕井澤站車程15分　P250輛

→輕井澤的自然風光與庭園美得像幅畫
↑蓮花
←水池裡還有盛開的蓮花
↑可以優雅漫步在玫瑰綻放的美麗小徑間

南輕井澤

購物 ●ナガクラヤ NAGAKURAYA
☎0267-44-4055　MAP附錄②P.11 C-2

原創雜貨和果醬最具人氣

以自然為概念的商店。除了沐浴用品、以乾燥花製成的創意雜貨外，還有咖啡、果醬之類的商品。每一樣都品味獨具，很適合當小禮物送人。

🕙10:00～18:00　休不定休　所輕井沢町長倉333-1　JR輕井澤站車程10分　P5輛

→冰淇淋配料果醬各為972日圓
→可享熔岩浴氛氛的檜木熔岩浴盒3780日圓
→淺間米（五穀米）648日圓

↑時尚商品羅列的小巧店內

美食 ●ブラッセリーナカガワ Brasserie NAKAGAWA
☎0267-44-6911　😊OK　🐾僅限露台OK　MAP附錄②P.4 D-4

於湖畔的獨棟餐廳亭用精緻法國菜

提供休閒風法式料理的餐廳。能在洋溢著與美麗庭園完美融合的高雅氣氛中，細細品味繽紛擺盤的佳餚。

↑季節全餐料理7938日圓～（包含5%服務費）

🕙11:30～13:30（14:00打烊）、17:30～19:30（21:30打烊，有季節性變動）※晚餐最遲須於前一天預約
休週三（有冬季休業）
¥主菜午餐2700日圓～※午間時段不提供信用卡服務
所輕井沢町発地342-2 レイクニュータウン內　JR輕井澤站車程10分　P50輛

美食 ●じゅうわりさらしなそばしなの 十割さらしな蕎麦 志な乃
☎0267-44-1830　😊OK　🐾NG　MAP附錄②P.11 C-2

能品味蕎麥原始香氣的十割蕎麥麵

以淺間山伏流水與嚴選蕎麥粉製成的十割蕎麥麵極具人氣。搭配柴魚高湯風味濃郁的沾醬，可以充分品嘗蕎麥原本的香氣與味道。

↑只取蕎麥芯研磨製成的更科蕎麥麵1100日圓

🕙11:00～15:00　休週二　¥蕎麥麵1000日圓　所輕井沢町長倉塩沢746　信濃鐵道中輕井澤站車程10分　P25輛

美食 ●かるいざわガーデンテラス KARUIZAWA GARDEN TERRACE
☎0267-46-6090　😊OK　🐾僅限露台OK　MAP附錄②P.11 A-3

邊感受大自然氣息邊品嘗精緻餐點

餐廳前方即淺間山與綿延的高原農田，可在眺望美景的同時享用烤箱燒烤的信州牛漢堡排。兩款手作乳酪蛋糕（594日圓～），也深受好評。

🕙12:00～14:00、17:30～20:30　休不定休　¥季節義大利麵1620日圓　所輕井沢町発地1130　JR輕井澤站車程10分　P15輛

→店內可見從歐洲直接進口的義大利磁磚等裝潢設計

→信州牛燉牛肉套餐2808日圓，另附半盤沙拉、湯品等

咖啡廳 ●サワヤテラス SAWAYAテラス
☎0267-46-2405　😊OK　🐾需洽詢　MAP附錄②P.11 C-2

外帶餐點也很充實的直營咖啡廳

位於SAWAYA輕井澤外環道店（→P.37）腹地內的咖啡廳。古早味的俄式餡餅、藍莓霜淇淋等商品都很暢銷，還會舉辦製作果醬的體驗教室。

↑店內也有販售廚房雜貨

🕙9:00～17:00　休無休（有冬季休業）　¥SAWAYA藍莓霜淇淋390日圓　所輕井沢町長倉702　JR輕井澤站車程10分　P30輛

美食 ●ちそうてい 馳走亭
☎0267-45-4988　😊OK　🐾NG　MAP附錄②P.11 B-2

名酒與價格實惠的單品料理品項豐富

以合理價位提供多樣化、費時費工單品料理的居酒屋。酒款的陣容也很充實，高級燒酎和熱門的當地酒應有盡有。

↑當日進貨的新鮮生魚片拼盤2473日圓

🕙17:30～翌日0:30　休週二（夏季無休）　¥野澤菜天麩羅637日圓～　所輕井沢町長倉861-7　信濃鐵道中輕井澤站車程5分　P12輛

巡訪淺間高原的名勝
暢快兜風遊

淺間高原地處淺間山的北麓，若要遊逛散布其間的觀光名勝則建議開車移動。造訪白絲瀑布、鬼押出園等主要景點的同時，還能享受舒暢愜意的高原兜風樂趣！

盡享淺間山的壯觀自然風光與戶外活動！

北輕井澤
（きたかるいざわ）

綿延於淺間山北麓、海拔1200m的高原地帶。大自然環繞的恬靜悠閒氛圍為其魅力所在，除了觀光名勝外能輕鬆體驗戶外活動的設施也很豐富。

充滿療癒的視覺效果
清澈涼爽的水幕舞台

樹木、青苔的綠色與水流的白色形成對比，美得令人屏息

---

1 白絲瀑布
※しらいとのたき

🕐 所需20分

從岩石表面湧出的地下水勾勒出一道幅寬70m的平緩弧度，宛如無數白絲般流瀉而下的美麗瀑布。無論是新綠季節，還是秋天的紅葉、冬天的雪景都十分迷人。

📞0267-42-5538
（輕井澤觀光會館）
MAP 附錄② P.14 C-3
⏱自由參觀 ¥白絲Highland Way通行費普通車400日圓
所輕井沢町長倉
🚃JR輕井澤站搭巴士23分，白糸の滝下車，步行3分
P 200輛

↑夏天還有舉辦日期限定的幻影燈光秀（→P.10）

---

3 淺間六里原休憩所
※あさまろくりがはらきゅうけいしょ

🕐 所需30分

還設有狗狗廣場值得推薦的休憩景點

帶寵物的遊客一定要來玩玩附設可免費利用的「狗狗廣場」，有可愛的「狗狗廣場」

位於鬼押HIGHWAY內的PA休息站，以淺間山就座落在正前方的絕佳地理位置自豪。也有餐廳、販售特產等商品的賣店，很適合作為兜風途中的休息場所。

伴手禮齊聚新鮮蔬菜之類的在地特產品與

😊OK 🐾OK(休憩所內NG)
📞0279-80-5222
MAP 附錄② P.14 B-3

⏱9:30～16:00 休12～4月中旬 ¥霜淇淋350日圓
所群馬縣嬬恋村鎌原
🚃JR輕井澤站搭巴士35分，浅間六里ヶ原休憩所前下車即到 P 160輛

---

2 鬼押HIGHWAY
※おにおしハイウェー

連結長野縣輕井澤町與群馬縣嬬戀村之間約16km長的收費道路。也以美景著稱，可邊欣賞春天的新綠或秋天的紅葉邊駕車兜風。不妨一路眺望雄偉的淺間山，享受恣意馳騁的快感吧。

📞0279-97-3123
MAP 附錄② P.14 B-3
¥輕井澤區間（峰之茶屋～鬼押出）普通車270日圓，鎌原區間（鬼押出～三原）普通車為370日圓

感受四周的季節風情貫穿高原的入氣兜風路線

周圍的豐沛自然景觀會隨著季節變換樣貌，百看不厭

MAP
附錄② P.3、14

Information
嬬戀村觀光協會
📞0279-97-3721
北輕井澤觀光協會
📞0279-84-2047
草輕交通巴士
📞0267-42-2041

Access

搭巴士	開車
JR輕井澤站	碓氷輕井沢IC
草輕交通巴士往北輕井澤、草津方向23分 / 西武觀光巴士往萬座方向38分	經由縣道92號、43號，車程10分
	南輕井澤左轉
	直行5分
	鳥井原東右轉
	直行5分
白絲瀑布	鬼押出園

何謂 鬼押出?

1783（天明3）年淺間山火山爆發時流出岩漿，山上的岩石熔化凝固後，形成一幅不可思議的景觀，因當地人流傳「鬼怪在火山口作亂所以把岩石推下山」而得此名。

已被認定為「淺間山北麓地質公園」的奇勝。一大片熔岩層層堆疊的光景，不禁讓人深感自然的巨大力量。春夏時節的高山植物、秋天的紅葉、冬天的雪景，一年四季皆有絕美景致可以欣賞。

☎0279-86-4141 **MAP** 附錄② P.14 A-2
⏰8:00～16:30（閉園17:00）休無休（冬季可照常入園，但部分賣店和餐廳暫時休業）¥入園費成人650日圓、小學生450日圓 所群馬縣嬬恋村鎌原1053 🚌JR輕井澤站搭巴士40分，鬼押出し園下車即到 Ⓟ750輛

○ 所需60分

親臨感受地球的壯觀
由熔岩群打造而成的藝術

東京上野東叡山寬永寺的別院，本尊的聖觀世音菩薩也以厄除觀音而聞名。從堂宇望出去的淺間山也極具宏偉氣勢。

淺間觀音堂
あさまやまかんのんどう

○ 盂蘭盆節節日期間會在熔岩石上打燈，期間還有燈籠照亮著整條參道

炎觀音
ほのおかんのん

彷彿被火焰包圍、又像阻擋住岩漿流入般的觀音像，為祈願火山平穩的當地守護神。

○ 生長在岩石凹槽等處、發散出神秘綠色光芒的光苔（5月中旬～10月下旬）

美食＆伴手禮 CHECK

辣味噌味拉麵
980日圓

○ 如熔岩般的紅通通湯頭令人食慾大開的辣味拉麵

鬼怪布偶
紅2600日圓、
藍1950日圓

○ 耳朵旁有長角的可愛鬼怪熊，商品種類眾多，相當吸睛

---

⑤ LUOMU-MORI ← 8km 15分 ← ④ 鬼押出園 ← 3km 5分 ← ③ 淺間六里原休憩所 ← 3km 5分 ← ②（經由峰之茶屋收費站）鬼押出園（經由白絲Highland Way）3km 5分 ← ① 白絲瀑布 ← 12km 25分（經由白絲Highland Way） ← **START** 輕井澤站

國道144、406號①
奧輕井澤溫泉（HOTEL GREEN PLAZA KARUIZAWA）
LUOMU-MORI ⑤
長野原市區
クリオフィールド
立野
くるみの森
きたかる
甘楽
桜岩観音
北軽井沢
群馬縣 長野原町
淺間高原ファミリー
藤原
スウィートグラス
大学村
栗平
淺間大瀑布
鬼押出園 ④
淺間牧場
146 北輕井澤
淺間高原
淺間六里原休憩所 ③
鬼押HIGHWAY ②
輕井沢スノーパーク
嬬恋村
淺間山 2568
小淺間山 1655
白絲瀑布 ①
淺間越
東大火山観測所
1406
長野縣
輕井澤町
國道18號 ← 舊輕井澤

全行程約30km

1:150,000
0 1 2km
地圖上1cm＝1.5km

○ 所需40分

在森林中的咖啡廳
感受自然的清新綠意

位於綠葉扶疏的「LUOMU之森」內的咖啡廳。可以待在清爽空氣籠罩的森林露台，從1500多本藏書中挑出自己喜歡的一本，享受悠閒自在的森林時光。

😊OK 🐾OK
☎0279-84-1733
MAP 附錄② P.14 C-1
⏰10:00～17:00 休週三、四（有季節性變動）¥甜點套餐800日圓 所群馬縣長野原町北輕井澤1984-43 LUOMU之森內 🚃信濃鐵道中輕井澤站車程30分 Ⓟ100輛

能全身盡情感受森林四季分明各有不同景致的露天座

○ 使用當地產花豆製成的花豆霜淇淋500日圓（右）以及人氣霜淇淋350日圓（左）

體驗高原戶外活動

初學者也 OK!

北輕井澤區域位於淺間山山麓的高原地帶。有各式各樣連新手也能輕鬆參加的運動和戶外活動，可盡情徜徉在豐富的大自然中。也備有適合戶外派的住宿設施！

馳騁於高原逍遙遊的自行車

暢快奔馳於能一望淺間山的大草原上！

Asama Field Network

善用淺間山麓的自然資源，推出健行、星空觀察等各式各樣的企劃行程。騎上登山車穿梭在草原和林間，一路遊覽瀑布、湧泉景點的單車旅遊廣受歡迎。

☎090-1431-5265
MAP 附錄② P.14 C-1
🕐9:00～17:00　🛌無休
📍集合地點：群馬縣長野原町北輕井澤1990-4448　北輕井澤Sweet Grass第3停車場
🚃JR輕井澤站車程35分
🅿20輛

MTB
MTB登山車旅遊
（2小時）
成人5500日圓
小學生4500日圓
對象年齡 小學生以上
時間 9:00～、13:00～
（舉辦期間為4月1日～12月20日）
預約 需要

開心暢玩各種戶外活動
盡享古老森林的自然風情

⬆全程會繫上安全帶，安全性無虞！小朋友也能放心玩
➡於樹木間前進的路線有特別的爽快感

森林體能運動場
冒險行程
（4區域）3100日圓
對象年齡 小學4年級以上
時間 9:00～每隔30分出發
（所需時間約2小時）
預約 需要

Sweet Grass Adventure

運用天然森林打造而成的樹上冒險設施，能在森林中暢玩高空滑索、吊橋等各種戶外活動。備有不同難易度等級的行程，很適合闔家一起同樂。

☎0279-84-3369
MAP 附錄② P.14 C-1
🕐4月中旬～11月底，9:00～16:00（有季節性變動）　🛌週二～四（有季節性變動）　📍群馬縣長野原町北輕井澤1984-43　🚃信濃鐵道中輕井澤站車程30分
🅿100輛

北輕井澤 Sweet Grass
きたかるいざわスウィートグラス

淺間高原上佔地廣大的露營場，營位的種類十分多元。有可供住宿的各式樹屋，還有全年開放的遊樂場可以大玩特玩。

☎0279-84-2512
MAP 附錄② P.14 C-1
🕐8:00～20:00（管理棟，有季節性變動）　🛌無休（冬季保養維修時會休業）　📍群馬縣長野原町北輕井澤1990-579　🚃JR輕井澤站車程35分
🅿80輛

樂趣無窮可完全融入於大自然中的露營場

露營
樹屋
1泊1棟19000日圓～
對象年齡 無特別規定
預約 需要

⬆露營場內矗立著彷彿走進繪本世界般的樹屋

Asama Clair Riding Circle
あさまクレールライディングサークル

由教練細心指導並提供馬帽、馬靴等用具的租借服務，讓初學者也能享受騎馬樂趣的馬術學校。學齡前兒童也可以騎小馬參加體驗。

☎0279-84-5420
MAP 附錄② P.14 C-2
🕐8:30～18:00（10月為～17:00、11～3月為9:00～16:00）　🛌無休（11～3月為週四休）　📍群馬縣長野原町北輕井澤1990-5035　🚃JR輕井澤站搭巴士40分，パルコールすずらん前下車即到　🅿10輛

在清新涼爽的空氣中步履輕快地騎著馬兒

騎馬
騎馬教室
（30分鐘）5850日圓
對象年齡 小學3年級以上
時間 隨時
預約 需要（最遲至前一天）

透過騎馬體驗能與馬兒近距離接觸

習慣在馬背上後可以加快速度體驗小跑步，享受迎風快意奔馳的感覺

獨木舟
獨木舟教室
（1小時30分鐘）3672日圓
對象年齡 小學3年級以上
時間 需洽詢
預約 需要

在廣布於高原的湖泊划著槳來趟水上散步

⬆一開始先遵照老師的指示行動，等熟練了就能自由操作獨木舟

無印良品平原 嬬戀露營場
むじるしりょうひんカンパーニャつまごいキャンプじょう

露營場位於海拔1300m的高原，擁有豐沛的自然環境資源。可以在眼前的湖泊體驗划獨木舟的樂趣，一邊玩一邊學習基本的操作方法，當微風輕拂水面，與天地自然融為一體的感覺相當吸引人。

☎03-5950-3660
（MUJI Outdoor Network）
MAP 附錄② P.3 B-1
🕐8:00～19:00　🛌無休（11中旬～4月中旬為冬季休業）　📍群馬縣嬬戀村干俣Baragi高原　🚃JR大前站車程20分　🅿50輛

<small>連小小孩也玩得心滿意足！</small>

遊樂世界
輕井澤玩具王國 GO!

在「輕井澤玩具王國」不僅能與大自然親密接觸，還可以全家人一起體驗精彩好玩的遊樂設施，以下將為大家介紹其中最推薦的玩樂焦點。與官方飯店「HOTEL GREEN PLAZA KARUIZAWA」合推的超值套裝方案也不容錯過！

輕井澤玩具王國
●かるいざわおもちゃおうこく
☎0279-86-3515　MAP 附錄② P.14 B-1

擁有眾多可闔家同歡的遊樂設施

座落於遼闊大自然中的玩具主題樂園。備有20種森林體能運動設施、14樣遊樂器材、室內空間還規劃了11間玩具屋等，多采多姿的設施從0歲的嬰幼兒到大人都能玩得開心。

🕙10:00～17:00（週六日、假日為9:30～，有季節性變動）　🏠不定休（需洽詢）
💴入園費成人1200日圓、2歲～小學生900日圓
📍群馬県嬬恋村大前細原2277　🚌JR輕井澤站搭接送巴士60分（收費、預約制）　🅿1000輛

<small>滿心期待體驗①</small>
在大自然中玩耍！

巨大蘑菇秘密基地
善用自然地形的體能運動設施「刺激大冒險之森」內，有座龐大蘑菇造型的秘密基地。裡面有形形色色的機關，能感受在森林中當個小矮人的氣氛。

TOPICS
刺激大冒險之森範圍加大‼
在原本的20種森林體能運動設施外，又有約7m高的「不可思議城堡」以及樹屋等遊樂設施全新登場。可以在大自然中恣意奔跑，盡情地玩個痛快！

※完成示意圖

溪釣
前往流經園內的清溪挑戰釣虹鱒！有提供釣竿的租借服務因此空手來也OK。即便沒有釣到，也能享用最多兩條的鹽烤虹鱒大餐。（1支釣竿1小時或是釣到2條為止1400日圓，包含魚餌費用）

<small>滿心期待體驗②</small>
暢玩遊樂器材！

GO! GO! 兒童電車
可愛的迷你電車遊樂設施，可自行操作體驗當電車駕駛員的樂趣。確認號誌燈，夢想之旅出發囉！（1次500日圓）

大摩天輪
高65m的象徵地標，能一望雄偉的淺間山。可選擇透明的全景車廂感受緊張刺激的氣氛！（1人600日圓，全景車廂為700日圓）

大迷宮
體能運動城堡
必須在5層樓結構的巨大城堡中邊四處移動邊朝著終點前進的立體迷宮，當中有超過50個以上的體能運動設施和機關，很適合全家人一起玩。（1次500日圓）

<small>滿心期待體驗③　雨天OK</small>
在室內遊玩！

玩具屋
總共設有11間玩具屋，有以木育為主題的木頭玩具館、收集莉卡娃娃和多美小汽車等人氣玩具的房間等。由於在室內所以下雨天也能玩得盡興，只需支付入園費即可入內。

搭配官方飯店的套票相當划算！

HOTEL GREEN PLAZA KARUIZAWA

與玩具王國為鄰，對親子旅客服務親切的家庭式飯店，擁有從地底湧出的天然溫泉也是魅力之一。無限供應吃到飽的自助百匯菜色豐富，也備有離乳食品和兒童餐。

詳情請參閱P.104

玩具王國套裝行程
附玩具王國通行護照
成人1名12300日圓～
※和室洋房5名入住時的1人費用

歡樂客房方案
客房內就有琳瑯滿目的玩具
成人1名10100日圓～
※兩層式客房6名入住時的1人費用

把美食帶回家

TAKEOUT GOURMET

以下列舉出在海拔1200m的北輕井澤大自然所孕育出的新鮮美味。
可以在兜風的途中享用，或是當成伴手禮買回家。

Bacon

販售不使用添加物、完全鎖住肉質鮮味的自家製培根。以費時費工的傳統製法慢慢煙燻而成的培根，味道雖然簡單，口感卻很豐富。

☎0279-86-2345
MAP 附錄② P.14 B-1
⏰10:00～17:00
休週四（7～8月無休）
所群馬縣嬬戀村鎌原1451-8
🚃JR輕井澤站搭巴士40分，北輕井澤下車，步行35分
🅿12輛

培根
（100g）
600日圓

↑充滿美式氛圍的可愛招牌為明顯目標

↑選用國產豬五花肉仔細燻製，徹底引出豬肉鮮味的自豪招牌

→將牛奶和雞蛋的美味發揮極致，打造出簡單又令人懷念的好滋味

蓬鬆軟綿
蔓越莓麵包
324日圓

↑上面放了酸甜蔓越莓的麵包口感，蔓越莓軟軟鬆鬆的很受歡迎

森のパンやさん
[もりのパンやさん]

使用輕井澤的水製作，有益身體健康的有機麵包，是該店的人氣商品。以酸麵種和葡萄酵母混合的自家製天然酵母烘焙而成的麵包，香氣十分馥郁。

☎0279-84-6295（大自然生活館）
MAP 附錄② P.14 C-1
⏰9:30～17:30
休週二、三、四（夏季無休，12～4月中旬為冬季休業）
所群馬縣長野原町北輕井澤1990-4053
🚃JR輕井澤站搭巴士40分，北輕井澤下車，步行15分
🅿50輛

↑山小屋風格的建築物，一旁還有販賣三明治和雜貨的店鋪

CHECK!

兜風時的熱門景點
新鮮蔬菜直賣所

在農業、酪農業興盛的北輕井澤，每逢旺季期間就隨處可見擺滿新鮮蔬菜的直賣所。國道146號的沿線上尤其密集，不妨在兜風途中前往逛逛吧！

↑一整排都是直接從農田送過來的美味蔬菜

↑高原高麗菜是北輕井澤最有人氣的名產

Sweets RenVerSer
北輕井澤本店
[スイーツランベルセ きたかるいざわほんてん]

使用當地品牌蛋與低溫殺菌鮮乳製成布丁的人氣專賣店。以嚴選食材和滑順口感為特色的布丁，包含季節限定商品在內，隨時備有20款左右的口味。

☎0279-82-1534
MAP 附錄② P.14 C-2
⏰10:00～18:00
休週三（冬季為不定休）
所群馬縣長野原町北輕井沢1990-2387
🚃JR輕井澤站車程35分
🅿10輛

↑不加吉利丁、以低溫慢慢烘烤而成的濃郁風味布丁，並選用美濃燒為盛裝容器

頂級
卡士達
600日圓

卡士達
布丁
400日圓

黑芝麻
布丁
400日圓

→位於淺間牧場附近的可愛建物

→除了黑芝麻外，還有南瓜、抹茶紅豆等各式各樣口味的布丁

↑店內還設有可享用原創布丁甜點的空間

淺間牧場
牛奶煎餅
650日圓

→↑口感酥脆輕盈的濃純牛奶風味煎餅

莫札瑞拉
乳酪
630日圓

→手工製作的原創乳酪，以柔和口感、無特別強烈的味道為魅力

淺間牧場茶屋
[あさまぼくじょうちゃや]

淺間牧場的廣大腹地內放養了近800頭的乳牛。位於入口的茶屋不只能買到乳製品、伴手禮，也設有能享用霜淇淋和新鮮牛奶的餐廳。

☎0279-84-3698
MAP 附錄② P.14 C-2
⏰8:30～17:00
休無休（12～3月為週二、五休）
所群馬縣長野原町北輕井澤1990
🚃JR輕井澤站搭巴士35分，淺間牧場下車即到
🅿120輛

手工奶油
630日圓

→無任何添加物的手工奶油，原料只有契作酪農提供的生乳和食鹽

↑腹地內還設有小動物互動區，很受親子遊客歡迎

↑1樓是伴手禮賣場和輕食區，2樓是餐廳

美食　嬬恋高原 ブルワリー
つまごいこうげんブルワリー

☎ 0279-96-1403　😊OK 🐾NG
MAP附錄②P.14 A-1

與現釀的地產啤酒很搭的絕品披薩

以地產啤酒和酥脆窯烤披薩自豪的釀造所附設的披薩餐廳，當地產高麗菜沙拉之類的副餐菜色也很豐富。

↑也能喝到道地的濃縮咖啡和啤酒杯牛奶

🕐11:00～20:00 (21:00打烊)　休週二、三、四 (8月底會有休業，11月中旬～4月中旬為冬季休業)
💰披薩1425日圓　🏠群馬県嬬恋村大笹三本2193-27　🚃JR輕井澤站車程50分　🅿30輛

咖啡廳　D-café
ディーカフェ

☎ 0279-84-1083　😊需洽詢 🐾僅限露台OK
MAP附錄②P.14 B-1

盎然綠意間的舒適森林咖啡廳

佇立於森林中的咖啡廳。有附沙拉和麵包的香草雞盤餐等菜色，分量都極具飽足感。還有可享微風吹拂、悠閒愜意的露天座。

↑BLT三明治850日圓，烤吐司的酥脆程度超讚

🕐8:00～18:00 (有季節性變動)　休週三 (逢假日則營業，8月無休)
💰咖啡400日圓～　🏠群馬県嬬恋村鎌原1053-566　🚃JR輕井澤站車程40分　🅿10輛

溫泉　躑躅之湯
つつじのゆ

☎ 0279-98-0930
MAP附錄②P.3 B-2

享受源泉放流的天然溫泉

屬於不住宿純泡湯的溫泉。除了綠意環繞的露天浴池、源泉放流的檜木浴池外，還可平躺在天然石上的岩盤浴，而且沒有時間上的限制。泡完湯後的用餐選項也很豐富。

↑能欣賞四季不同景致的露天浴池

🕐10:00～22:00 (冬季為～21:00)　休第2、4週四 (有臨時休業)
💰成人600日圓、3歲～國中生300日圓　🏠群馬県嬬恋村田代930　🚃JR萬座、鹿澤口站車程10分　🅿100輛

玩樂　淺間高原樂園
あさまハイランドパーク

☎ 0279-84-3333
MAP附錄②P.14 C-2

一年四季都有得玩的高原度假區

佔地遼闊的大型度假設施。提供保齡球、網球、戶外游泳池等豐富的運動設備，不分年齡層每個人都能樂在其中，盡情享受高原假期。

↑迷你高爾夫1場1100日圓，能在天然草皮上感受正統的揮桿樂趣

🕐9:00～17:00 (視設施需洽詢)　休無休 (有季節性變動)
💰視設施而異　🏠群馬県嬬恋村鎌原大カイシコ1053　🚃JR輕井澤站搭巴士30分，淺間ハイランドパーク下車即到　🅿100輛

玩樂　石田觀光農園
いしだかんこうのうえん

☎ 0279-84-2457
MAP附錄②P.3 C-2

採摘&品嘗蔬菜和水果

園內栽種了藍莓、番茄等50多種水果和蔬菜，可挑選其中的當季蔬果享用。也有販售自家製的果醬和果汁，很適合當伴手禮。

↑摘食蔬果的體驗不論大人小孩都喜歡，寵物同行也OK

🕐9:00～17:00 (10、11月為～16:00)　休無休 (10、11月為不定休，11月下旬～7月中旬為冬季休業)
💰入園費500～1500日圓　🏠群馬県長野原町北輕井澤1353-318　🚃JR輕井澤站車程40分　🅿50輛

美食　手打ちそば処古瀧庵
てうちそばどころこたきあん

☎ 0279-84-2887　😊OK 🐾僅限露台OK
MAP附錄②P.14 C-1

在瀑布聲中品嘗手打蕎麥麵

位於「古瀧花木野草苑」內的蕎麥麵店。以北海道產蕎麥粉與淺間山麓的水製成的手打蕎麥麵，擁有恰到好處的彈牙口感。推薦選擇露天座享用美味。

↑入口滑順的蕎麥麵很有人氣，甜品的選擇也很多

🕐11:00～17:00 (會有延長)　休週三 (7月中旬～8月無休，12～3月為冬季休業)　💰竹簍蕎麥麵870日圓　🏠群馬県嬬恋村鎌原1052-1　🚃JR輕井澤站車程40分　🅿60輛

MAP ▶ 附錄② P.3、14

大自然環繞的北輕井澤區域還有好多地方值得一遊，如「輕井澤玩具王國」之類能闔家同樂的景點也不少，更是魅力所在。

景點　淺間大瀑布
あさまおおたき

☎ 0279-84-2047 (北輕井澤觀光協會)　MAP附錄②P.3 C-2

水花飛濺與轟隆作響聲極具震撼力！

幅寬約2m，落差近10m的北輕井澤最大瀑布。不妨走到瀑潭附近吸取滿滿的負離子，徒步5分鐘可達、水流分成三段落差的「魚止瀑布」也是參觀重點。

↑每到夏天總吸引大批尋求涼意的遊客造訪

🚶自由參觀　🏠群馬県長野原町北輕井澤　🚃JR輕井澤站搭巴士45分，北輕井澤下車，步行45分　🅿20輛

景點　淺間火山博物館
あさまかざんはくぶつかん

☎ 0279-86-3000 (長野原町營淺間園)　MAP附錄②P.14 A-2

切身感受火山的無窮威力

位於「長野原町營淺間園」內的博物館。可透過極具迫力的影像和音響一窺噴發時的模樣，還能學習火山形成的機制以及淺間高原的生態系等知識。

↑藉由巨型螢幕體驗世界各地的火山活動

🕐8:30～16:30 (17:00閉館)　休週三 (12～3月為冬季休業)　💰成人600日圓、中小學生300日圓　🏠群馬県長野原町北輕井澤　🚃JR輕井澤站搭巴士40分，淺間火山博物館下車即到　🅿300輛

景點　嬬戀鄉土資料館
つまごいきょうどしりょうかん

☎ 0279-97-3405　MAP附錄②P.3 C-2

介紹活火山淺間山的噴發與災害

展示天明3 (1783) 年淺間山火山爆發的相關資料、挖掘出土的各式物品。另外還有特產品高麗菜等主題的介紹，能更進一步瞭解嬬戀的當地歷史。

↑展示因火山噴發而被掩埋的出土品等物

🕐9:00～16:00　休週三 (逢假日則翌日休，7～8月無休)　💰成人300日圓、中小學生150日圓　🏠群馬県嬬恋村鎌原494　🚃JR萬座、鹿澤口站搭巴士5分，鎌原觀音堂前下車即到　🅿30輛

✦CHECK!✦

輕井澤玩具王國
かるいざわおもちゃおうこく

☎ 0279-86-3515
MAP附錄②P.14 B-1

在大自然中暢玩各種遊樂設施

以「玩具」為主題的遊樂園。除了11間「玩具屋」外，戶外還設有14項遊樂器材、20種體能運動設施、溪釣區等，能徜徉在大自然中大玩特玩。

大場一地的森林體能運動
○2018年4月才剛擴

摩天輪的風光
從高達65m的摩天輪上能飽覽淺間山

🕐10:00～17:00 (週六日、假日為9:30～，有季節性變動)　休不定休 (需洽詢)　💰入園費成人1200日圓、2歲～小學生900日圓　🏠群馬県嬬恋村大前細原2277　🚃JR輕井澤站搭接送巴士60分 (收費、預約制)　🅿1000輛　(→P.91也有介紹)

（左側縱排文字）
舊輕井澤　輕井澤站周邊　中輕井澤　南輕井澤

北輕井澤

把美食帶回家／區域導覽　周邊區域

文豪島崎藤村深愛
韻味獨具
城下町漫遊趣

在江戶時代後結束使用的小諸城，自古以來即為交通要衝而繁榮。
不妨以名勝懷古園為中心，細細品味古城街道的風情。

小諸
（こもろ）

小諸座落於淺間山的山麓，擁有富饒的自然資源，江戶時代期間小諸城依然維持運作。如今還保留著濃厚的城下町風情，能悠閒自在地漫步其間。

MAP
P.95

Information
小諸市觀光協會
☎0267-22-1234
小諸觀光導覽協會
☎0267-22-0568
信濃鐵道
☎0268-21-4702

Access
搭電車　輕井澤站搭信濃鐵道25分，小諸站下車

開車　輕井澤站走國道18號（輕井澤外環道）往小諸方向，車程30～40分

一年四季皆有不同樣貌
位於城址上的信州名園

小諸城址懷古園
（こもろじょうしかいこえん）

被列為日本賞櫻名所百選與日本名城百選之一的公園。園內不只有眾多歷史、文化設施，還附設了動物園和遊樂園，從大人到小孩都能盡興。

☎0267-22-0296
MAP P.95 A-1
🕘9:00～17:00(動物園為～16:30)
🈺無休(12～3月中旬為週三休)
💰散策券成人300日圓、兒童100日圓
🏠小諸市丁311
🚉信濃鐵道小諸站步行3分
🅿213輛

從三之門步行3分

大手門的石垣從400多年前保存至今於懷古園入口的三之門相當已經被指定為國家重要文化財

園內還有島崎藤村的紀念館

從三之門步行3分

身為近代教育先驅的私塾

小諸義塾紀念館
（こもろぎじゅくきねんかん）

於1893（明治26）年所創立，以培育人才為目的的私塾，當時邀請了島崎藤村等多位個性豐富的老師執教。目前已移築復原成紀念館，展示著當時的文物資料。

☎0267-24-0985　MAP P.95 A-1
🕘9:00～17:00　🈺無休(12～3月中旬為平日休)
💰成人200日圓、中小學生100日圓　🏠小諸市古城2-1-8　🚉信濃鐵道小諸站步行3分　🅿213輛

從資料一窺島崎藤村在小諸的足跡

築樣式所設計的校舍

參考創立人木村熊二偏好的建

從三之門步行1分

小諸市立藤村紀念館
（こもろしりつとうそんきねんかん）

島崎藤村在小諸度過了從詩人轉換成小說家的重要時期，《千曲川素描》、代表作《破戒》也都是在此起稿。館內展示著他在小諸義塾執教鞭時的珍貴原稿和遺物，也會定期舉辦文學講座。

☎0267-22-1130
MAP P.95 A-1
🕘9:00～17:00
🈺無休(12～3月中旬為週三休)
💰參觀費成人200日圓、兒童100日圓
🏠小諸市丁315
🚉信濃鐵道小諸站步行5分
🅿213輛

建物是出自曾設計帝國劇場的建築師谷口吉郎

之類的貴重資料

保存許多如初版書籍、遺物

周邊區域

小諸

店家的對面還有藝廊

收集各式各樣和紙的老店
連島崎藤村也是愛用者

從懷古園步行5分

大和屋紙店
やまとやかみてん

創業於江戶時代的老字號和紙專門店，據說島崎藤村也會上門購買稿紙。除了友禪和紙、水引工藝品、便箋外，還販售約80種的摺紙、手工小物等商品。

☎0267-22-0129
MAP P.95 B-1
🕐9:00~19:00 休週日 ¥友禪和紙540日圓
所小諸市本町3-1-4
🚃信濃鐵道小諸站步行5分 P4輛

↑大正館內還保留著島崎藤村執筆作品的房間 →以島崎藤村的《初戀》為設計靈感的蘋果浴池（10~5月）

不住宿方案

午間休憩方案(11:00~15:00)
4428日圓~
夜間休憩方案(17:00~21:00)
5508日圓~

☎0267-22-1511
MAP P.95 A-1
🕐11:30~14:00(不住宿溫泉) 休不定休 ¥入浴費成人1000日圓、兒童500日圓 所小諸市古城区中棚乙1210
🚃信濃鐵道小諸站車程5分 P40輛

從懷古園步行15分

深受島崎藤村青睞的溫泉旅館
與島崎藤村有淵源的旅館 中棚莊
しまざきとうそんゆかりのやどなかだなそう

以島崎藤村經常光顧的溫泉旅館而名聞遐邇。提供能眺望千曲川和北阿爾卑斯山脈的露天浴池、以當季食材入菜的料理，可享舒適悠閒的片刻時光。

小諸的 推薦美食

種類&量都很有自信的站前居酒屋

山野草
さんやそう

小諸站附近充滿活力的居酒屋。有分量多到滿出盤外的特大星鰻天麩羅、生魚片拼盤等菜色，每一道都能吃到食材的鮮味。

☎0267-24-1288
MAP P.95 B-1
🕐17:00~23:00
休週日 ¥生魚片拼盤(1人份)1000日圓~ 所小諸市大手2-1-15
🚃信濃鐵道小諸站步行3分 P4輛

↩讓人吃得心滿意足的特大星鰻天麩羅（時價）

承襲傳統製法的蕎麥麵店

草笛
くさぶえ

以自家栽培和長野縣產為主的蕎麥粉所製成的手打蕎麥麵，香氣與滑順的口感皆十分出色。有「核桃蕎麥麵」、「山藥泥蕎麥麵」等多樣口味可以選擇。

☎0267-22-2105
MAP P.95 A-1
🕐11:00~15:00
休無休 ¥藤村蕎麥麵1200日圓、核桃蕎麥麵980日圓、核桃萩餅660日圓（3個） 所小諸市古城1-1-10 🚃信濃鐵道小諸站步行3分 P5輛

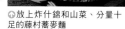

↑放上炸什錦和山菜、分量十足的藤村蕎麥麵

↑從咖啡廳就能欣賞庭園的景致

↑從咖啡廳就能欣賞庭園的景致
↩荏胡麻紅豆湯540日圓，是將荏胡麻籽磨碎後煮成的原創餐點

從懷古園步行3分

四季花草點綴得美不勝收的庭園

停車場庭園
ていしゃばガーデン

地處小諸站前的庭園，一年四季都有各式花草繽紛綻放。除了吃得到當地食材佳餚的庭園咖啡廳外，還附設販賣特產品、園藝品的商店。

☎0267-24-2525
MAP P.95 A-1
🕐商店9:00~19:00（10~3月為~18:00）、咖啡廳11:00~18:00（10~3月為~17:00） 休週四（逢假日則前日休） ¥午餐920日圓~、甜點330日圓~ 所小諸市相生町1-1-9 🚃信濃鐵道小諸站即到 P2輛

小諸
1:18,000
0 100 200m
地圖上的1cm約180m
周邊圖
附錄②P.3

●景點 ●玩樂 ●美食 ●咖啡廳
●購物 ●溫泉 ●住宿

與島崎藤村有淵源的旅館 中棚莊 P.95

造訪與
真田幸村
淵源深厚之地

重返故鄉上田即刻出征！

上田因2016年大河劇的主角真田信繁（幸村）的緣故而備受矚目。不妨以上田城跡公園為起點，漫步街道感受壯絕歷史的浪漫氛圍吧。伴手禮和當地美食也不容錯過！

↑JR上田站前立有真田信繁（幸村）的騎馬銅像

上田 うえだ

上田的四周環繞著菅平高原和美原高原，中央有日本最長的千曲川（信濃川）流經，擁有豐富的自然風光。市中心由真田家打造而成的城下町風情依舊，韻味十足。

MAP
P.97

Information
上田市觀光課
☎0268-23-5408

Access

搭電車　輕井澤站搭信濃鐵道到上田站55分，搭JR北陸新幹線約18分

開車　輕井澤站經由國道18號、縣道80號，車程約40km、需時1小時

讓真田之名聲名大噪
以鐵壁防禦自豪的名城

上田城跡公園
うえだじょうせきこうえん

1583（天正11）年由真田昌信所打造的居城。因兩度擊退德川軍而有難攻不落城之稱，同時也打響了真田家的名號。現在整修成公園開放，成為當地居民的休憩場所。

隨處可見綠意，春天也是著名的賞櫻勝地之一

☎0268-23-5408（上田市觀光課）
MAP P.97
⏰自由參觀（城櫓內部參觀為8:30～17:00）　休無休（城櫓內部參觀週三、假日翌日休，12～2月、3月的平日休館）　¥城櫓內部參觀300日圓　所上田市二の丸　🚃JR、信濃鐵道上田站步行12分　P104輛（收費）

真田信繁（幸村）

於大坂冬之陣的「真田丸攻防戰」中，讓德川軍節節敗退；在夏之陣中驍勇奮戰至最後，雖然戰死，卻留有「日本第一武士」的美名。

公園內還有許多與真田家有關的景點

從珍貴資料了解真田家與上田的歷史

上田市立博物館
うえだしりつはくぶつかん

展示中世以後的上田資料和文化財，如上田藩的相關文物、昔日主要的養蠶產業等。別館則會推出以真田家為主題的各式企畫展。

☎0268-22-1274
MAP P.97
⏰8:30～16:30（17:00閉館）　休週三、假日翌日　¥300日圓　所上田市二の丸3-3　🚃JR、信濃鐵道上田站步行10分　P無

↑起初資料是保存、展示在唯一僅存的城櫓內
↑有真田昌幸的盔甲等眾多展示品，肯定讓歷史迷們流連忘返

西櫓 にしやぐら

建於江戶時代初期、以原地原貌保存至今的城櫓，已被指定為長野縣寶。從周邊可一望上田城的南側景色。

真田井戶 さなだいど

本丸內唯一的大水井。傳說內部設有密道，可一路延伸至北方的太郎山與上田藩主居館。

在祭祀真田一族的真田神社祈求智慧

真田神社
さなだじんじゃ

鎮座在上田城本丸跡的神社，祭祀著真田家和仙石家、松平家的歷代上田藩主。真田信繁（幸村）以戰略家、智將之名著稱，同時也是備受景仰的智慧之神。

☎0268-22-7302
MAP P.97
⏰境內自由參觀　所上田市二の丸（上田城跡公園內）　🚃JR、信濃鐵道上田站步行12分　P192輛（收費）

↑境內還置有真田的象徵——巨大的紅色頭盔

上田的名產與真田周邊商品齊聚

上田市觀光會館賣店
うえだしかんこうかいかんばいてん

為上田觀光的據點，就位在上田城跡公園的入口附近。賣店內除了知名糕點、在地酒等上田名產外，真田家的周邊商品也很豐富。此外館內還設有蕎麥麵店和喝咖啡的空間。

📞0268-25-4403

MAP P.97

🕐9:30～18:00　休無休　所上田市大手2-8-4
🚃JR、信濃鐵道上田站步行12分　P12輛

装飾著六文錢與雁金家紋的環保袋756日圓
由老店酒富釀造製作的真田家秘傳味噌（500g）370日圓

購吧　店裡備有800多種特產品，上田的伴手禮就來這兒選

⤴2樓的「NHK大河劇館」還展示了盔甲、小道具複製品等物

⤴展示內容相當豐富，參觀約需1個半小時
陳列著取材筆記等珍貴資料的真田太平記展示區

沉浸在描寫真田家的池波文學世界

池波正太郎真田太平記館
いけなみしょうたろうさなだたいへいきかん

介紹時代小說名家池波正太郎以及代表作《真田太平記》之魅力的文學館。館外的倉庫內設有藝廊和劇場，能欣賞小說的插繪原畫與極具震撼力的影像。

📞0268-28-7100

MAP P.97

🕐10:00～17:30（18:00閉館）
休週三、假日翌日　¥400日圓
所上田市中央3-7-3　🚃JR、信濃鐵道上田站步行10分　P無

一早就能享用雞肉串飽嘗上田在地絕品美食

隱れ家 えん
かくれがえん

從上午就開張營業的居酒屋，能吃到淋上蒜香濃郁的上田著名「美味醬」的雞肉串。歷經多次改良的店家獨創美味醬，因加了蘋果熬煮而襯托出溫和的甜味。

📞0268-75-6019
📞080-6935-1344　😊OK　🐾NG

MAP P.97

🕐10:00～21:00（週三為～17:00）　休週四
所上田市中央4-7-27
🚃JR、信濃鐵道上田站步行15分
P5輛

⤴雞肉串拼盤1000日圓，享用前再淋上滿滿的美味醬
⤴早上10時開店，也可購買美味醬當伴手禮帶回家

以信州的名水和米釀製而成的名酒

岡崎酒造
おかざきしゅぞう

創業於1665（寬文5）年的酒廠，同時相當罕見地由女性擔任釀酒師「杜氏」一職。選用「人心地」和「美山錦」品種的長野縣產酒米及菅平水系的水釀製，打造出女性特有的纖細口感。

📞0268-22-0149

MAP P.97

🕐10:00～16:00　休無休
所上田市中央4-7-33
🚃JR、信濃鐵道上田站步行15分
P4輛

⤴店鋪位於曾以驛站町興盛一時的柳町街上

➡代表品牌的信州龜齡（720ml）1370日圓
➡酒廠限定販售的小堺屋平助（720ml）1550日圓

品嘗信州的自然風味！天然酵母麵包

Levian信州上田店
ルヴァンしんしゅうえだてん

位於柳町的天然酵母麵包人氣店。2樓設有榻榻米咖啡廳「茶房 烏帽子」，除了麵包和飲品外，還提供滿滿信州自然風味的午餐菜色。

📞0268-26-3866

MAP P.97

😊OK　🐾NG

🕐9:00～18:00
休週三、第1週四
所上田市中央4-7-31
🚃JR、信濃鐵道上田站步行15分
P4輛

➡麵包大多是以重量計價販售
⤴附麵包和熟食的湯品午餐1000日圓

上田
1:25,000
0　150　300m
地圖上的1cm為250m
周邊圖附錄②P.3

●景點　●玩樂　●美食　●咖啡廳
●購物　●溫泉　●住宿

天下的名湯
在草津溫泉體驗泡湯極致享受

草津溫泉的自然湧泉量為日本第一，還擁有湯田、湯揉等獨特的溫泉文化。在別具風情的溫泉街上閒逛也樂趣十足。

草津溫泉為日本三大名湯之一，名氣遍及全日本。離輕井澤車程約1小時，比想像中來得近。不妨前往自古就廣受民眾喜愛的熱鬧溫泉街逛逛，順便來趟名湯巡禮吧。

MAP
P.99

Information
草津溫泉觀光協會
📞0279-88-0800
草津町商工會
📞0279-88-2067

Access

搭巴士 JR輕井澤站搭草輕交通巴士往草津溫泉方向1小時18分，或JR長野原草津口站搭JR巴士25分

開車 信濃鐵道中輕井澤站經由國道146號、144號、292號往北，車程1小時

湯田
● ゆばたけ

每分鐘湧出4000公升的豐沛源泉水透過高低落差的設計傾瀉而下，成為溫泉街的象徵風景。湯煙裊裊的四周有瓦片鋪設的步道和長椅，很適合泡完湯後來走走逛逛。

📞0279-88-7188（草津町觀光課）
MAP P.99 B-1
🚶自由參觀　🏠群馬縣草津町草津
🚌草津溫泉巴士總站步行5分
🅿無

↑高溫泉源經過木桶降成適溫後，再流到各溫泉設施

白煙冉冉升起
草津溫泉的地標

↑待黃昏時分湯田點燈裝飾後，即成了一幅如夢似幻的景色

↑湯田周圍的石柵上刻有著曾經造訪草津的歷史名人

↑全日本也很罕見，如瀑布般流落的湯田，畫面極為壯觀

西之河原露天風呂
● さいのかわらてんぷろ

面積廣達500㎡的溫泉設施，湧出的溫泉就宛如河川般流經西之河源公園的一角。2015年整修後重新開張，可享更加舒適的露天風呂與壯闊的自然景觀。

📞0279-88-6167　**MAP** P.99 A-1
🚶7:00～19:30（12～3月為9:00～）　🈚無休
💴成人600日圓、3歲～小學生300日圓
🏠群馬縣草津町草津521-3
🚌草津溫泉巴士總站步行15分
🅿150輛（利用天狗山第1停車場）

↑充滿古風韻味的建物，以溫暖的木質調打造出潔淨感

在視野開闊的露天風呂
飽覽四季更迭的自然美景

置身在草津最大的露天風呂，邊眺望四季美景邊享受泡湯樂

熱乃湯
● ねつのゆ

擁有大正浪漫風格建物的人氣景點。能欣賞和體驗邊吟唱著「草津是個好地方～，一定要來喔～」的草津節歌，邊以木板攪動讓源泉水降至適溫的「湯揉」表演。

📞0279-88-3613
MAP P.99 B-1
🚶需洽詢　🈚無休　💴入館費成人600日圓、小學生300日圓　🏠群馬縣草津町草津414　🚌草津溫泉巴士總站步行5分　🅿無

↑2015年翻修後重新開張，瀰漫著草津溫泉特有的懷舊氣息

草津著名的湯揉體驗
從江戶時代傳承至今

↑湯揉表演秀的時間需再確認。每個場次有限定人數，可讓參觀的遊客下場同樂

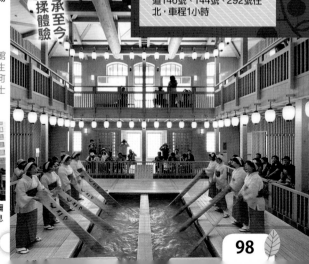

舊輕井澤
輕井澤站周邊
中輕井澤
南輕井澤
北輕井澤

周邊區域

草

津

そばきち 湯田店

● そばきちゆばたけてん

以「揉麵盆蕎麥麵」著名的蕎麥麵店，蕎麥麵盛入揉麵盆後端上桌，可自選喜歡的沾醬享用。將烏龍麵放進滿滿蔬菜的鍋物內稍微川燙一下，先溫熱再享用的草津味投汁烏龍麵也很受歡迎。

📞0279-88-9980 😊OK 🐾需洽詢
MAP P.99 B-1
🕐11:00～售完即打烊 休不定休
¥草津味投汁烏龍麵1人份1800日圓
（2人以上可點餐，需預約）
所群馬縣草津町草津108 🚌草津溫泉
巴士總站步行5分 P無

邊俯瞰湯田邊享用道地手打蕎麥麵

↑揉麵盆蕎麥麵650日圓。湯汁價格另計，有肉丸湯、舞菇湯、湯之花等200～600日圓

湯の香本舖

● ゆのかほんぽ

販售使用草津溫泉源泉的美容產品、店內現烤餅乾等原創商品的人氣伴手禮店，還有適合邊走邊吃的溫泉蛋口味霜淇淋350日圓。

📞0279-88-2155
MAP P.99 B-1
🕐8:00～21:30 休無休
所群馬縣草津町草津110 🚌草津溫泉巴士總站步行5分
P無

人氣溫泉化妝品與獨創商品琳瑯滿目

↑使用谷川連峰天然水製作的草津溫泉湯煙蘇打水205日圓

添加草津溫泉源泉水的化妝水、美容液各1620日圓、搭配香皂整組使用，可...

光泉寺

● こうせんじ

名列日本溫泉三藥師之一的歷史古剎，據說是由名僧行基上人所創建。地處可將湯田盡收眼底的高台上，延伸至本堂的石階旁，還佇立著一尊湯泉觀音佛像。

📞0279-88-2224
MAP P.99 B-1
🕐境內自由參觀
所群馬縣草津町草津446
🚌草津溫泉巴士總站步行2分
P100輛（利用湯田收費停車場）

↑從通往朱紅色仁王門的石階回眸眺望，湯田就在腳下

可一望溫泉街的高台古剎

茶房ぐーてらいぜ

● さぼうぐーてらいぜ

這獨具風情的咖啡廳前身是草津最古老旅宿——日新館的大浴場。不妨在遊逛的空檔或泡完湯後，點杯以高品質咖啡豆用心沖泡的咖啡或新鮮果昔小歇片刻。

📞0279-88-6888 MAP P.99 B-1

湯田附近的特色咖啡廳來杯精緻講究的咖啡

😊OK 🐾NG
🕐9:30～17:00
休週二
¥咖啡450日圓
所群馬縣草津町草津368
🚌草津溫泉巴士總站步行6分
P無

↑散步之餘的幸福咖啡時光，凸窗外即可看到湯田景致

松むら饅頭

● まつむらまんじゅう

位於西之河原通上，專賣溫泉饅頭的人氣老店。黑糖風味的濕潤薄皮內，吃得到滿滿甜度適中的自製紅豆粒餡。國道292號沿線上另有分店。

📞0279-88-2042
MAP P.99 B-1
🕐7:00～17:00
（售完即打烊）
休週二（週三有不定休）所群馬縣草津町草津389
🚌草津溫泉巴士總站步行5分
P8輛（分店）

放涼了也很好吃，很適合當伴手禮。

散步途中的零嘴首選絕品溫泉饅頭

↑溫泉饅頭1個90日圓

草津地圖

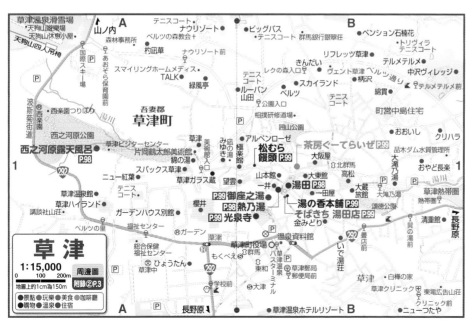

草津
1:15,000
0 100 200m
地圖上1cm約150m
周邊圖
附錄②P.3
●景點 ●玩樂 ●美食 ●咖啡廳
●購物 ●溫泉 ●住宿

（地圖標示）山ノ内 A B 長野原

御座之湯

● ござのゆ

與源賴朝有淵源的「御座之湯」重建而成的不住宿溫泉設施。瀰漫著江戶、明治時代風情的木造建築內有從「湯田」和「萬代」兩個源泉引來的溫泉水，能親身體驗感受不同泉質的樂趣。

📞0279-88-9000
MAP P.99 B-1
🕐7:00～20:30（21:00閉館）休無休
¥成人600日圓、3歲～小學生300日圓
所群馬縣草津町草津421
🚌草津溫泉巴士總站步行3分 P無

在草津最大的共同泡湯趣享受兩種源泉的共同浴場

浴池提供採男女替換制的木、石兩款

首次進駐日本的
精選品牌酒店

重新翻修的旅宿

輕井澤擁有眾多高品質又個性豐富的住宿設施，首度進軍日本的品牌酒店、寵物也能一同入住的飯店等新型態旅宿也陸續登場！

輕井澤站周邊

KYUKARUIZAWA KIKYO, Curio Collection by Hilton

● キュウカルイザワキキョウキュリオコレクションバイヒルトン

2018年4月19日開幕

☎0267-41-6990　**MAP** 附錄② P.7 B-2

前身是舊輕井澤區域中心位置的「舊輕井澤飯店」，翻修後成為希爾頓的高檔品牌「Curio Collection by Hilton」重新開幕。提供世界級的服務讓客人能度過舒適的時光，大浴場、教堂、健身房等設備也很完善。

in 15:00　out 12:00　室50間
¥1泊2食34000日圓～
所軽井沢町軽井沢491-5
交JR輕井澤站車程5分
P25輛

❶客房的面積寬敞，9成都超過40㎡以上　❷備有日式風格的浴場設施　❸餐廳SONORITÉ不只有鄉土佳餚，還能品嘗搭配信州以外特產入菜的料理　❹沉穩安靜氛圍的交誼廳

輕井澤站周邊

Le Chien舊輕井澤

● ルシアンきゅうかるいざわ

2017年10月開幕

☎0267-41-3211　**MAP** 附錄② P.7 C-2

飯店名「Le Chien」在法文中意為「狗」，是一家專為愛狗人士所設計的旅宿。可以在附寬敞陽台和庭園的客房與愛犬悠閒自在地度過假期。除了提供造型服裝和小飾品的寵物攝影沙龍外，還有租借推車等貼心的服務。

in 15:00　out 11:00　室50間
¥1泊2食23000日圓～
所軽井沢町軽井沢1323-111
交JR輕井澤站步行15分　P46輛

與毛小孩同住
稍微高級的飯店

❶寵物用收納式床鋪、零食之類的備品也很齊全　❷寵物也能一起進入餐廳用餐　❸座落於舊輕井澤的幽靜場所　❹佔地40㎡的戶外寵物活動區域，地面還鋪滿了不傷狗狗腳掌的木屑

與愛犬同享
奢侈的度假時光

輕井澤站周邊
REGINA-RESORT KYUKARUIZAWA
● レジーナリゾートきゅうかるいざわ

☎0267-31-5586 MAP 附錄② P.6 A-4

2017年11月開幕

能和愛犬一起入住的度假飯店,位處於舊井澤銀座徒步範圍內的閑靜別墅區。在餐廳享用正統懷石料理時,毛小孩也可同行,另外還提供與狗狗同樂的免費活動「Praise Touch」、可與寵物開心暢飲的咖啡酒吧等特別服務,相當受到歡迎。

in 15:00 out 11:00 室 26間
¥1泊2食27000日圓～
所 軽井沢町軽井沢1323-510
JR輕井澤站車程10分
P 26輛

❶綠林環繞的狗狗活動區 ❷附露台的2樓客房 ❸以天然素材營造出沉穩氛圍的餐廳 ❹咖啡酒吧內備有暖爐,店內提供的「汪汪雞尾酒」也很受好評

輕井澤的旅宿

於輕井澤全新誕生
全新開幕 &

❶提供燒烤料理的新新餐廳 ❷透過寬3.5m的大片觀景窗能眺望大自然的景致 ❸還可利用附設的Spa、溫泉設施(需另付泡湯稅)

2017年7月重新翻修開幕

輕井澤站周邊
輕井澤王子大飯店東館
● かるいざわプリンスホテルイースト

☎0267-42-1111 MAP 附錄② P.6 B-4

飯店位於高爾夫球場、滑雪場、購物商場等設施齊聚的「Prince Grand Resort Karuizawa」內。東館在翻新時以「NEO FOREST」為主題概念,變身成能享受徜徉於森林綠海中的設計型飯店,還能品嘗堅持選用信州食材的燒烤料理等佳餚。

整修裝潢後
充滿玩心的
全新東館

in 15:00 out 12:00 室 70間
¥1泊2食22444日圓～(東館雙床房2人1房時的1人份費用)
所 軽井沢町軽井沢
JR輕井澤站到東館步行約10分
P 261輛

中輕井澤
輕井澤萬豪飯店
● かるいざわマリオットホテル

☎0267-46-6611 MAP 附錄② P.13 B-4

座落在靜謐中輕井澤的國際連鎖飯店。客房採木質調的沉穩設計,能盡情飽覽蓊鬱的森林景色。備有溫泉、Spa和24小時營業的健身中心等,公共設施十分齊全。2017年7月還新開幕了所有客房皆附溫泉浴室的北館,以及可攜帶狗狗入住的度假小屋。

in 15:00 out 11:00
室 142間
¥1泊2食27000日圓～
所 軽井沢町長倉4339
JR輕井澤站車程15分(提供免費接送服務,需洽詢)
P 79輛

簡潔俐落的待客服務
享受優雅的片刻時光

2017年7月新館開幕

❶附景觀溫泉浴室的北館高級客房 ❷主餐廳「Grill & Dining G」 ❸新設可接待狗狗住宿的度假小屋

…寵物OK …適合親子遊客入住 …有單人旅遊的費用方案 …有房間用餐方案 …有包租浴池 …有附露天浴池的客房 …無

令人憧憬的飯店

接下來介紹兩間輕井澤屈指可數的豪華飯店，體驗更高等級的住宿享受。
集優雅、奢華於一身的空間，是度過假期時光的最佳首選。

片刻奢華 享受
輕井澤的旅宿

下榻於水邊庭園環繞
山谷間的世外桃源

中輕井澤

虹夕諾雅輕井澤
● ほしのやかるいざわ

 0570-073-066（虹夕諾雅 綜合預約）

MAP 附錄② P12 D-2

在「谷之集落」中散佈著備有寬敞露台與坪庭的獨棟式客房，為充滿隱私感的停留型度假勝地。從大片窗戶可欣賞四季的美麗景色，享受自在放鬆的氛圍。還可至具特殊放鬆效果的溫泉設施「Meditation Bath」，透過冥想達到清澄透明的五感體驗。

※視時期而異

in 15:00　out 12:00　室77間
¥1房1泊不附餐63000日圓～（須連住2晚以上才受理訂房）　所輕井沢町星野
JR輕井澤站搭免費接駁巴士15分（住宿房客專用）　P 78輛

①沿著溪邊而建的水波房。夜晚時分水面上的燈籠亮起，打造出如夢似幻的情境　②提供懷石料理的主餐廳「日本料理 嘉助」　③可純泡湯不住宿的源泉放流溫泉「星野溫泉 蜻蜓之湯」（→P69）
④從露台能飽覽充滿開放感的景色　⑤可品嘗山川美味、充滿野趣的「山懷石」

憧憬 Point
刻意擺放矮沙發讓視線變低，能邊欣賞眼前廣闊的自然景色邊悠閒享受的空間設計，相當具有魅力。

輕井澤的旅宿

在莊嚴氛圍的傳統飯店
享受豪華的下榻體驗

憧憬 Point
讓人不禁聯想昔日上流社會風華的古典氛圍，擁有獨到風情的老飯店。能體驗難得的優質度假時光

舊輕井澤

萬平飯店

● まんぺいホテル

☎0267-42-1234　**MAP** 附錄② P.6 C-2

前身為創業於1764（明和元）年的旅籠「龜屋」，是廣受三島由紀夫、約翰藍儂等各界名人愛戴的老字號飯店。曾接待國內外賓客的一流服務是其魅力所在。復古風格的室內擺設、從大正時代細心呵護至今的家具等，歷史韻味十足，很有欣賞的價值。

in 15:00　out 11:00　室109間　¥1泊2食24900日圓～　所軽井沢町軽井沢925　JR輕井澤站車程5分　P90輛

①擁有大廳、咖啡廳等設施的本館—阿爾卑斯館屋齡已逾80年 ②碓冰館的客房浴室內設有淋浴間 ③日西式融合風格的本館古典雙床房 ④全餐料理可從日式、西式、中式任選 ⑤能感受山間清爽微風的Cafe Terrace（→P.30）⑥洋溢著復古風情的主餐廳 ⑦史料室內收藏著據說約翰藍儂相當喜愛的鋼琴

🐾…寵物OK　👪…適合親子遊客入住　👤…有單人旅遊的費用方案　🍽…有房間用餐方案　♨…有包租浴池　🛁…有附露天浴池的客房　▧…無

享受
片刻奢華

品嘗高級時令法國菜
透過主廚精湛的手藝

輕井澤的旅宿

＋ 自豪 Point
以森林、泉水自然孕育的各式食材打造出獨
一無二的法國菜，也廣受鄰近別墅客群的青
睞，能一次擁有視覺與味覺的雙重享受

特別推薦這兒！

以〇〇自豪！的旅宿

擁有美味佳餚或溫泉、適合親子遊客入住的飯店，以及地理位置便
捷等魅力無窮的旅宿一次大公開。

北輕井澤　**以 美食 自豪！**

星野集團
Karuizawa Hotel Bleston Court
● ほしのリゾートかるいざわホテルブレストンコート

📞0267-46-6200　**MAP** 附錄② P.13 C-2

蓊鬱森林與涼爽空氣環繞的美食飯
店，也有人是專程為了品嘗佳餚而
選擇入住。主餐廳「yukawatan」
能品嘗呈現自然意境之美的道地法
式料理，小菜風格的早餐也很有人
氣，還可在開放式露台「ＴＨＥ
ＬＯＵＮＧＥ」享用華麗的甜點。

🏠👪👤🍴🏛🍽
※視時期而異

in 15:00　out 12:00　🛏39間
¥1泊附早餐17000日圓～
所 輕井沢町星野　🚌JR輕井澤站免費
搭接駁巴士15分(住宿房客專用)
P 160輛

❶善用天然食材顏色搭配的美麗法國菜
(→P.32)　❷以具整潔感的白色為基調
的Designer's Cottage　❸「森林下午
茶」的可愛甜點和輕食(→P.30)　❹非
住宿房客也能享用的繽紛早餐(需預約)

北輕井澤

HOTEL GREEN PLAZA KARUIZAWA
● ホテルグリーンプラザかるいざわ

📞0279-86-4111　**MAP** 附錄② P.14 B-1

以受家庭遊客青睞 自豪！

＋ 自豪 Point
有提供各式玩具讓小朋友玩到愛不釋手
的樓中樓客房、嬰幼兒同行的專用客房
等，最適合闔家出遊的旅客

針對親子遊客的服務十分完善的家庭
式飯店。腹地內有從0歲就可以玩的輕
井澤玩具王國(→P.91、93)與當地
規模最大的露天浴池，能讓大人小孩
玩上一整天。日式、西式、中式近70
道的自助百匯菜色中也包含離乳食品
和兒童餐，一次滿足所有人的味蕾。

🏠👪👤🍴🏛🍽

in 15:00　out 10:00　🛏450間
¥1泊2食10500～22000日圓　所 群馬縣
嬬戀村大前細原2277　🚌JR輕井澤站搭
接送巴士60分(預約制)　P 400輛

❶房內置有形形色色玩具的客房　❷備品
充實的嬰幼兒專用客房　❸位於佔地廣大
的度假區內　❹主餐廳「PLAISIR」也能
吃到信州、上州的鄉土料理　❺天然溫泉
的大浴場

玩樂用餐溫泉一應俱全！
全力支援家族旅遊

104

以 **美食** 自豪！

中輕井澤

輕井澤酒店Longinghouse

● かるいざわホテルロンギングハウス

☎0267-42-7355　**MAP** 附錄② **P.12 F-4**

擁有「野菜がおいしいレストラン」（→P.67）的人氣美食飯店。以美麗和健康為主題，能品嘗由土壤開始就徹底講究的有機蔬菜料理。提供附大浴室、岩盤浴、內陽台的客房等多款房型，可依照個人預算或需求選擇。另外還設有女性專用的美容護膚館。

※45分2000日圓

in 15:00　out 11:00　室43間
¥1泊2食13800日圓～
所輕井沢町輕井沢泉の里
駅JR輕井澤站車程5分
P43輛

自豪 *Point*
由身兼蔬菜品嘗師的總料理長製作的蔬菜料理，能享用從日本各地選購而來的豐盛食材

為享用從土壤就很講究的蔬菜料理為身體注入滿滿元氣！

❶可從四款中任選的晚間全餐吃得到五顏六色的蔬菜　❷廣受歡迎的日西式客房內備有舒適的榻榻米　❸座落在國道18號離山交叉口口的附近

輕井澤的旅宿

舊輕井澤

鶴屋旅館

● つるやりょかん

☎0267-42-5555　**MAP** 附錄② **P.8 F-1**

以 **地理位置** 自豪！

江戶時代初期以「旅籠鶴屋」之名於中山道開業，為提供休息、住宿的茶屋。也因明治時代的傳教士及大正時代的芥川龍之介、永井荷風、谷崎潤一郎等文人為了寫作下榻於此，所以擁有高知名度。由本館、別館、後館組成的客房棟，洋溢著濃濃的歷史懷舊氣息。西式客房內備有席夢思的床墊，還可享全館免費Wi-Fi的服務。

in 14:00　out 11:00　室25間
¥1泊2食17820日圓～
所輕井沢町旧輕井沢678
駅JR輕井澤站搭巴士4分，旧輕井沢下車，步行7分
P20輛

自豪 *Point*
面朝旺季期間規劃為行人徒步區的舊輕井澤銀座，位置絕佳，購物、逛街都很方便！

連結輕井澤的過去與現在自在舒適的老牌旅館

❶為純和風的建築物，館內瀰漫著復古氛圍　❷別館的和室內置有艾克尼斯公司的舒適躺椅　❸大廳內陳列著昭和初期的家具和裝飾品

❶晚餐可飽嘗信州食材的美味法式全餐極具人氣　❷所有客房皆配備向席夢思公司特別訂製的頂級床墊　❸為舊輕井澤區域唯一的天然溫泉露天風呂，溫泉水則來自岩手縣的花卷溫泉

自豪 *Point*
以猶如化妝水般質地黏稠的溫泉為特色。可在白天樹梢間灑落的陽光、夜晚滿天星空的陪伴下，享受片刻的療癒時光

享受簡約奢華優雅的大人空間時光中

以 **溫泉** 自豪！

輕井澤站周邊

舊輕井澤大酒店

● ルグランきゅうかるいざわ

☎0267-41-2030　**MAP** 附錄② **P.7 B-2**

擁有高格調的家具與優質的客房備品，散發著沉穩氛圍的歐式古典飯店，以面輕井澤本通的開放式露天咖啡座為顯眼目標。離舊輕銀座徒步約6分，雖地處市中心，卻擁有完善的停車場。露天風呂的溫泉水是從花卷溫泉直接運送過來的「美肌之湯」，不住宿純泡湯的遊客也能享受。

in 15:00　out 12:00　室43間　¥1泊2食23000日圓～　所輕井沢町輕井沢469-4
駅JR輕井澤站步行15分　P45輛

…寵物OK　…適合親子遊客入住　…有單人旅遊的費用方案　…有房間用餐方案　…有包租浴池　…有附露天浴池的客房　…無

南輕井澤

Art Hotel Dogleg Karuizawa
● アートホテルドッグレッグかるいざわ

☎0267-48-1191　**MAP** 附錄② P.10 F-3

所有的空間毛小孩都能一起同行，簡直就是專為愛狗人士所設的飯店。為客房皆配備廚房設施的公寓式飯店，要自己動手做料理也沒問題。前往暢貨中心車程3分；到舊輕井銀座車程10分，地理位置相當方便。5～10月期間露台區有開放烤肉（需預約）。

❶狗狗活動區有分成小型犬與中、大型犬兩區
❷客房內也備有微波爐和冰箱
❸如同別墅般能與愛犬輕鬆享受的交誼廳空間

in16:00　out11:00　室19間　¥1泊純住宿7000日圓～　所輕井澤町長倉7-71　團JR輕井澤站車程5分　P21輛

+ 寵物 Point
備有夜間照明的廣大天然草坪狗狗活動區。維護時會盡量不使用化學藥品，讓毛小孩也能安心玩耍。

一起度過每分每秒的毛小孩
與家中一分子

温暖貼心的服務
擄獲愛狗人士的心

中輕井澤

HOTEL Soyokaze
● かるいざわホテルそよかぜ

☎0267-45-8200　**MAP** 附錄② P.5 C-1

2017年春天整修後重新營業的飯店，以南法普羅旺斯料理與出色的眺望視野自豪。寵物則不分種類，皆被視為是家族的一分子而歡迎入住。餐廳「Bistro Provence輕井澤」（→P.66）能品嘗使用當地產有機蔬菜與時令食材烹調的佳餚，以及種類豐富的葡萄酒。

in15:00　out11:00　室21間
¥1泊2食13824日圓～
所輕井澤町千ヶ瀧197
團信濃鐵道中輕井澤站車程7分　P20輛

❶附專用庭院的Garden Comfort Twin
❷翻修後空間開闊的入口大廳
❸若有需求，可提供晚餐升級的服務

+ 寵物 Point
汪汪全餐、生日蛋糕等毛小孩專屬的手工餐點種類多元，飯店內的兩間餐廳皆可帶寵物同行

片刻享受
奢華

輕井澤的旅宿

和愛犬
一起同樂

寵物也能入住的♪旅宿

即便旅行也不想和最愛的寵物分開！為大家介紹幾間能提供愛犬各式貼心服務的旅宿。

+ 寵物 Point
第一隻狗可免費入住，第二隻狗以上才需收取1100日圓。愛犬的住宿費也便宜也是其中魅力之一，能盡情與毛小孩共度歡樂時光。

❶客房的客廳還置有連大型犬也住得舒服的圍籠　❷可以在愛犬專用的洗腳處沖涼一下　❸擁有綠色外牆的可愛歐風小木屋，冬天會暫停營業

在豐富的自然綠意間
與毛小孩享受悠然自在的時光

北輕井澤

HOTEL GREEN PLAZA KARUIZAWA 汪汪village
● ホテルグリーンプラザかるいざわわんわんコテージ

☎0279-86-4111　**MAP** 附錄② P.14 B-1

佇立於HOTEL GREEN PLAZA KARUIZAWA「汪汪village」內的小木屋。群樹環繞，自然豐沛的設施內可自由閒逛，還能帶著愛犬到附設的咖啡廳「Alice」享用點心或輕食。寵物飯店、狗狗活動區之類的設施都很齊全，能跟毛小孩一起度過舒適的假期。

in15:00　out10:00　室10間
¥1泊2食15000日圓～　所群馬縣嬬戀村大前細原2277　團JR輕井澤站搭接送巴士60分（預約制）　P400輛

中輕井澤周邊（信濃追分）

Refresh Essential Resort in Karuizawa
● リフレッシュエッセンシャルリゾートインかるいざわ

☎0267-42-4011　**MAP** 附錄② P.5 B-3

提供附專用廚房的寬敞日西式客房，能享受如自家般悠閒氛圍的包租別墅型旅宿。最多可容納5隻毛小孩入住，還設有狗狗專屬的活動區及附BBQ專用庭院的客房。周邊擁有豐富自然綠意景觀，散步路線的規劃也很完善。

in15:00　out11:00　室11間
¥1泊純住宿8424日圓～　所輕井澤町追分93-4　團信濃鐵道信濃追分站車程10分　P15輛

❶附專用狗狗活動區的客房只有3間
❷還設有可體驗森林浴的散步路線
❸能在面積超過40㎡、鋪有木地板的日西式客房好好休息放鬆

最多可攜帶5隻狗！
能與毛小孩們一起度假的森林別墅

+ 寵物 Point
附近還有熱門的散步景點「御影用水」，可帶寵物入店的咖啡廳，完全具備能與愛犬同享旅行樂趣的環境

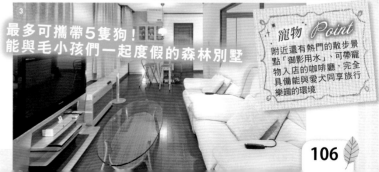

106

區域別 飯店&歐風民宿推薦

輕井澤 淺間王子飯店
南輕井澤
●かるいざわあさまプリンスホテル
☎0267-48-0001 MAP 附錄② P.4 E-4

飯店的每間客房皆附陽台，能眺望綠葉扶疏的自然景色。腹地內設有高爾夫球場，也可選擇體驗高爾夫球的特別套裝方案。

in out 視房型而異 室80間 ¥1泊附早餐9865日圓～ 所軽井沢町発地南軽井沢 🚌JR輕井澤站車程12分 P136輛

Pension New-Karuizawa
中輕井澤站周邊（信濃追分）
●ペンションニューかるいざわ
☎0267-45-1808 MAP 附錄② P.5 A-3

除了民宿本館外，另有可感受別墅氣氛的3棟小木屋。晚餐可享老闆親手烹調的特製全餐，評價也很高。

in 15:00 out 10:00 室15間 ¥1泊純住宿1房10000日圓～（最多4人） 所軽井沢町追分12-44 🚌信濃鐵道信濃追分站車程5分（有接送服務，預約制） P18輛

舊輕井澤音羽之森飯店
輕井澤站周邊
●きゅうかるいざわホテルおとわのもり
☎0267-42-7711 MAP 附錄② P.7 C-2

以舊三笠飯店為藍本建造，充滿輕井澤特色的傳統西式飯店。設有供應法國菜和串燒的餐廳，能品嘗當地食材的美味。

in 14:00 out 11:00 室38間 ¥1泊2食14580日圓～ 所軽井沢町軽井沢1323-980 🚌JR輕井澤站步行12分 P65輛

Pension Simplon
南輕井澤
☎0267-42-7980 MAP 附錄② P.10 E-3

不只交通便捷，還同時擁有自然豐沛、環境幽靜的優點。溫暖的木質空間與家庭式氛圍讓人覺得療癒，晚餐不可錯過由老闆親手製作的全餐料理。

in 15:00 out 10:00 室7間 ¥1泊2食8100日圓～ 所軽井沢町成沢10-42 🚌JR輕井澤站車程3分 P8輛

軽井沢森のいえ 晴れたらいいね
中輕井澤站周邊（信濃追分）
●かるいざわもりのいえはれたらいいね
☎0267-32-5563 MAP 附錄② P.5 A-2

提供鋪上防水榻榻米的和風浴池等充實設備，無論是親子同遊、多人同行還是三代同堂的旅客都能輕鬆利用。還可欣賞美麗的夜景。

in 15:00 out 10:00 室9間 ¥1泊2食8856日圓～（視時期而異） 所御代田町塩野4312 🚌信濃鐵道御代田站車程5分（附計程車折價券） P20輛

APA飯店-輕井澤站前輕井澤莊
輕井澤站周邊
●アパホテルかるいざわえきまえかるいざわそう
☎0267-41-1511 MAP 附錄② P.7 C-4

就位於輕井澤站旁，交通便利，離暢貨中心很近的絕佳地點，最適合作為觀光和購物的據點。特製的舒眠床墊也廣受歡迎。

in 15:00 out 11:00 室122間 ¥1泊純住宿5000日圓～（晚餐1000日圓～、早餐1300日圓） 所軽井沢町軽井沢1178-1135 🚌JR輕井澤站步行2分 P50輛

Pension Newman
南輕井澤
☎0267-48-1040 MAP 附錄② P.4 E-4

很適合闔家出遊時利用的旅宿。從餐廳可以清楚看到遊戲區的狀況，讓大人也能悠閒地享用餐點。24小時皆可利用的包租浴池也很吸引人。

in 16:00 out 10:00 室10間 ¥1泊附早餐6500日圓 所軽井沢町レイクニュータウン134-4 🚌JR輕井澤站車程10分 P10輛

輕井澤森林Livemax度假飯店
中輕井澤站周邊（信濃追分）
●リブマックスリゾートかるいざわフォレスト
☎0267-45-2800 MAP 附錄② P.5 C-2

充滿異國情調的度假飯店。晚上中庭的游泳池會點亮燈飾，營造夢幻的氛圍。也備有露天浴池和網球場，游泳池的開放時間為7～8月。

in 15:00 out 11:00 室40間 ¥1泊2食7770日圓～ 所軽井沢町長倉4957-7 🚌信濃鐵道追分站步行約10分 P40輛（免費）

Pension Grandma
輕井澤站周邊
☎0267-42-6622 MAP 附錄② P.6 C-4

擁有如洋館般可愛外觀的旅宿。離輕井澤站徒步10分可到，前往舊輕銀座、輕井澤王子購物廣場也很方便。有附免費Wi-Fi。

in 15:00 out 10:00 室8間（其中6間有附衛浴） ¥1泊純住宿5000～7500日圓（附2餐7900日圓～） 所軽井沢町軽井沢東38-1 🚌JR輕井澤站步行10分 P8輛

勒瑪黑薩綮酒店
南輕井澤
☎0267-31-5046 MAP 附錄② P.11 C-2

2017年4月才剛盛大開幕。在備有暖爐的交誼廳、氣氛沉靜的酒吧，都能好好放鬆享受。與其他住客或老闆聊天互動也是其中魅力之一。

in 15:00 out 11:00 室10間 ¥1泊附早餐9300日圓～ 所軽井沢町長倉735 🚌信濃鐵道中輕井澤站車程10分 P10輛（預約制）

ART HOTEL OUTLET KARUIZAWA
南輕井澤
●アートホテルアウトレットかるいざわ
☎0267-48-4448 MAP 附錄② P.10 F-4

所有客房皆可帶狗進入！戶外和室內還規劃了兩座狗狗活動區。離暢貨中心車程5分；離高爾夫球場車程1分，位置絕佳，可以好好暢玩輕井澤。

in 16:00 out 11:00 室17間 ¥1泊純住宿3800日圓～ 所軽井沢町南軽井沢1398 🚌JR輕井澤站車程5分 P16輛

Art Hotel Folon Karuizawa
輕井澤站周邊
●アートホテルフォロンかるいざわ
☎0267-41-3343 MAP 附錄② P.7 B-1

為所有客房皆配備廚房的公寓式飯店，也設有可與愛犬同住的客房和咖啡廳。舊輕井澤銀座就在不遠處，能輕鬆體驗住在別墅的氣氛。

in 16:00 out 11:00 室15間 ¥1泊純住宿5500日圓～ 所軽井沢町軽井沢10-6 🚌JR輕井澤站步行18分 P14輛

北輕井澤高原度假酒店
北輕井澤
●きたかるいざわハイランドリゾートホテル
☎0279-84-5311 MAP 附錄② P.14 C-2

附設在海拔1300m的淺間高原樂園內。一天限定只接待24組客人，可享高品質的服務，還能使用游泳池之類的季節性休閒設施。

in 15:00 out 11:00 室10間・包租別墅14棟 ¥1泊2食10300日圓～ 所群馬県嬬恋村鎌原大カイシコ1053 🚌JR輕井澤站搭草輕巴士30分，浅間ハイランドパーク下車即到 P30輛

Pension Baba-Papa
南輕井澤
●かるいざわペンションば～ばアンドパパ
☎0267-48-0198 MAP 附錄② P.4 D-4

2000坪的腹地內設有提供多樣遊樂器材的KIDS GARDEN，廣受家庭遊客的喜愛。早餐能吃到現烤的手工麵包，還有24小時開放的浴池。

in 15:00 out 10:00 室8間 ¥1泊2食9720日圓～ 所軽井沢町発地1523 🚌JR輕井澤站搭町內循環巴士順時針方向15分 P14輛

鹿島森林酒店
輕井澤站周邊
●ホテルかじまのもり
☎0267-42-3535 MAP 附錄② P.6 A-2

佇立於綠意盎然的「鹿島森林」內。以大地色系為主的客房氣氛沉穩，能好好放鬆休息。周邊還設有散步道，可以享受森林浴的洗禮。

in 15:00 out 12:00 室50間 ¥1泊附早餐14000日圓～ 所軽井沢町軽井沢1373-6 🚌JR輕井澤站車程8分 P50輛

…寵物OK　…適合親子遊客入住　…有單人旅遊的費用方案　…有房間用餐方案　…有包租浴池　…有附露天浴池的客房　…無

前往 輕井澤

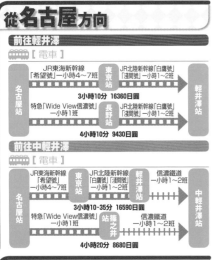

從名古屋方向

前往輕井澤
【電車】

名古屋站 → JR東海新幹線「希望號」一小時4~7班 → 東京站 → JR北陸新幹線「白鷹號」「淺間號」一小時1~2班 → 輕井澤站
3小時10分 16360日圓

名古屋站 → 特急「Wide View信濃號」一小時1班 → 長野站 → JR北陸新幹線「白鷹號」「淺間號」一小時1~2班 → 輕井澤站
4小時10分 9430日圓

前往中輕井澤
【電車】

名古屋站 → JR東海新幹線「希望號」一小時4~7班 → 東京站 → JR北陸新幹線「白鷹號」「淺間號」一小時1~2班 → 輕井澤站 → 信濃鐵道一小時1~2班 → 中輕井澤站
3小時10~15分 16590日圓

名古屋站 → 特急「Wide View信濃號」一小時1班 → 篠之井站 → 信濃鐵道一小時1~2班 → 中輕井澤站
4小時20分 8680日圓

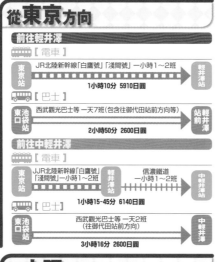

從東京方向

前往輕井澤
【電車】

東京站 → JR北陸新幹線「白鷹號」「淺間號」一小時1~2班 → 輕井澤站
1小時10分 5910日圓

【巴士】

東池袋口袋東口 → 西武觀光巴士等 一天7班(包含往御代田站前方向等) → 站前輕井澤
2小時50分 2600日圓

前往中輕井澤
【電車】

東京站 → JR北陸新幹線「白鷹號」「淺間號」一小時1~2班 → 輕井澤站 → 信濃鐵道一小時1~2班 → 中輕井澤站
1小時15~45分 6140日圓

【巴士】

東池袋口袋東口 → 西武觀光巴士等 一天2班(往御代田站前方向) → 中輕井澤
3小時16分 2600日圓

從東京、金澤可搭JR北陸新幹線直達輕井澤，從名古屋、大阪出發的話，從東京站或長野站轉乘JR北陸新幹線會比較快。若自行開車，則以上信越自動車道的碓氷輕井沢IC為其入口。另外也可選擇價位相對便宜的高速巴士。

輕井澤區域內的交通指南➡附錄②P.15

從金澤方向

前往輕井澤
【電車】

金澤站 → JR北陸新幹線「白鷹號」一天10班 → 輕井澤站
2小時~2小時10分 11440日圓

前往中輕井澤
【電車】

金澤站 → JR北陸新幹線「白鷹號」一天10班 → 輕井澤站 → 信濃鐵道一小時1~2班 → 站中輕井澤
2時間15~40分 11670日圓

從大阪方向

前往輕井澤
【電車】

新大阪站 → JR東海新幹線「希望號」一小時4~7班 → 東京站 → JR北陸新幹線「白鷹號」「淺間號」一小時1~2班 → 輕井澤站
4小時 19170日圓

【巴士】

阿倍野Harukas → 近鐵巴士等「千曲川Liner」一天1班 → 輕井澤站
11小時36分 9800日圓

前往中輕井澤
【電車】

新大阪站 → JR東海新幹線「希望號」一小時4~7班 → 東京站 → JR北陸新幹線「白鷹號」「淺間號」一小時1~2班 → 輕井澤站 → 信濃鐵道一小時1~2班 → 站中輕井澤
4小時10~30分 19400日圓

【巴士】

阿倍野Harukas → 近鐵巴士等「千曲川Liner」(往輕井澤站方向)一天1班 → 站中輕井澤
11小時28分 9800日圓

搭電車、巴士前往 注意事項

● 若搭北陸新幹線請選擇「白鷹號」或「淺間號」。「光輝號」並無停靠輕井澤站，請注意。

● 從名古屋或大阪出發，搭JR東海道新幹線至東京站轉乘JR北陸新幹線的路線是最快的方式。

● 從名古屋出發的話，也可搭特急「Wide View信濃號」至長野站轉乘JR北陸新幹線。

● 從東京（池袋、澀谷、立川）、橫濱和大阪都有車資便宜的高速巴士運行。

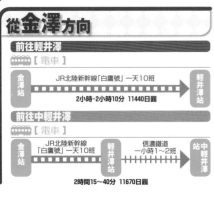

注意
電車費用為全程普通乘車券的普通車資加上通常時期的特急普通車對號座費用的總額（僅利用快速、普通列車時為普通車資）。
所需時間為去程的標準花費時間。
所記載之一切情報皆依據2018年2月時資料。時刻表及車資將有可能有變更，請於行前確認。

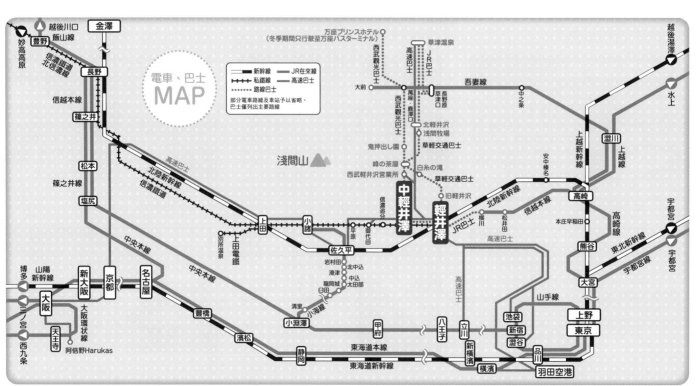

電車、巴士 MAP

新幹線　JR在來線　私鐵　高速巴士　路線巴士
部分電車路線及車站予以省略。
巴士僅列出主要路線

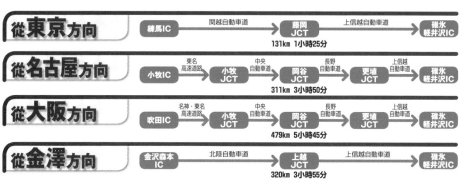

從**東京**方向	練馬IC	→ 関越自動車道 →	藤岡JCT	→ 上信越自動車道 →	碓氷輕井沢IC
			131km 1小時25分		

從**名古屋**方向	小牧IC	→ 東名高速道路 →	小牧JCT	→ 中央自動車道 →	岡谷JCT	→ 長野自動車道 →	更埴JCT	→ 上信越自動車道 →	碓氷輕井沢IC
							311km 3小時50分		

從**大阪**方向	吹田IC	→ 名神、東名高速道路 →	小牧JCT	→ 中央自動車道 →	岡谷JCT	→ 長野自動車道 →	更埴JCT	→ 上信越自動車道 →	碓氷輕井沢IC
							479km 5小時45分		

從**金澤**方向	金沢森本IC	→ 北陸自動車道 →	上越JCT	→ 上信越自動車道 →	碓氷輕井沢IC
			320km 3小時55分		

開車前往

注意事項

● 夏季期間的輕井澤每個地方都會塞車，這麼說一點也不為過。搭乘電車比較可以避免時間上的浪費，請依照自己的行程安排慎選交通工具。

● 前往輕井澤基本上都是利用**上信越自動車道**。離輕井澤市中心最近的是上信越自動車道的**碓氷輕井沢IC**，但夏季期間在下交流道前可能就會遇到大塞車。

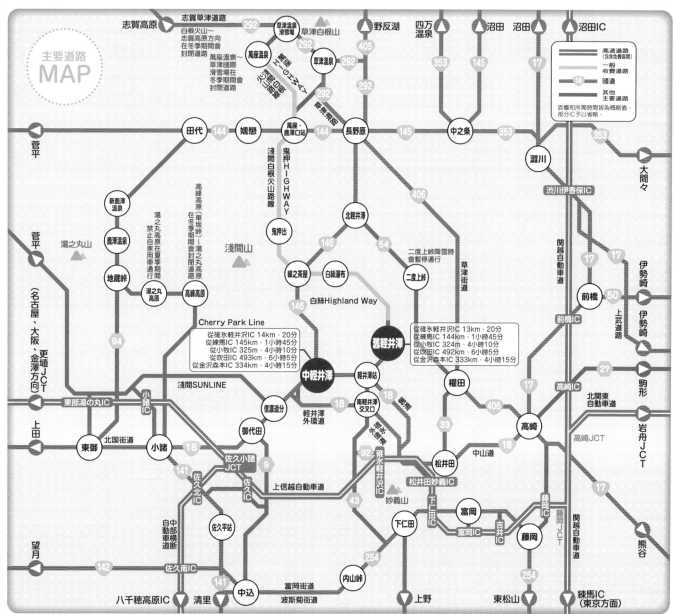

主要道路 MAP

Cherry Park Line
從碓氷輕井沢IC 14km、20分
從練馬IC 145km、1小時45分
從小牧IC 325m、4小時10分
從吹田IC 493km、6小時5分
從金沢森本IC 334km、4小時15分

舊輕井澤
從碓氷輕井沢IC 13km、20分
從練馬IC 144km、1小時45分
從小牧IC 324km、4小時10分
從吹田IC 492km、6小時5分
從金沢森本IC 333km、4小時15分

高速道路（包含免費區間）
一般收費道路
國道
其他主要道路
距離和所需時間皆為概略值，部分IC予以省略。

洽詢處

● 日本道路交通情報中心（長野情報）
☎050-3369-6620

● NEXCO東日本客服中心（關越、上信越、長野道等）
☎0570-024-024

● NEXCO中日本客服中心（東名、名神、中央、長野道等）
☎0120-922-229

● NEXCO西日本客服中心（名神道等）
☎0120-924863

優惠情報也不可錯過!

有時使用ETC卡會**比一般費用來得便宜**，尤其長距離移動更是必備ETC卡。詳細情形請上各高速道路公司的官網。

如何避開塞車?

選擇不使用碓氷輕井沢IC的路線。例如要從東京前往輕井澤站前，可由松井田妙義IC經由國道18號舊道至輕井澤站前。

詳情請參閱➡附錄②P.15

INDEX

【 MM 哈日情報誌系列 18 】

輕井澤

作者／MAPPLE昭文社編輯部
翻譯／許懷文
校對／王凱洵、張玉旻
編輯／林德偉
發行人／周元白
排版製作／長城製版印刷股份有限公司
出版者／人人出版股份有限公司
地址／23145 新北市新店區寶橋路235巷6弄6號7樓
電話／（02）2918-3366（代表號）
傳真／（02）2914-0000
網址／www.jjp.com.tw
郵政劃撥帳號／16402311 人人出版股份有限公司
製版印刷／長城製版印刷股份有限公司
電話／（02）2918-3366（代表號）
經銷商／聯合發行股份有限公司
電話／（02）2917-8022
第一版第一刷／2019年1月
定價／新台幣360元
　　　　港幣120元

國家圖書館出版品預行編目(CIP)資料

輕井澤 / MAPPLE昭文社編輯部作 ；
許懷文翻譯. ──
第一版. ── 新北市：人人，2019.1
面；　公分. ──（MM哈日情報誌系列；18）
ISBN 978-986-461-170-6 (平裝)

1.旅遊 2.日本長野縣

731.7439　　　　　　　　　107019982

Mapple magazine KARUIZAWA
Copyright ©Shobunsha Publications, Inc, 2018
All rights reserved.
First original Japanese edition published by
Shobunsha Publications, Inc. Japan
Chinese (in traditional characters only)
translation rights arranged with Jen Jen
Publishing Co., Ltd
through CREEK & RIVER Co., Ltd.

●版權所有 · 翻印必究●

人人出版 · 旅遊指南書出版專家 · 提供最多系列、最多修訂改版的選擇

ことりっぷ co-Trip日本小伴旅系列── 適合幸福可愛小旅行

日本旅遊全規劃，小巧的開本14.8X18公分，昭文社衷心推薦，在日熱賣超過1,500萬冊的可愛書刊

● ──輕，好攜帶，旅人最貼心的選擇！　● ──豐，資料足，旅人最放心的指南！　● ──夯，熱銷中，日本小資旅的最愛！